说吧，宝宝

——3~6岁幼儿教养手记

张秀丽 著

金盾出版社

内容提要

本书是作者历时4年完成的一部育儿手记。书中采用"宝宝成长日记+育儿指导+亲子歌"的形式，原生态再现了作者的女儿在3～6岁期间发出的惊人之语，提出了富有针对性的育儿方案，收入了16首易学好用的亲子歌曲。对于年轻的爸爸妈妈来说，本书具有多方面的指导意义。

图书在版编目（CIP）数据

说吧，宝宝——3～6岁幼儿教养手记／张秀丽著. —— 北京：金盾出版社，2013.1
ISBN 978−7−5082−7932−9

Ⅰ.①说…　Ⅱ.①张…　Ⅲ.①学前教育—教学参考资料　Ⅳ.①G613

中国版本图书馆CIP数据核字（2012）第230730号

金盾出版社出版、总发行

北京太平路5号（地铁万寿路站往南）

邮政编码：100036　电话：68214039　83219215

传真：68276683　网址：www.jdcbs.cn

封面印刷：北京凌奇印刷有限责任公司

正文印刷：北京画中画印刷有限公司

装订：北京画中画印刷有限公司

各地新华书店经销

开本：787×1092 1/16　印张：15　字数：290千字

2013年1月第1版第1次印刷

印数：1～6 000册　定价：29.00元

（凡购买金盾出版社的图书，如有缺页、
倒页、脱页者，本社发行部负责调换）

目录 *content*

小羊羊，你坐在这个小车上舒服吗？

咦！这个老爷爷，怎么一动也不动啊？让我摸摸吗好吗？

亲

子

歌

我们宝宝好姑娘

词：张秀丽

曲：《我们新疆好地方》曲

我们宝宝好姑娘来

爱跳舞来爱歌唱

舞姿翩翩蝴蝶飞

歌声婉转百灵唱

来……

我们美丽的宝宝

我们可爱的姑娘

宝宝如今3岁整来

幼儿园里身影忙

英语课上她最欢

运动场上她最棒

来……

我们活泼的宝宝

我们健康的姑娘

一顿抹六分之一二

2008 年 5 月 10 日

前不久，晶晶胳膊上起了湿疹，大夫给她开了两盒维生素 B_6。今晚抹药时，晶晶见瓶里的药不多了，紧张地盯着我的眼睛问："妈妈，快用完了吧？"见她居然知道担心了，我笑道："没关系，还有一盒呢！"晶晶放了心，拿起空药盒，眼睛盯着"用法用量"部分的字"念"道："一顿抹五次。"我心里笑道：什么叫"一顿抹五次"呀？人家上面明明写的是"一日 2～3 次"。还说什么"一顿"如何如何，你当是吃饭呢！晶晶自然听不到我的心里话，继续一字一句地"念"："抹抹这儿，抹抹那儿，一顿抹六分之一二！"听到这里，我忍不住"哈哈"大笑：还"抹抹这儿，抹抹那儿"，上面哪儿写着呢？还有，你这"六分之一二"，究竟是六分之一呢，还是六分之二呀……

育儿心得：做宝宝的录音机。3 岁以后的宝宝，几乎什么话都会说了。他们的小嘴巴每天都会"巴拉巴拉"说个不停。其中许多话语充满了童真童趣，常常令我们忍俊不禁。妈妈如果能把其中的一部分记录下来，将来无论对宝宝还是对自己来说，都是十分珍贵和有意义的。

"抱抱航" OR "泡泡糖"

5 月 11 日

爸爸明天去香港。今天晚饭后，他对晶晶说："明天爸爸出差去香港给你买好吃的，你在家里听妈妈的话好吗？"晶晶扬起圆圆的小胖脸问："爸爸给我买抱抱航（泡泡糖）吗？"爸爸笑着为她纠正："是'泡、泡、糖'！不是'抱、抱、航'！"晶晶模仿着爸爸的发音，一个字一个字地往外蹦："泡、泡、航（糖）！"爸爸一听很高兴："这回对了！晶晶会发送气音了……"晶晶欢呼："耶！我会发送气音了！"爸爸趁热打铁："晶晶，你再说一遍'泡泡糖'！"晶晶再接再厉，使劲儿憋了一口气，然后猛地喷射出三个字："抱、抱、航！"

语言能力：宝宝要想学会正确的发音，必须建立起语音的自我调节机能，也就是说，他既要有精确的语音识别能力，又能控制和调节自身发音器官的活动。宝宝若能自觉判断自己的发音是否正确，自觉模仿正确的发音、纠正错误的发音，就表明他对语音的意识开始形成了。

吃蚊子

5 月 14 日

晶晶爱吃肉，不爱吃菜。晚饭时，我问："晶晶在幼儿园吃肉了吗？""吃

了！"小姑娘用响亮的声音回答说。想到幼儿园的菜里放的肉不会太多，可能满足不了我们家这位小"食肉动物"的要求，我又问："还吃吗？""食肉动物"小手一挥，豪迈地说道："不吃了！蚊子就是肉，我们在幼儿园吃蚊子了！"

营养饮食：如果宝宝只爱吃肉不爱吃蔬菜，妈妈可以这样做：在做饭时，尽量让肉与蔬菜混合在一起，多放肉，少放菜，让肉的香味压倒蔬菜的味道，使宝宝先接受少量蔬菜；然后逐渐减少肉的含量，增加蔬菜的数量。时间久了，宝宝可能就会慢慢接受更多蔬菜了。

我大便了五次

晶晶最近老爱吹牛。昨天从幼儿园回来，我问她："今天吃的什么饭呀？"晶晶答道："吃的丸子！我第一个吃完的！我是第一名，其他小朋友都是第三名！"

今晚睡觉前，我问："晶晶，你大便吗？"晶晶说："不大！""不大"是什么意思啊？这个小人儿，说话可真省事儿。要不是我这当妈的，谁能听懂你的话呀！我心里这样想着，又问："你今天在幼儿园大便了吗？""大便了！"说到这里，小姑娘双眼圆瞪，又开五指举到我面前，很严肃地吹嘘道："我大便了五次！"我大笑：那不成拉肚子了！小人儿只知道吹牛，却不知道，并非什么事情都是多多益善啊！

成长解读：3~6岁的宝宝，有时爱"吹牛"、爱"撒谎"、爱说一些不着边际的话，这是因为：一方面，他们的想象力和语言表达能力已经很强，另一方面，却又不能分清楚幻想和现实，常常把心中的愿望当成现实描述出来，成为所谓的"谎言"。

我给椅子穿衣服呢

我和晶晶玩得正欢，电话铃响了。我去接电话，晶晶闲着无聊，抓起桌上的油画棒，开始在电脑椅上画道道。我很着急，一边打电话，一边不停地打手势示意她停止，可她全无反应。长长的电话终于打完了。我走到晶晶身边去看，只见黑色电脑椅的靠背上已经画满了横七竖八、黏糊糊的彩条。我一下火了：这可怎么办呀？靠背是用帆布包着的，想擦都擦不掉。这个小人儿，可真会给我添乱！盛怒之下，我把她训斥了一通。

该睡觉了。关灯上床后，我轻轻拍打着晶晶的后背，哄她入眠。见她好

久没动，以为睡着了，便转过身来，想放松一下。不料，我的手刚拿开，她就把身子转向我，小声抽泣道："我以后再也不在椅子上画画了！"我的心一下软了，赶忙安慰她："妈妈知道你不是故意搞破坏的。好了，知道错误改了就是好宝宝，妈妈早就原谅你了。"晶晶破涕为笑："我给椅子穿衣服呢！椅子黑黑的，不漂亮！"我一听，又惊讶又惭愧：晶晶是想给丑椅子美容呢，而我却把她当成了故意搞破坏，真是罪过啊！

早教点滴：对于宝宝的乱涂乱画，妈妈应加以正确引导，告诉他哪些地方可以涂画，哪些地方不能涂画；还应让他明白，如果把画画在床单、门窗、墙壁等地方，妈妈一定会擦洗掉的，如果画在纸上，妈妈就可以把它们保存起来。这样，宝宝或许就会珍惜自己的"作品"，不再随意乱画了。

三岁的小朋友……

早饭后，我收拾游泳衣，准备带晶晶去游泳馆洗澡、游泳。晶晶瞅见自己的泳帽，一把抓起来，三下两下套到了头上，然后眯着被挤成一条缝的小肉眼睛，笑呵呵地对我说："我的帽子真漂亮！"我心里笑道：眼睛都挤得变形了，还臭美呢！

晶晶戴着泳帽臭美了一会儿，把它扯下来，扔到一边，又从包里拽出泳衣，抓着两根肩带在身上比量："3岁的小朋友穿这个游泳衣合适不合适？"一听这话，我"扑哧"一声笑了：你才刚满3岁几天呀，就自称"3岁的小朋友"了！还"合适不合适"呢，几天前你做2岁的小朋友时，不是还穿得好好的吗？你以为刚过了这几天，你就有多大变化了？

生理发育：宝宝满3周岁时，身高的正常均值为94.2～95.1厘米；体重的正常均值为13.44～13.95千克；头围的正常均值为48.1～49.1厘米；胸围的正常均值为49.5～50.9厘米；牙数的正常均值为20颗。

请让我来帮助你

最近几天，晶晶对小朋友表现得特别友善。前天下午从幼儿园出来，她和瘦弱的月月在院里玩了大约一个小时后，一起往家走。月月家住得比较远，奶奶见天色已晚，月月又走得慢，便捉起她的手，想紧走几步。不料用力过大，把月月的胳膊拽疼了。月月不高兴了，条件反射似的抬手打了奶奶一下。奶奶顿时火冒三丈，冲着月月大吼："你打我，我不理你了！"说完，甩开月月的手，独自

向前走去。月月见奶奶不管自己了，站在原地"哇哇"大哭。晶晶看见了，"噔噔"地跑上前去，拉起月月的手，很温柔地对她说："月月别哭了，我来帮助你！""我来帮助你"这句话，我和晶晶爸都没教过，想必是她在幼儿园学会的。我听着心里很温暖。

今天下午在院里，身穿漂亮衣服的茜茜起初坐在地上玩，后来一转身趴到地上，笑嘻嘻地爬了起来。妈妈很生气，责令她马上站起来。茜茜不听。妈妈火了，扬言要走，不要她了。茜茜坐在地上开始哭泣。妈妈一边走一边回头瞧，希望茜茜能够主动站起来。可茜茜只是抹眼泪，丝毫没有要站起来的意思。妈妈只好继续往前走，直到快被人群淹没了。茜茜吓得嚎啕大哭。一直冷眼旁观的晶晶再也看不下去了，"呱呱"地朝茜茜妈妈跑去，一边跑一边大声喊："茜茜妈妈别陡（走）！"

品德培养：教育宝宝学会关心别人、帮助别人。要想培养宝宝乐于助人的优良品质，妈妈可以从身边的小事做起。如：和宝宝一起把一些旧玩具、旧衣服、旧书籍等，捐给需要的人；鼓励宝宝去帮助家长、老师、小朋友和身边的人，让他从小感受到帮助他人的快乐。

穿／上／小腚腚，保护小裤裤

 5月23日

一天晚饭前，我给晶晶戴小围嘴时，用鼓点似的节奏，一字一顿地对她笑道："戴／上／围嘴。"话音刚落，就听晶晶用同样的节奏笑道："保／护／肚肚！"

今天早晨，晶晶坐在床上，我给她穿裤子。裤子提到膝盖处，我说："晶晶起来。"小姑娘坐着不动。我笑道："穿／上／小裤裤，保护小腚腚！"一听这话，晶晶马上笑道："穿／上／小竟竟（腚腚），保护小户户（裤裤）！"哈哈！这个小淘气，就爱跟我唱反调！

亲子游戏：反口令。"反口令"游戏，要求宝宝能根据家长的"口令"，做出相反的动作。例如：妈妈说"睁眼"，宝宝就要"闭眼"；妈妈说"向左转"，宝宝就要"向右转"。如果他做错了，就算输了。做这个游戏，可以训练宝宝思维的逆向性及思维的敏捷性。

正合适妈妈

 5月27日

早晨洗漱完毕，我坐在床上给晶晶扎小辫儿，她坐在我面前的小板凳上，小脑袋不停地扭来扭去，小嘴巴里还哼哼唧唧的："干嘛呀，我的小妈妈！"一听这话，我"扑哧"笑了。但为了显示家长的威严，我故意撅起嘴巴，"生气"地

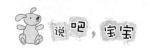
说："不能说'小妈妈'！"晶晶听罢，立刻改口："干嘛呀，我的大妈妈！"我忍不住又笑。笑完，又故意板起脸来"教训"她："也不能这样说！妈妈就是妈妈，不能说小妈妈，也不能说大妈妈！"晶晶知道我在跟她开玩笑，并非真生气，于是继续"挑逗"我："干嘛呀，我的正合适妈妈！这样说行吗，妈妈？"

语言训练：教宝宝学习反义词。意义相反的两个词，在宝宝看来很有趣。妈妈可以利用宝宝的这种心理，教他学习一些简单的反义词，如：大小、长短、高矮、好坏、左右。

姥爷的拖鞋

5月30日

晶晶姥爷——我爸爸年轻时，在一次事故中因公受伤，左腿被截肢，后来又安装了义肢。昨天下午睡醒后，姥爷右脚穿着晶晶爸的凉拖鞋，左脚（义肢）穿着皮鞋，陪晶晶玩。晶晶见姥爷两只脚上的鞋子不一样，很好奇，便盯着姥爷的右脚问："姥爷怎么穿一只拖鞋呀？"姥爷"呵呵"地笑了，逗她说："姥爷就找到了一只，另一只找不到了。"晶晶信以为真，点点头："哦。"

今天下午，晶晶见姥爷仍旧右脚穿凉拖，左脚穿皮鞋，很不理解，又问："姥爷怎么穿一只拖鞋呀？"姥爷又逗她说："姥爷钱不够了，只能买一只拖鞋了。"晶晶听完姥爷的话，突然笑了："姥爷穿的是爸爸的拖鞋！"姥爷"哈哈"大笑："糊弄不了了！"

智力开发：3岁以后，宝宝的观察力有所增强，对于见过、听过或玩过的事物，能够记住，并能进行分析比较。当宝宝在对两个事物进行观察比较时，家长应鼓励他多提问题，多发表意见，逐渐学会根据事物的具体特征去分析和比较不同之处。

生日蛋糕上的字

5月30日

晚饭后，晶晶翻看相册。当看到自己满周岁时的照片时，她伸出胖乎乎的小手，指着生日蛋糕上的"生日快乐"四个大字从右往左"念"道："晶晶生日快……"咦，怎么没有"乐"呀？晶晶怀疑自己念错了，从头再来，又"念"一遍："晶晶生日快……"咦？怎么还这样？她不相信自己的眼睛，定定神，放慢速度，用手指着字一个一个、更加认真地"念"道："晶、晶、生、日……"咦，这回怎么连"快"也没有了？小姑娘有些不自信了，扬起脸来问我："妈妈，这上面写的是什么呀？"一直站在她身后、强忍着不笑的我实在撑不住了，"哈哈"

大笑起来，指着蛋糕上面的四个大字，一一念道："生、日、快、乐！"

育儿心得：由于宝宝既不识字，又不懂语句的编排规则，他们在"阅读"的时候，常常会笑话百出：从右往左念，反拿着书本念，念的文字和实际内容风马牛不相及……妈妈在和宝宝共读故事书或一段话之前，可以先教他学习阅读的顺序：从上到下、从左到右，一行行地看，让宝宝逐渐学会阅读。

肚肚上的"猪肉"

6月3日

晶晶在座便器上小便，撩起裙子后，露出了胖乎乎的小肚子。她捏着自己肚子上的肉，笑呵呵地对我说："大胖猪肉！"我大笑，心想：它要是大胖猪肉，那你成什么了？见我笑，晶晶笑得更开心了："妈妈，你吃肉肉吧！"

自理能力：教宝宝学会如厕时自理。宝宝大便时，妈妈可以给他一张手纸，让他学习自己擦屁股：从前往后擦完一遍之后，把脏的一面折到里面，再擦一遍。宝宝擦完了，妈妈再帮助检查一下，看是否擦干净了。若没有擦干净，就让他再擦，直到干净为止。

天气真友好

6月7日

快下雨了，家里非常闷热。我带着晶晶来到楼下，一阵凉风袭来，顿觉凉爽了许多。晶晶高兴地说道："今天的天气真好！"我心里笑道：小姑娘知道关注天气了，不错！见我没有强烈的反应，晶晶又对我说道："妈妈，今天的天气真友好！"我开怀大笑："天气"还"友好"呢！这个小人儿，看来是"语不惊人死不休"啊！

早教点滴：认识天气的变化，对宝宝来说也是一种学习。妈妈用宝宝听得懂的语言为他介绍各种天气的特点，再让他亲眼看见、亲身体验天气的变化，有助于增强宝宝对天气的感知和判断力，使他更容易把握天气的主要特点。

晶晶摆字

6月8日

晶晶站在床前摆弄棉签。我捏起两根，摆成一个"人"字，指着它自豪地对晶晶说："我们都是'人'！不是猫，也不是狗。"晶晶笑道："也不是老虎！"我微笑着点头："对。""也不是大象。""对。""也不是狮子。""对。"……

拆掉用棉签摆的"人"字，晶晶又让我摆"虎"、"猫"、"熊"等字。我一一

照办。全部摆完之后，我说："还是'人'字简单，咱们还是摆'人'吧。"说着，我又摆了一个"人"。晶晶模仿着我的做法，也摆了一个"人"字。我一看摆得挺不错，便笑道："哟，晶晶会写'人'字了！"晶晶很高兴，冲着客厅大叫："爸爸，我会写'人'字了！"爸爸走进来，望着床单上的棉签"人"笑道："晶晶真棒！"小姑娘美得合不拢嘴，抓起棉签继续玩。玩了一会儿，抬起头来，自告奋勇地对我说："我再摆个'人'字吧？""好啊！"我一口答应了。晶晶立刻行动起来。不一会儿，便向我宣布："妈妈，我摆完了。"我伸过头去一看，只见床单上平躺着一个左腿长、右腿短的汉字——"人"！

亲子游戏：摆小棒识汉字。家长可以用小棒摆出几个最简单的汉字，如：一、人、口、山，教宝宝在玩的过程中，学认这几个汉字。如果宝宝有兴趣，就可以多教几个；如果宝宝没兴趣，家长不要强迫。毕竟，孩子年龄还太小。

妈妈表扬谁呢

我和晶晶坐在床上玩。望着她那圆鼓鼓的小胖脸儿，我笑道："晶晶真可爱！"小姑娘心里很欢喜，笑眯眯地明知故问："妈妈表扬谁呢？"我逗她说："我不知道呀，你知道吗？"小姑娘甜蜜蜜地低下头，羞答答地笑道："我也不知道。"

心理发育：3岁的宝宝能够理解家长的意图，懂得表扬和批评，也具有了一定的约束自己行为的能力。

睡衣的价钱

晚睡前，晶晶穿上我的真丝睡裙后，见长长的裙摆拖在床上，仿佛公主的拖地长裙，美的不行，双手扯着裙摆甩来甩去、前后左右地看。我笑问："这件睡衣漂亮吗？""漂酿（亮）！"晶晶高声答道。瞥见爸爸走了过来，晶晶把身子转向他说："这件睡衣可贵呢！"我心里笑道：你哪里知道价钱呀，买这件睡衣的时候，你还没出生呢！想到这里，我故意问她："多少钱啊？"晶晶伸出5根手指，瞪大眼睛在我眼前比划道："5块钱！"

早教点滴：教宝宝学认10以内的数字。有一首数字歌，对宝宝学认数字很有帮助，妈妈可以一边写数字一边为宝宝背这首数字歌："1像笔杆细长条；2像鸭子呷呷叫；3像耳朵能听声；4像小旗空中飘；5像钓钩去钓鱼；6像小哨吹又吹；7像镰刀能割草；8像麻花拧两圈；9像小勺把饭盛；10像筷子夹鸡蛋。"

"绕口令"

天阴得很厉害，眼看要下雨了，房间里闷热异常。晶晶从幼儿园回到家，热得直挠头，要我给她扎小辫子。我拿来一根上面带有塑料草莓的皮筋，在她头顶上扎了个朝天辫儿。晶晶还说热，要我再扎。于是，我又用一根草莓皮筋和一根米老鼠皮筋，在她的两只耳朵旁边各扎了一个。晶晶很高兴，兴冲冲地跑到卫生间，对着大镜子里的自己美美地笑。笑了一会儿，发现不甚完美，跑回客厅，要我在她后脑勺上再扎一个。我照办了。晶晶又兴奋起来，"噔噔噔"地跑去卫生间照镜子。可是这一回，她前照照，后照照，左照照，右照照，无论怎么照，也看不到后脑勺上的辫子，不禁有些苦恼，扭头对我说道："我看不见摸得着！"说完，感觉似乎不对，便又改了口："我摸得见……哦，我看得着……哦，我看得着摸不着……"说到这里，她被自己搞糊涂了，不自信地问我："妈妈对吗？"我一边听，一边止不住地乐：如此简单的一句话，经她的小嘴一说，怎么成绕口令了！

语言训练：教宝宝说绕口令。绕口令生动活泼，既能帮宝宝锻炼口才，又有助于增强宝宝的记忆力，是一种很有益的语言游戏。妈妈在教宝宝学说绕口令时，自己要先背熟，使发音准确无误，然后再按照循序渐进的原则，教宝宝由慢到快地开始学习。

晶晶"认字"

几天前，晶晶用自己的一本故事书，交换了小朋友的一本童话书《宝宝最喜爱的科学童话——春天的故事》。今天早饭后，晶晶拿来这本书，对我说："妈妈给我讲春天的故事。"我指着"春"字问她："这是什么字呀？"晶晶答道："是'人'！"我心里笑道：你只认识"人"字，所以就以为什么字都是"人"了！笑完，我给她纠正道："不对，是'春'字。"话音刚落，就见晶晶手指"春"字后面"天的故事"四个字"念"道："奥运福娃！"

育儿心得：宝宝不识字的时候，也常常喜欢"阅读"。这里的"阅读"，往往是眼睛盯着汉字，嘴里说着毫不相关的话，非常可笑，更是非常可爱。这些话犹如天籁之音，可遇而不可求，做妈妈的一定要好好珍惜啊！

小孩不能吃

前段时间，我小哥来北京，带来了我们爱吃的"莱芜香肠"。今天午饭时，

晶晶爸拿出一袋"莱芜香肠"放在餐桌上，从中抽出一小节，"吧唧吧唧"地开始大吃。见他如此"浪费"，我也抽出一节香肠，不客气地大嚼起来。晶晶见我俩一人一节吃得有滋有味，不甘寂寞了，也嚷着要吃。爸爸担心香肠太咸，不想让她吃，便抓起包装袋，指着上面的"莱芜香肠"四个大字，装模作样地对她"念"道："小孩不能吃！"晶晶信以为真，抬起肉包似的白而胖的小手，指着那四个大字，认认真真地重复道："小孩不能吃！"我大笑：爸爸这样念，是不想让你吃；你这样念，到底是想吃，还是不想吃啊？再说，包装袋上明明写着4个字，你却"念"出5个来，你不光不认字，连数数也不会了？

早教名言：教育儿童的主要技巧是把儿童应做的事也都变成一种游戏似的。——洛克

我们为什么不吃虫子呀

6月14日

今天晚饭后，我拿起《宝宝最喜爱的科学童话——春天的故事》，翻到《不吃虫子的小鸽子》第一页，给晶晶讲故事：燕子妈妈每天飞来飞去为小宝宝捉虫子吃，而鸽子妈妈却从不给鸽宝宝吃虫子。燕宝宝很奇怪，就问妈妈："小鸽子为什么没有虫子吃呢？"听到这里，晶晶突然打断我问："妈妈，我们为什么不吃虫子呀？"

早教点滴：3～4岁的宝宝大都喜欢听故事，对书和阅读也充满了好奇。适合3～4岁宝宝阅读的好书，有以下几种：1.能吸引宝宝注意力的书，如：好玩的玩具书，充满惊喜的翻翻书，插图引人入胜、故事逗趣幽默的图画书；2.可以激发宝宝想象力的图画书；3.可增加同理心的社会情绪类图书。应该注意的是，无论哪种书，都要故事情节简单，使宝宝能够理解。

爸爸把蟑螂给吃了

6月15日

昨天晚上，见一只大蟑螂在墙上悠然地爬着，我恨得牙根直痒，以迅雷不及掩耳之势伸出手去，一把将它活捉了。今晨起来，晶晶指着蟑螂昨晚爬过的地方说："这里有蟑螂！"我笑道："幸亏是妈妈，眼疾手快，一下就给抓住了。"晶晶问："要是换了爸爸呢？""要是爸爸呀，"我微微一笑，逗她说："肯定是和蟑螂大战一百个回合，不分胜负！""哈！"晶晶大笑了一声。见她高兴，我也来了精神："爸爸和蟑螂再战二百个回合。"说到这里，我本想说"分胜负了"，见小姑娘听得津津有味，便改口道："仍不分胜负！"小姑娘又"哈"地大笑了一

声。"爸爸和蟑螂大战到三百回合的时候，哦，分胜负了！"说完这话，我拿眼瞟了一下晶晶，见她的神情很是紧张，感觉好笑，故意大喊一声："蟑螂赢了！"晶晶听了，顿时义愤填膺，大声反驳我："是爸爸赢了！"我故作吃惊，缩起脖子、大张着嘴巴："啊？"晶晶很神气地解释说："爸爸把蟑螂给吃了！"

成长解读： 情绪变化无常。3岁的宝宝情绪极不稳定，很容易波动，这是因为他的内抑制发展差、控制力弱、语言的调节功能不完善。因此，当受到外界事物和情境刺激时，他的情绪就很容易从一个方面迅速发展到另一方面。

爸爸能吃到树叶吗

6月18日

爸爸给晶晶讲《骆驼和羊》的故事：骆驼长得高，羊长得矮。骆驼说："长得高好。"羊说："不对，长得矮才好呢。"骆驼说："我可以做一件事情，证明高比矮好。"羊说："我也可以做一件事情，证明矮比高好。"他们俩走到一个园子旁边。园子四面有围墙，里面种了很多树，茂盛的枝叶伸出墙外来。骆驼一抬头就吃到了树叶。羊抬起前腿，扒在墙上，脖子伸得老长，还是吃不着。晶晶听到这里，仰起脸问爸爸："爸爸高还是矮呀？"爸爸骄傲地说："爸爸高。""那晶晶呢？""晶晶矮。"晶晶抬起胳膊，指着天花板问："爸爸能吃到树叶吗？"……

爸爸继续讲故事：他们俩又走了几步，看见围墙上有个又窄又矮的门。羊大模大样地走进门去吃园子里的草。骆驼跪下前腿，低下头，往门里钻，怎么也钻不进去。听到这里，晶晶打断爸爸，严肃地问："爸爸能钻过去吗？"爸爸"惭愧"地答道："爸爸不能。"小姑娘一听很兴奋，紧接着问道："晶晶呢？"……

智力开发： 宝宝由于年龄小、知识少、社会阅历浅等原因，对周围世界充满了好奇，所以会频繁地向家长提问。妈妈要珍惜宝宝的好奇心与爱问的特点，经常引导和鼓励宝宝发问，启发宝宝积极思考，从而达到提高宝宝智力的目的。

我都4米了

6月21日

昨天晚上，爸爸给晶晶量了身高。今天早晨，晶晶穿好衣服下床后，径自跑到卧室的门后面，背对着"长颈鹿"儿童成长尺，给自己"量"身高。靠墙站了一会儿，小姑娘很自豪地对我说道："我都4米了！我昨天量的。我都长大了！"

体育锻炼： 运动能促进宝宝长高。但是，并非任何运动都可以起到这种作用。有利于长高的运动有：芭蕾、健美操、慢跑、伸展体操、跳绳、排

球、篮球、足球等；不利于长高的运动有：举重，负重练习，过度运动，消耗过大的运动，如马拉松。

变成女孩

6月22日

我拉开抽屉找东西，晶晶看到里面的相册，高声喊道："我要看照片！"我知道，若不答应她，定会引起一场风暴，只好乖乖地把相册拿出来递给了她。晶晶很开心，把相册平摊在床上，一页页地翻着看。看了一会儿，发现自己一岁前的照片全都剃着光头，"呵呵"地笑道："我小时候是男孩，现在变成女孩了！"

早教点滴：不要过分强调孩子的性别特征。在传统观念里，"男孩"意味着淘气、坚强、粗鲁，"女孩"意味着乖巧、脆弱、细腻。其实，只要是优点，男孩和女孩都可以拥有。过分强调孩子的性别特征，可能会阻碍其个性发展及潜能发挥。

妈妈，你看看我

6月29日

我去阳台晾衣服，晶晶在客厅玩小贴画。玩了一会儿，穿着拖鞋"拖拖"地来到阳台，在我背后问："妈妈，你在干嘛呢？"我没回头，继续忙活："我在晾衣服。"晶晶说："妈妈你看看我。"我心想：你我还不认识吗，有什么好看的？为了不让她失望，我回头瞥了一眼。谁知这一瞥不要紧，发现姑娘的嘴角边居然多了个机器猫的小贴画！我不禁哈哈大笑：人家刚才不辞辛苦地追过来问我"在干嘛"，原来是想让我看看她"干嘛了"啊！

智力开发：保护宝宝的创造力。每个宝宝都有创造的潜力。当宝宝做出有创造力的举动时，妈妈若能及时发现、及时表扬和鼓励，将会带给宝宝极大的动力，促使他去进行更多的创造活动。

小孩就是这样

6月29日

5月的一天，晶晶吃完饼干，又跟我要糖吃。"不行！"我拒绝说，"吃了糖，牙齿里会生虫子的。"晶晶低下头，小声嘟囔道："你要是给她一个好吃的，她就不要糖了。"我假装不明白，故意问："你说的那个'她'，指的是谁呀？"晶晶不好意思地笑了："'她'就是晶晶呀！"见她不打自招了，我也笑了："那我刚才给你好吃的了，你怎么还要糖呀？"一听这话，小姑娘突然把脸一沉，耍赖道："小孩就是这样！"

今天中午，我们一家三口在"活动中心"一楼游泳馆游完泳后，去二楼茶餐厅吃午饭。为便于俯视下面的游泳池，我们选了个临窗的位置。入座后，晶晶攀栏杆、踩椅子、上桌子，一刻也不安静。为此，我和晶晶爸不停地批评她："晶晶，你这样是不对的！""晶晶，你不能这样，快下来！""晶晶，你怎么这么不听话呢？"……对这些话，小姑娘起初并不理会，后来听得不耐烦了，冲我们撅嘴道："小孩就是这样！"

育儿心得：宝宝的淘气、叛逆、不听指挥等"恶习"，着实让我们头疼。但"小孩就是这样"，这是他们的天性，他们应该有这样做的权利。我们做妈妈的，如果能给他们多一份理解、多一份宽容，他们就多了一份自由，我们的心情也许就不会被他们搞得一团糟了。

我不会蜇人

第二章

3岁3~4个月

动物园

亲

子

歌

词：张秀丽
曲：《蜗牛与黄鹂鸟》曲

动物园里有老虎
狮子犀牛长颈鹿
熊猫涂着那黑眼圈呀
一摇一摆地慢慢踱步

小猴在妈妈后背爬
袋鼠在妈妈胸前耍
小象全家在戏水呀
你喷我来我喷他
宝宝宝宝你快快走
那边孔雀已经开屏了

我想吃鸟巢

上午，我们三口乘坐公交 656，去小营附近的一家商场购物。汽车由西向东行驶。晶晶坐在靠窗的位子上，爸爸坐在她旁边，不时地向她介绍路边的景物：这是什么，那是什么。远远地望见新建的鸟巢从地平线上冒了出来，爸爸赶忙指给晶晶看："那就是'鸟巢'！等 8 月份的时候，就是在那儿召开奥运会。"晶晶呆呆地望了一会儿远处的鸟巢，小声说道："我想吃鸟巢！"

智力开发：培养宝宝观察力的一个有效方法是：宝宝看见什么、听见什么、触摸什么，妈妈就告诉他什么。只要是能引起宝宝的注意的事物，妈妈都可以拿来当教材。这样，宝宝认识的事物就会越来越多，好奇心和求知欲也会越来越强。

3 加 3 等于几

中午，我们来到一家快餐店。晶晶爸去排队点餐，我和晶晶坐在座位上等着。

在我们对面不远处的餐椅上，乖乖地坐着一个 4 岁左右的小男孩，皮肤白皙，眉清目秀，看上去就像个小女生。起初，他和晶晶默默相对，谁也不说话。过了一会儿，晶晶离开座位，在过道里玩。玩着玩着，不知什么时候，走到了小朋友身边，和他小声说起话来。我听不清他们说的什么，很好奇，便悄悄来到晶晶身后窃听。这时，就听晶晶问小男孩："3 加 3 等于几？"小男孩乖乖地答道："等于 6。"晶晶又问："3 加 4 等于几？"小男孩答不上来，开始掰手指头：左手掰了中间 3 根手指，又伸出右手来掰。最后，右手的五个手指尖儿捏在一起，对晶晶说道："7！"听着他们俩的对话，我心里不住地乐：小孩子的交往方式真有趣！

社会交往：培养宝宝的社交能力，妈妈可以从日常的小事做起，如：有意识地为宝宝创造机会，让他和同龄人交往；见到熟悉的人，鼓励宝宝主动打招呼；有客人来家里玩，教育宝宝礼貌待客；节假日里，带宝宝去亲友家串门。

不行，我怕温

水烧好了，我准备给晶晶洗澡。小姑娘挣扎着不肯脱衣服："不行！我怕热！"我知道她是故意找借口不想洗澡，便随口说了一句不太高明的话："那咱

用凉水洗。"小姑娘当然不同意:"不行,我怕凉!""那咱们用温水洗。"我一边说,一边想:这回你该没话说了吧?不料,人家仍振振有词:"不行,我怕温!"

育儿心得:宝宝不爱洗澡,很多是因为害怕洗澡水进到眼睛里不舒服。如果是这样,妈妈可让他用一块干毛巾捂住眼睛,防止水流进去。另外,给宝宝洗澡,要勤洗、快洗、速战速决。这样,他的抵触情绪就会大大减弱了。

妈妈的名字

7月5日

晶晶问我:"妈妈,你的名字是不是叫'当(张)秀逆(丽)啊?'"我为她纠正:"张秀丽。"晶晶试着模仿:"当(张)。"我继续教:"张。"晶晶仍说"当(张)"。见她总是发不准音,我就想一步步引导:"晶晶,你说'zh'。"小姑娘很准确地说道:"zh。"我一听很高兴:"对了,晶晶发对了!晶晶,你再说'ang'。"小姑娘很轻松地说道:"ang。"我一看有门儿,便用夸张的口形,教她说:"zh、ang、zhāng。"小姑娘紧盯着我变换的口形,很努力地模仿道:"zh,ang,dāng!"

语言训练:宝宝是通过模仿来学习发音的。教宝宝念易错的字音时,妈妈要进行示范。在给宝宝做示范的时候,妈妈的口形要夸张一些,发音的速度要慢一些,以便于宝宝看得清楚、听得明白,模仿起来更容易。

我生气了,吃个虾去

7月6日

前段时间,晶晶胳膊上起了湿疹,治疗了很久才完全康复。为此,我们给她戒了鱼和虾。如今,虽然她病好了,我们仍心有余悸,不敢让她多吃海产品。今日晚餐,爸爸做了油炸大虾仁。晶晶见到久违的虾仁,兴奋得好像从嘴里伸出许多手来,接二连三地抓起虾仁往嘴里塞。见她一口气连吃了五个,我有些担心了,端起盘子放到餐桌的另一边,不许她再吃。晶晶撅起小嘴巴,开始"罢饭"。爸爸起身笑道:"我生气了,吃根香肠去!"说完向冰箱走去。我正想取笑他:想吃就吃呗,还找什么借口!话还未出口,却见小姑娘也站了起来,对我笑道:"我生气了,吃个虾去!"说着便爬上桌子,把"魔爪"伸向了盘里的大虾……

护理保健:如果宝宝得了湿疹,妈妈应避免给他食用一些刺激性的食物,如葱、姜、蒜、浓茶、咖啡、酒类,以及容易引起过敏的食物,如鱼、虾等产品。

手足口

7月6日

上一周，晶晶脚底起了个小包，幼儿园老师担心是"手足口"，打电话让我带她去医院检查。在诊室门外候诊的时候，我教育晶晶："吃东西之前，一定要先洗手，不然容易得手足口。"听到"手足口"三个字，晶晶突然精神抖擞起来，直着脖子背诵道："手足口，手足口，病毒经手入了口。只要我们勤洗手，就能预防手足口！"

该吃晚饭了，晶晶不想洗手，我故意问她："吃饭之前不洗手，容易得什么来着？"晶晶张口答道："容易得手足口！"说完又开始背诵："手足口，手足口，病毒经手入了口。只要我们勤洗手，就能预防手足口！"背诵完毕，没用我催，自己就乖乖地去水房洗手了。我心里叹道：看来儿歌的作用真不可小觑啊！

早教点滴：利用儿歌帮宝宝养成好习惯。儿歌短小精悍、形象生动、趣味性强、读起来朗朗上口，深受儿童喜爱。一些好的儿歌，不仅能逗孩子开心，还能帮助宝宝养成好习惯。妈妈可以有意识地收集一些好的儿歌，教宝宝学唱。

月亮像香蕉

7月7日

散步归来，爸爸指着天上的月牙儿问晶晶："你看月亮像什么呀？"晶晶抬头看了一眼月牙儿，高声答道："像香蕉！"我一听大笑：以前看到月亮圆圆的，晶晶说像苹果；如今看到月亮弯弯的，她又说像香蕉。看来在小姑娘眼里，月亮无论怎么变化，都像是好吃的呀！

智力开发：激发宝宝的想象力。想象力是创造力的源泉。妈妈要想激发宝宝的想象力，就应该为他创造一个宽松的环境，让他自由、大胆地去发挥想象，不要把自己固有的思维模式强加给宝宝。

谁大谁小

7月8日

放学后在院里玩儿。晶晶指着一个比她稍高一点的小姑娘问我："我大还是小姐姐大？"我心里笑道：还不知道人家是否比你大，就称呼人家为"姐姐"呢！为使她免受打击，我说："小姐姐大。你是小四班的，她是大一班的。"谁料，晶晶听完我的话，一口咬定："我大！"我一想：也许她觉得四比一大，所以"小四班"的她应该比"大一班"的小姐姐大吧？一问，果然如此。

育儿心得：成人眼中的一些最基本的常识，比如：称呼其他宝宝为"姐

姐"还是"妹妹"、"哥哥"还是"弟弟"，应根据年龄来定，而不是根据个头来定，宝宝也许还不知道。因此，妈妈在带宝宝的时候，可以根据当前发生的事情，随时告诉他一些生活常识。

唱反调

我对晶晶唱起杨钰莹的歌《我不想说》："我不想说……"晶晶听了，"呵呵"地笑着跟我唱反调："我想说……"我一笑，接着唱："我很亲切……"晶晶又唱："我不亲切……"

我："我不想说……"

晶晶："我就想说……"

我："我很纯洁……"

晶晶："我不纯洁……"

我大笑：这点小人儿，还"不纯洁"呢！笑完，我再唱："可是我不能拒绝心中的感觉……"

"可是我能拒绝，嘻嘻……"晶晶唱到这里，后面的词记不清了，笑了起来。

我继续唱："看看可爱的天……"

晶晶继续淘："看看不可爱的天……"

我唱："摸摸真实的脸……"

晶晶笑："摸摸不真实的脸……"

我："你的心情我能理解……"

晶晶："你的心情我不能理解……"

哈哈哈……我再也唱不下去了，大笑起来。

语言训练：宝宝喜欢跟妈妈唱反调，妈妈可以利用他的这种逆反心理，进一步教给他学习一些简单且常用的反义词，如真假、善恶、香臭、输赢，帮他扩大词汇量。

太阳、月亮和星星

晚上，晶晶爸睡客厅，我哄女儿睡卧室。躺在床上，晶晶摸着我的耳朵笑道："妈妈的耳朵像月亮。"我笑问："为什么呀？"晶晶答道："因为妈妈的耳朵弯弯的。"我大笑。晶晶又说："妈妈像星星，晶晶像月亮！"我问："那爸爸呢？""爸爸像太阳。"我有些不解：难到她小小年纪，也有重男轻女的思想？想

到这里，我有些不满地问："为什么呀？"小姑娘指指我，又指指客厅："因为晶晶和妈妈在一起，爸爸不在一起！"

智力开发：妈妈在培养宝宝的观察力时，应多向宝宝提问题，有意识地引导他去观察那些容易被忽略的方面，使其观察力得到充分的发展。

我找孙悟空去

7月15日

3岁的晶晶和4岁的扬扬在院里玩。长得虎头虎脑、胆子却很小的扬扬一会儿装大灰狼，一会儿装蛇，"吓唬"晶晶。晶晶"格格"笑着，不停地躲闪，俩人玩得很开心。回家路上，晶晶的同班同学、人高马大的金金从后面追了上来。金金一来，马上和晶晶结成了"女子统一阵线联盟"，共同对付单枪匹马的男子扬扬。

扬扬做鬼脸，吓唬金金和晶晶："我是大灰狼！"金金非但不怕，反而迎上前去，要打"大灰狼"，吓得"大灰狼"掉头就跑。见金金旗开得胜，晶晶胆子也大了，追着"大灰狼"高喊："我把你扔到垃圾箱里！""大灰狼"一边逃跑，一边回头做鬼脸威胁两个小女生："我要吃了你们！"金金气得满脸通红，高举着拳头发出正义的呼喊："打死你这只大灰狼！"晶晶紧跟其后，咬牙切齿地高叫："我把你变成奥特曼！""大灰狼"紧跑了一阵，回头见小女生们被落在后面，又说道："我要砍你们的头！"说着，用"刀"（手臂）抹了一下自己的脖子："咔嚓！"然后掉头再跑。晶晶不甘示弱，一边跑一边喊："我去找孙悟空去！"这话被路边的一位老太太听到了。老太太"呵呵"地笑道："人家还要找孙悟空去呢！"

育儿心得：重视宝宝的想象力。每个宝宝都有丰富的想象力，他们所说的那些不合逻辑的"疯言疯语"，正是他们丰富想象力的表现。对于宝宝的一些奇特的想法和话语，妈妈不要嘲笑和打击，应该给予鼓励，否则可能会阻碍宝宝想象力的发展。

我我我我你真棒

7月16日

下午5点10分，我接晶晶从幼儿园出来，去院里玩了个精疲力尽，回到家已经7点了。进门一瞧，餐桌上空空如也，晶晶爸却翘着二郎腿坐在椅子上悠闲地看电视，我不禁有些生气："你是不是想看完电视再做饭呀？""当然不是了。"晶晶爸说完，起身去了厨房。转眼间，就端着一大盆菜笑呵呵地出来了。我伸长

脖子一瞧，居然是我爱吃的土豆炖鸭子，立刻转怒为喜，对他打趣道："哟，越发能耐了，都会炖鸭子了！"晶晶一看，也很高兴，伸出俩大拇哥，高高地举向爸爸："爸爸爸爸你真棒！"我一笑：幼儿园教的"宝宝宝宝你真棒"，被她改用在这儿了！夸完爸爸，晶晶又把俩大拇哥举向我："妈妈妈妈你真棒！"我又笑。接着，她又开始夸自己："我我我我你真棒！"我一听大笑：你夸的到底是"我"还是"你"呀？还没笑完，只听小姑娘又说话了："我真棒！你真棒！大家一起都棒！"

体育锻炼：发展宝宝的运动技能。运动技能是指与身体在空间移动有关的能力，主要包括行走、奔跑、跳跃、单足跑、快跑等。3~4岁是宝宝发展各种运动技能的重要时期。让宝宝多参加户外活动，不仅能促进其身体的生长，对其智力发展也大有帮助。

报个滑滑梯班

7月17日

本学期马上就要结束了，一些培训机构在幼儿园开办的各种兴趣班相继结业，陆续开始向家长们汇报学习成果。今天在幼儿园宣传栏处，举办了美术班小朋友的作品展，作品五颜六色的，看上去挺美。美术展旁边贴着几张钢琴班和小提琴班的学员汇报演出的照片，有模有样的，看着也不错。我心生羡慕：让孩子学学美术和乐器，从小培养一下对艺术的感觉，也挺好的，于是跟晶晶商量："妈妈以后也给你报个班吧？"本以为她会考虑一下，不料小人儿一口"答应"了："报个滑滑梯班！嘻嘻！"

育儿心得：妈妈可以根据宝宝的爱好和兴趣，帮他选报一两个兴趣班，但不宜太多。因为兴趣班大都在室内上课，宝宝更需要投入大自然的怀抱，自由自在地玩耍。妈妈更不能不顾宝宝的想法，强行给他报所谓的兴趣班。否则，不仅培养不出兴趣，还可能使宝宝产生厌学情绪。

牙齿不要"踢"

7月19日

幼儿园发的教材中有一首儿歌：眼睛不要揉，鼻子不要抠，耳朵不要掏，牙齿不要剔……

今天上午10点，我把家收拾好，翘首以盼十天前定做的新衣柜。晶晶站在我身后自言自语："牙齿不要踢！""对了！"我很开心地想：小姑娘知道不能剔牙了，真不错！晶晶见我没听懂她的话，解释说："不能用脚踢！"说着抬腿对着空中踹了一脚。我大笑：敢情人家刚才说的是"牙齿不要踢"，是踢腿的

"踢"，不是剔牙的"剔"呀！笑完，我问晶晶："那应该怎么办呀？"小姑娘把手里的牙签举向我，"一本正经"地回答说："得用牙签剔！"

护理保健：培养用牙好习惯。宝宝的一些不良习惯，如剔牙、吮指、吐舌、咬唇、单侧咀嚼，都会影响牙齿的生长发育。要想让宝宝拥有一口健康整齐的牙齿，妈妈应该注意帮他纠正坏习惯、培养好习惯。

管我

晶晶淘气。我批评她，不听；打她，我又不忍心，感觉无能为力，说着"我不管你了"，便朝阳台走去。晶晶一看，急了，在我背后大叫："管我！"我心里"扑哧"笑了，但为了迫使她改正错误，脸上硬撑着不笑："不管！""管！""不管！"……见我真不理她了，小姑娘的语气缓和下来："我这里有小贴画，你那里有吗？"我心里又笑，但仍假装生气，不接她的话茬儿。小人儿继续诱惑我："我这里有4个小贴画！"

育儿心得：当宝宝淘气而且不听话的时候，冷淡他或许比体罚他效果更好。如果宝宝平时能从你那儿感受到足够的爱，你的冷淡，对他来说就是一种很严厉的惩罚。他为了继续得到你的爱，就会试图改正自己的做法。

自己的事情谁来做

晶晶要下床，我把鞋递给她说："你自己穿鞋吧！"晶晶双手背到身后，撅起小嘴说："妈妈给我穿！"我引了幼儿园的话反问她："不是'自己的事情自己做'吗？"晶晶矢口否认："自己的事情别人做！"见她耍赖，我一下踢掉自己脚上的拖鞋，用脚推到她脚下："那好，你去把我的鞋拿过来吧！"晶晶看了一眼我的拖鞋，小声嘟囔道："得穿着自己的鞋去拿！"我心里笑道：要照她这样说，不是还需要我先给她穿鞋吗？这个小不点儿，还挺狡猾的！

后来，我嫌天太热，想把头发扎起来，可皮筋找不到了，就让晶晶帮我找。小人儿拒绝道："自己的事情自己做！""不是'自己的事情别人做'吗？"我引用她刚才的话反问她。小人儿一听急了，大声反驳道："我不是'别人'，我是你的宝贝儿！"

育儿心得：宝宝最初帮妈妈做事，大多是受新鲜感的驱使。等新鲜感消失了，或因老做不好产生挫败感时，就会感到厌烦。让宝宝养成爱做事的好习惯，需要妈妈的耐心指导和长期坚持。

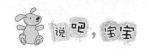

还有打电话比赛

7月20日

　　昨晚入住宾馆。今晨起来，晶晶闲着无聊，摆弄着宾馆的电话机玩。一边玩，一边漫不经心地问道："妈妈，什么是奥运会呀？"我回答说："奥运会呀，是一种大型的运动会，里面有游泳比赛、跳高比赛、跳远比赛……"听到这里，晶晶突然打断我，举起手中的电话，兴奋地高喊："还有打电话比赛！"

　　育儿心得：对于宝宝的提问，妈妈应积极回答。或许自己给出的答案不全面，仅能回答出问题的一小部分，但没关系，因为这一小部分也是宝宝以前所不知道的。他们正是通过一点一滴的知识的积累，来认识整个世界的。

福娃喜欢名叫水晶的小朋友吗

7月20日

　　周末在家，晶晶不洗脸，把纸撕成碎片，撒得满地都是。我批评她，她一生气，伸手在我脸上抓了一把。我本想发作，后来忍住了。想到她喜欢福娃，我说："福娃喜欢讲文明的小朋友。"晶晶大言不惭地说："我就是讲文明的小朋友！"我微微一笑："福娃喜欢讲卫生的小朋友。"晶晶仍很自信："我就是讲卫生的小朋友。"见她正一步步走进我的"圈套"，我心里暗自高兴，紧接着又说："福娃喜欢不打妈妈的小朋友。"一听这话，小姑娘感到难为情了，脑袋耷拉下来，小声说道："我以后不打妈妈了。"我见目的达到，开怀大笑："那好啊！"晶晶仰起头，有些担忧地问我："福娃喜欢名叫水晶的小朋友吗？"

　　早教点滴：当发现宝宝打人时，妈妈不能视而不见，最好也不要体罚他，应该用文明、正确的方式解决问题：在第一时间对其"暴力行为"进行制止，告诉他打人是不文明的行为，会对他人造成伤害。然后，根据他所犯错误的情节轻重，给予适当的处罚。

我会画"2"了

7月20日

　　我坐在床上看报纸，晶晶手拿一支笔站在地上，看《幼儿画报》。看了一会儿，激动地对我说："妈妈，我会画'2'了！"我爬过去一看，见画面上果然有一个大大的"2"，曲里拐弯的，还真挺像的，不禁赞道："晶晶真棒！"

　　夸完晶晶，我继续看报纸，她继续画画。过了一会儿，晶晶又喊道："妈妈，我会画'3'了！"我再次爬过去看，只见画面中小企鹅的肚子上果然出现了一个很标准、很秀气的"3"，便笑问："谁教你的？""叶老师和梁老师！"晶晶很

自豪地回答说，"叶老师教我'2'，梁老师教我'3'，我自己学的'1'！"

早教点滴：3.5～4.5岁，是儿童书写的敏感期。当宝宝在无意中画了竖道时，妈妈告诉他这是1；无意中画了横道时，妈妈告诉他是"一"，他会非常惊喜，主动要求多画几次，使得无意的画道变成了有意的写字。在宝宝学会画道和画圆的基础上，妈妈可再教他学写数字2、3和8。

我的名字叫"谢谢"

7月25日

一年中最热的季节到了。早晨6点半，晶晶被热吵醒，不停地挠头。我拿来扇子，轻轻地给她扇着。小姑娘很舒服地仰躺在大床中央，"啪啪"地拍着自己的小肚皮说道："我肚子里面都是热气！"我笑问："那以前呢？""以前肚子里面都是凉气！"我心里笑道：说反了吧？过了一会儿，晶晶说不热了，不让我扇了。我便把扇子放到了一边。

谁料，扇子刚放下一会儿，晶晶又把它拿过来递给我说："妈妈给我扇扇子。"我接过扇子，对她笑道："你说谢谢我！"晶晶调皮地一笑："不用谢！"我为她纠正："应该我说'不用谢'，你说谢谢我！"不料，小姑娘却坚持说："应该是你谢谢我！"我很纳闷，忙问："为什么呀？"晶晶自圆其说："我刚才好不容易才把扇子给你拿过来的！"我大笑：原来如此！看来人家刚才那样说也是有道理的呀！晶晶见我被说服，得意地笑了。

娘俩对笑了一会儿，晶晶忽又对我喊道："不用谢！妈妈，你的名字叫'不用谢'，我的名字叫'谢谢'！"我听了又是一阵大笑：照她这个意思，以后，不管我们俩谁帮助了谁，我都得对她说"谢谢"，而她都得对我说"不用谢"了！

早教点滴：教宝宝学习礼貌用语。妈妈可以准备一些"您好"、"再见"、"谢谢您"、"不客气"、"对不起"、"没关系"等词卡，先教宝宝学会这些礼貌用语的发音，再拿出卡片教宝宝边看边读，并引导他们将礼貌用语运用到日常生活中。

开谁的车呀

7月26日

早饭后，晶晶的好朋友提提的妈妈打来电话，邀请我们全家去颐和园游玩。我很愉快地接受了。放下电话，我对晶晶说："一会儿咱们和提提一起去颐和园。"晶晶问："开谁的车呀？"我答："开提提家的车。"晶晶提议："开咱们家的车吧。"我说："咱们家没有车。"晶晶不以为然，指着自己那辆装饰有米老鼠

的粉色小童车对我说："那儿不是有一个吗？"我一听哈哈大笑：两男两女四个大人，再加上两个孩子，像杂技团演员一样，伸胳膊翘腿地共同踩在一辆粉色小童车上，一路招摇过市，直至颐和园……不被人当成神经病才怪呢！

育儿心得：帮孩子找玩伴。宝宝不仅需要父母陪伴，而且需要同龄玩伴。和同龄孩子在一起，宝宝会玩得更疯、更快乐。因此，在节假日里，妈妈要鼓励和帮助宝宝在幼儿园同学、亲朋好友以及邻居中，寻找合适的玩伴。

耳朵挂钩

7月27日

早晨起床后，我带晶晶去附近的一家餐厅吃早点，她爸爸在家睡懒觉。来到餐厅，买完我和晶晶的早点，我又买了一些包子和油条，用小塑料袋装着，准备捎回去给晶晶的懒爸吃。

协助晶晶吃完早餐，我开始吃自己的。晶晶闲着没事做，拎起装早点的小塑料袋，在我周围转着玩。转了几圈后，见没什么好玩的，又回到我身边，看我吃饭。看了一会儿，突然把手伸向我耳朵，说："妈妈你过来！"我以为她是想摸耳朵，就把头靠近了她。小姑娘左手揪着我耳朵，右手提着装早点的塑料袋，很有礼貌地征求我的意见："妈妈，我把这个挂到你耳朵上好吗？"我"哈"的一声笑了起来：把我耳朵当挂钩了！你这个小人儿，是怎么想的啊？

早教名言：想象力比知识更重要，因为知识是有限的，而想象力概括着世界的一切，推动着进步，并且是知识进化的源泉。——爱因斯坦

我瞎说八道

7月27日

上个月的一天，我和晶晶玩得正开心，她突然对我笑道："瞎说八道！妈妈斗心眼！"我听了，心里"咯噔"一下。晶晶笑着向我解释："这是我新学的。"我心里又"咯噔"了一下：肯定是在幼儿园学的。她连这种话也学呀？

今天下午睡醒后，为了一点儿小事，我和晶晶爸争论起来。晶晶默默地听了一会儿之后，突然指着我说："你耍心眼！"随后又转过身去，指着爸爸道："你斗心眼儿！"我问晶晶："那你呢？"小姑娘"呵呵"地笑道："我瞎说八道！"我一听也笑了：这个小人儿，最近不知跟谁学了这几句不文明的话，这会儿全用上了！

育儿心得：在宝宝语言发展的敏感期，他是不管什么语言都会积极学习

的。此时，妈妈应告诉宝宝，哪些是文明用语，应该学习；哪些是不文明语言，不能学习；更不能因为觉得好玩，就频繁使用不文明用语。

气喘机

傍晚，我们三口去附近一家餐馆的二楼吃饭。等着上菜时，为避免晶晶爬上爬下，我带她去外面"放风"。来到一楼，小姑娘一眼瞥见右墙边立着一台自动取款机，知道这是一个可以自动给人送钱的好东西，便停下来，指着它，一字一句地说道："气、喘、机！"

财商培养：为宝宝准备一个储蓄罐，让他把买东西找回来的数额较小的硬币放到里面储存起来。等攒到一定数量时，将钱取出，买一份宝宝期待已久的礼物。这种做法有利于让宝宝从小养成喜欢攒钱、不乱花钱的习惯，开始最初的理财计划。

我一点儿都喝

听说荞麦面营养价值很高，适合成长过程中的儿童食用。今天中午，我做了半锅荞麦面条。晶晶爸不爱吃，胡乱往嘴里塞了一顿饭，就和女儿去卧室玩儿了。我吃完饭，见面条汤已经不热了，便端起一小碗，来到卧室，准备让晶晶喝。此时，爷俩正闹得欢。见我端来黑乎乎的面条汤过来了，晶晶爸有些不高兴："别给她喝了，她不喝！"原本对荞麦面也不太"感冒"的晶晶，见爸爸这样说，突然"感冒"了，大声宣布："我喝！"说完，便端起汤碗，"咕咚咕咚"大喝起来。爸爸颜面扫地，故意皱着鼻子打击女儿："真臭！"晶晶笑："真不臭！"

爸爸："真不好喝！"

晶晶："真好喝！"

爸爸："一点儿也不好喝！"

晶晶："一点儿也好喝！"

爸爸："我一点儿都不喝！"

晶晶："我一点儿都喝！"

爸爸："我不喝一点儿！"

晶晶："我喝一点儿！"

……

营养饮食： 荞麦面颜色灰黑、性凉味甘，有很高的营养价值，其蛋白质比大米和面粉都高，尤其适合成长中的儿童食用。最常见、最科学的荞麦面的食用方法是用它做面条。不过，荞麦不可一次食用太多，否则易造成消化不良。

娃娃［wá wa］与娃娃［vá va］

8月2日

7月21日清晨醒来，晶晶告诉我说："是小娃娃［wá wa］，不是小娃娃［vá va］！"我模仿着她的发音，笑道："是小娃娃［wá wa］呀！""对，是小娃娃［wá wa］！就像打哈欠一样！"晶晶说着，举起双臂，伸着懒腰打了一个大大的"哈欠"。

今天夜里，晶晶睡着睡着，突然"格格"笑了两声。看着她那甜甜的笑脸，我很想唤醒她，问问笑的什么，但又怕她从此不睡了，只好作罢。过了一会儿，晶晶又"格格"地笑了起来，随后便醒了："妈妈，明天给我买'好娃娃'（一种止咳药）的药好吗？"我说"好"。晶晶又笑："妈妈，我现在说好娃娃［vá va］，不说好娃娃［wá wa］了！"我也笑："谁教你的？""庞老师！"

语言能力： 宝宝发音能力提高很快，3～4岁期间尤其如此。在正确的教育下，4岁的宝宝基本能掌握本民族语言的全部语音。

那左边谁走呀

8月3日

天热了，晶晶想扎小辫子。晚饭后，我带着她去小区外面的饰品店买小辫绳。马路上车辆较多，我不时地叮嘱她靠边走，并告诉她："咱们走路的时候，要走右边，不能走左边。"晶晶深感困惑，问："为什么呀？"我说："因为这是交通规则！"晶晶质疑："那左边谁走呀？"我大笑：成韩复架了！

早教点滴： 教给宝宝一些最基本的交通规则，保证出行安全。如：要遵守交通规则，听从交警指挥；过马路时，要"红灯停，绿灯行，黄灯等一等"，或走过街天桥和地下通道；马路上车多、人多，不能乱跑，不能做游戏。

6、9、8与［ə］

8月5日

放学后，我接晶晶回家。来到楼下停车场，她指着一个车牌号上的"9"念道："6"。我忙为她纠正："这是9，不是6。圆圈在上的是9，圆圈在下的是6。"回到家，晶晶指着地面说："妈妈，你看，头发写了一个'6'，哦，头发写了一个'9'……8啊还是6啊，我不知道了。"我心里笑道：怎么把"8"也扯进来了？顺着她手指的方向去看，发现地上那根头发的形状既不是6，也不是9，更不是8，而是像英语音标[ə]，不由得笑了。弯下腰去，捏起头发，把它旋转了180°，对晶晶笑道："这样就是'6'了。"

早教点滴：6和9两个数字，长得比较像，初学数字的小朋友容易把它们记混。妈妈可让宝宝多看、多比较这两个数字，然后再稍作讲解。等他接触得多了，自然就能够把这俩数字区分开来了。

中国加油，奥运加油

8月5日

再过几天，举世瞩目的北京奥运会就要开始了。最近一段时间，北京城里到处洋溢着奥运会的气氛。下午去接晶晶，走进幼儿园，远远地望见小四班门口的台阶上坐着许多小朋友，每人双手扯着一幅画着中国国旗的画，面对着前来接宝宝的家长。见我走近了，他们齐声喊道："中国加油，奥运加油！"我心里笑道：北京要开奥运会了，连北京的小朋友们也忙活起来了！

回到家，晶晶让我给她讲奥运会的故事。讲什么呢？我正琢磨着，忽然看到了新来的《北京青年报》，便拿起来翻看、寻找。翻到"奥运专刊"这一版，我指着图片上的字，给晶晶念道："中国加油，奥运喝彩！""不对！"晶晶高声反驳说，"是'中国加油，奥运加油！'"哈哈！小姑娘以为报纸上写的就是她在幼儿园学到的那两句话呢！

早教点滴：教宝宝认识国旗。妈妈可用国旗贴纸、国旗卡片等帮助宝宝认识各国国旗。每天认识一两个。等宝宝记住后，再用地图或地球仪，教他认识这些国旗所代表国家所在的位置。这种做法，能帮助宝宝把国旗、国家以及国家的地理位置联系起来，增强宝宝的联想能力。

我不会这样

8月某日

电视里正在播放奥运会"男子体操团体决赛"。看到"鞍马王"肖钦跳鞍马时，动作潇洒、快如闪电，晶晶很是苦恼，指着电视说道："我不会这样！"我哈哈大笑：要是3岁的你都能像肖钦这样，不要说世界冠军非你莫属，体操史上恐怕也是空前绝后了……为避免解释起来麻烦，我笑着安慰她："没关系，妈妈也不会。"

过了不久，"吊环王"陈一冰开始表演吊环。见陈一冰在吊环上上下翻飞，

晶晶又苦恼起来："妈妈，我也不会这样。"我禁不住又笑了："没关系，你还小呢！"一听这话，小姑娘马上精神抖擞起来：右手高高地举过头顶，直至最高处："等我长大了，这么高了，就能和刚才那个叔叔一样了！"

运动能力：这个年龄段的宝宝，其运动能力应该达到：能单足站稳，并连续跳 3 至 5 下；能跟随家长的口令，准确完成稍息、立正、左右转、向后转、开步走、停等动作。

厉害的晶晶

8月9日

陪晶晶玩儿的时候，我笑着问她："晶晶，你厉害吗？""我厉害！"小姑娘毫不犹豫地说道，"我能打好几个坏人呢！1 个大灰狼，2 个狮子，2 个老虎……妈妈你说我厉害吧！"

成长解读：3～4 岁的宝宝爱"做梦"，这是处于幻想敏感期的宝宝正常的表现。此时，如果妈妈能够进入宝宝的"梦"中，和他一起"做梦"，不仅可以发挥宝宝的想象力，还能提高其语言能力。

装小鸡的蛋壳

8月9日

晚饭后，我和晶晶一起坐在电视机前看动画片：蛋壳被顶破，几只毛茸茸、黄澄澄的小鸡一点点儿地钻了出来，东张西望着，非常可爱。晶晶很好奇，指着裂开口的蛋壳对我说："我要一个，里面装着小鸡！"

育儿心得：好奇心强的宝宝爱问"为什么"，往往能够学到更多的知识。妈妈如果对宝宝没完没了的"为什么"感到厌倦，对他们提出的问题常常敷衍了事，则很容易使他们的好奇心受到伤害。

妈妈为什么没有胡子呢

8月10日

晶晶坐在床上，若有所思地问："为什么呢？"我不明白她的意思，反问道："什么'为什么'？"晶晶答："妈妈为什么没有胡子呢？"爸爸笑了："因为小孩都没有胡子，你看，晶晶没有胡子吧。"晶晶使劲儿点头："嗯。"爸爸见女儿如此信任自己，便开始逗她："妈妈没有胡子，说明妈妈也是小孩，对不对？""不对！"小姑娘当即反对说。我一笑：爸爸糊弄不了人家了。为了让晶晶弄清楚，我向她解释："男的才有胡子呢，女的都没有胡子。你看哪个阿姨或奶奶长胡子了？"晶晶一想也是，"哈"的一声大笑起来。

早教点滴：回答宝宝的提问要及时。宝宝注意力集中的时间很短，情绪也容易变化。他们提问，是因为此刻对该事物有强烈的印象。妈妈如果回答不及时，过一会儿，也许他就会把问题忘得一干二净了。

给爸爸吃糖

8月14日

晶晶小便时，突然很委屈地向我哭诉："爸爸给我吃糖了。"我一听很生气："爸爸做的不对！以后他再给你糖，你就把它扔到垃圾桶里好不好？""不好！"晶晶一口拒绝了。我大吃一惊，问："那怎么办？"小姑娘"呵呵"笑道："那我就给爸爸吃！"

营养饮食：宝宝吃糖坏处很多，但是，不同的家长对这个问题的重视程度大不一样。要想减少宝宝对糖的食用量，需要全家总动员，仅靠个别家长坚持是远远不够的。

机枪、马枪

8月16日

卧室里，晶晶和爸爸坐在床上玩拼图。几遍过后，晶晶玩腻了，抓起一块拼板作手枪，向爸爸"射击"。爸爸模仿着晶晶的样子，也拿起一块拼板作手枪，瞄准她"射击"，嘴里还说着："叭叭叭，打打……这是机枪。"晶晶一愣，随即举起自己的"手枪"，对准爸爸笑道："这是马枪！"哈哈！小姑娘把爸爸说的"机枪"当成是"鸡枪"了！

亲子游戏：玩拼图。玩拼图是开启宝宝智能的一个重要手段，能让宝宝在玩的同时集中注意力和观察力。家长和宝宝一起玩拼图，还能提高宝宝的兴趣。

我想摸摸水立方

8月17日

今晚，我们要在鸟巢看田径比赛。下午4：40，我们三口打车从家出发，在鸟巢北侧十字路口下来，步行前往检票口。一路上，人群熙攘，如同赶庙会一般：前去看比赛的，卖国旗小贴画的，卖"中国加油"发带的，卖印有奥运会标志的 T 恤衫的，倒卖奥运会门票的，等等等等，到处都是。

我们大手拉着小手，穿过拥挤的人群，经过重重关卡的检查，最后终于进入了奥运村。一踏进村里，感觉世界在瞬间全变了：天地变得非常广阔，散布在各地的人们小得像蚂蚁，伸向远方的原本十分宽广的马路，如今变成了一条长长的

直线……站在广场中央，晶晶东瞧瞧，西望望，最后把目光定格在西面的水立方上："我想摸摸水立方。"因时间还早，我们便带她朝水立方走去。可是，走近后却发现：水立方的外围用铁栅栏挡着，不能靠近去摸，只有提前买过票的才能入内。晶晶深感遗憾。眼睛离开水立方，又开始重新寻找目标，不久就把目光锁定在东面的鸟巢上："我想摸鸟巢！"我听着好笑：这个小人儿，看看不就行了，怎么老想着要用手摸呢？

早教点滴：蒙台梭利认为，手是宝宝最主要的老师。有了手的活动，宝宝的智力会达到更高的层次，其人格也会得到更好的发展。因此，妈妈应鼓励宝宝动手，不要总对他说"这个不准碰"、"那个不准摸"。对于那些确实不想让宝宝碰到的东西，妈妈要提前把它放在宝宝看不到或够不着的地方，给予适当的限制。

我打妈妈的腿

8月19日

晶晶早晨醒来，赖床不起。我几次催她，最后把她催急了，威胁我说："我打妈妈。"我故作吃惊状："妈妈是最疼你的人，怎能打妈妈呢？"晶晶笑了："我不打妈妈。"我也笑："这才是好宝宝！"晶晶又笑："我打妈妈的腿！"我大笑：这个小人儿，说相声呢，还跟我抖包袱！

育儿心得：宝宝的淘气有多种类型，有属于搞破坏性质的，也有充满美好想象的，妈妈要区别对待，不能一味地制止，也不能一味地纵容。当宝宝的淘气属于后者时，家长要及时给予鼓励和赞扬，以激励他更好地发挥想象力和创造力。

从哪儿长出来的土

8月19日

买的新花生里，有一个花生壳腐烂了，呈深褐色，上面还沾着一些泥土。晶晶指着这个腐烂了的花生说："这上面还有豆沙呢！"我笑着纠正道："不是豆沙，是土！"晶晶紧接着问："从哪儿长出来的土呀？"

早教名言：好奇是入门的钥匙，兴趣是求知的开始。——蒙台梭利

福娃电视

8月20日

上午，我大哥、小哥，还有我和晶晶，一起乘坐地铁去天安门广场玩。在环线地铁中，晶晶跪在座位上，面朝窗外，欣赏贴在隧道墙壁上的福娃图片。地铁

给我这样打扮，
我也没办法！

走！给中国
队加油去！

运行起来，这些图片一张张飞快地向后跑去，小姑娘看了，欢快地笑道："我在看福娃电视呢！"

早教点滴：教宝宝了解方位概念和交通工具。妈妈可准备一些关于陆地、海洋、天空的图片，以及汽车、飞机、轮船等交通工具的图片，告诉宝宝：在不同的地域，要乘坐不同的交通工具，然后让他们给陆地、海洋、天空等图片配上相应的交通工具。

我不会蜇人

8月28日

清晨，睡梦中的晶晶突然哭道："呜……我不会……"我没听清她说的"不会"什么，猜想可能是在幼儿园学的某种技能，便拍着她的后背安慰道："没关系，妈妈教你！"晶晶又哭："呜……我学不会！"我继续安慰："不，晶晶可聪明呢，什么都是一学就会！"晶晶很快平静下来，不久便"呵呵"地睡着了。

过了半个多小时，晶晶睡醒了，很委屈地对我说道："小蜜蜂蜇我了！"我想她可能是做恶梦了，就顺着她的话说："不会的，小蜜蜂不会蜇人的。"晶晶问："为什么呀？"我答："因为蜜蜂一蜇人，它就要死了。蜜蜂不喜欢蜇人，它喜欢采花蜜。"为转移她的注意力，我唱起她喜欢的儿歌："小喜鹊造新房，小蜜蜂采蜜忙。幸福的生活从哪里来，要靠劳动来创造。"晶晶一听，马上转忧为喜，跟我一块唱了起来。

唱了一会儿歌，我忽又想起晶晶的梦话，便问她："你最早哭着说你'不会'，是'不会'什么呀？""我不会蜇人！"晶晶高声答道。我哈哈大笑，心想：这个我可教不了你……为避免她再难过，我对她笑道："没关系，妈妈也不会蜇人。只有蜜蜂、马蜂才会蜇人呢，咱们是人！只要是人，都不会蜇人！"晶晶很满意，再一次为自己是一个大大的"人"而感到自豪了。

育儿心得：认同宝宝怪异的想法。当宝宝出现怪异的想法时，妈妈不要急于否定，应对其想法表现出浓厚的兴趣。这样，宝宝才会向你敞开心扉，说出自己想法的来龙去脉。在此基础上，妈妈才能真正理解宝宝，然后进行下一步的工作：需解释的解释，需纠错的纠错，需帮助的帮助。

北京欢迎你

8月28日

晶晶在幼儿园学了一首新歌《北京欢迎你》，近几天经常在家唱给我听。这首歌我也很喜欢，只是苦于没有歌词，只能哼旋律。今天下午，我从电脑中搜索到了这首歌的歌词，把它抄在本子上，准备等晶晶回来后，和她一起唱。

晚饭后，晶晶和爸爸去卧室玩小贴画。我刷完碗，拿起歌本，开始唱《北京欢迎你》。唱到"相约好了在一起"时，感觉味儿不对，可又不知该如何改。正琢磨着，只见晶晶"噔噔"地跑过来，给我纠正道："相约好了在一起，我们欢迎你。"我一听，果然是这个味，很高兴，便紧跟着重复了一遍。

纠正完我的错误，晶晶又"噔噔"地跑回卧室去玩小贴画了。我继续往下唱。唱着唱着，却见她又"噔噔"地跑过来，在我面前立定，冲我怒吼道："你吵死我了！"见她发怒的样子很好玩，我大笑起来，不再唱歌，跟着她来到了卧室。见我进来，晶晶爸笑道："人家正贴小贴画呢，你一唱歌，弄得人家心神不宁的，还得给你纠正错误。"我哈哈大笑，问晶晶："是吗？"小姑娘很成熟地点着头评价说："(唱得）还可以！"

艺术启蒙：避免宝宝唱歌走调。3岁的宝宝，嗓子正处于发育时期，音域不宽，遇到音调太高和太低的歌就会唱不上去或走调。妈妈若选择音域适当和容易为宝宝理解的儿童歌曲，和他一起唱歌，对避免宝宝唱歌走调会有一定的帮助。

给我们老师说去

8月31日

我带着晶晶从"华联超市"采购归来，已是晚上八点。晶晶爸刚把晚饭摆上桌，我们娘俩便像饿虎一样扑了上去。猛吃了几口之后，晶晶突然想起："我还没洗手呢！"说完，便起身向洗手间跑去。见她如此自觉，我赶紧表扬："晶晶今天表现得特别好！"话音刚落，就听小人儿在洗手间对我嘱咐道："回去就给我们老师说去，啊！"

育儿心得：老师的表扬和鼓励是宝宝努力向上的动力。妈妈要想让宝宝多被老师表扬，就应多和老师沟通，将宝宝的进步及时向老师反映，并及时帮助宝宝纠正缺点错误。宝宝表现优秀了，自然就会得到老师表扬。

第三章 太阳的一半是月亮

最爱中国菜

词：张秀丽

曲：《星仔走天涯》曲

麦当劳我不爱

肯德基也不爱

我最爱吃中国菜

妈妈做的菜

爸爸做的菜

全部都是我最爱

我爱我爱排骨冬瓜

也爱也爱豆腐白菜

还有西红柿炒鸡蛋

每次吃饭我都心里乐开怀

亲

子

歌

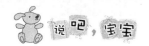

蜗牛、蚯蚓与抹布

9月5日

9月1日，幼儿园的小朋友集体升班，晶晶由原来的小四班（托班）升到了小二班（小班）。自从升班以来，她就对幼儿园变得非常抵触，每天都要哭喊着说"我不去幼儿园"。我担心这样下去会让她产生心理阴影，昨天就没送。今晨醒来，晶晶仍说不想去幼儿园。我想：不去也行，昨天、今天，再加上明后两天周末，晶晶连续在家里呆4天，好好地玩一玩，到下周一，她对幼儿园的敌对情绪肯定会大大减少。想到这些，我便答应了。洗完脸，我问晶晶："你想去哪儿玩呀？"晶晶说："我想去颐和园。"我想，也好，就带她去那儿散散心吧。

我们乘坐公交车，1个多小时后来到了颐和园。走到长廊处，我坐下来休息，看着晶晶自己玩。她先是以我为中心，在长廊里来来回回地跑，后来趴在我对面的长凳上，双手扒着两个边儿向后滑，边滑边对我笑："我是小蜗牛！我在爬呢！"见她开心，我也把不快丢到了脑后。晶晶又说："我是蚯蚓！"我再一瞧，她的小身子一曲一伸地向前挪动，还真挺像蚯蚓在地里爬，禁不住笑了。这时，一对青年男女从旁边经过。男子看一眼晶晶，冷冷地笑道："抹布啊！"我心里不由得打了个寒战：在孩子眼里如此可爱的举动，在有些成年人看来，怎么就那么肮脏呢？

育儿心得： 在孩子眼里，世界是如此美丽、可爱，花草树木、一切小动物都是和我们一样的，没有高低贵贱之分，而成人眼中的世界却灰暗得多，主要是因为成人大都失去了孩子那双天真无邪的眼睛，失去了一颗赤子之心。

表现太错

9月6日

早晨睡醒后，晶晶一想到幼儿园，就哭了起来。我想哄她开心，便轻轻拍打着她的后背，用一种不容置疑的口气问："齐老师特别喜欢晶晶，每天都说晶晶表现很好，是不是？"小姑娘情绪缓和下来，小声答道："是。"我心中一喜，接着又"问"："齐老师还给了晶晶一张小贴画，是不是？"小姑娘不高兴了："不对！是王老师给的。"我赶紧再讨好："因为晶晶表现好，王老师才给晶晶的，是不是？"小姑娘不领情："不是！每个小朋友都有。"我只好说："看来每个小朋友表现都不错。""不是！"小姑娘愤怒了，冲我咆哮道："有的小朋友表现不太错，有的小朋友表现太错！"

育儿心得： 不能乱表扬。"表扬"应该是在宝宝有了突出表现之后，妈妈发自内心的赞美，而不是乱拍宝宝"马屁"。否则，可能会引起宝宝的反感。

改名儿

9月6日

晶晶最近经常和小朋友发生冲突。为了让她搞好团结，我说："晶晶的好朋友可多呢！有金金，有月月，有茜茜，有张莹……"听到"张莹"二字，晶晶插嘴道："张莹改名了！""是吗？"我有些好奇，"改成什么了？""改成张小涵了！"晶晶回答说。我听着有趣，便跟她开起玩笑："那晶晶也改个名吧？"小姑娘很愉快地答应了："好吧。"我征求她的意见："改成什么呢？"小姑娘笑道："改成'好晶晶'吧！"我哈哈大笑："好啊，那我就喊你'好晶晶'了？"不料，小姑娘却说"不行！"我惊问原因。小姑娘慢条斯理地回答说："等我上幼儿园的时候再喊我'好晶晶'，现在别喊。"我又问："为什么呢？是因为上幼儿园才是好宝宝吗？"小姑娘低下头，小声答道："是。"

早教名言：教育技巧的全部诀窍就在于抓住儿童的这种上进心，这种道德上的自勉。要是儿童自己不求上进，不知自勉，任何教育者就都不能在他的身上培养出好的品质。可是只有在教师首先看到儿童优点的那些地方，儿童才会产生上进心。——苏霍姆林斯基

起码，骑马

9月10日

幼儿园贴出海报说，本学期的兴趣班开始招生了。今天早晨，爸爸对晶晶开玩笑道："今天爸爸给你报个舞蹈班吧，等晶晶学好了，上'银河幼儿园'，就是参军了，可以吃公家粮了，以后起码也是个县团级！"

听到"县团级"三个字，我忍不住笑了：不久前，晶晶爸刚提了副处。我听说副处相当于县团级，便对他调侃道："要在你们家那个小县城，你也是个响当当的人物了！"晶晶爸笑而不语。此后的日子里，我们常拿"县团级"开玩笑。不料，晶晶听完爸爸刚才的话，却大声抗议说："我不骑马！骑马太危险了！"哈哈！小姑娘把爸爸说的"起码"当成"骑马"了！

早教点滴：让3岁多的宝宝学舞蹈，家长不能太功利，不能强迫宝宝学，也不必让他接受非常专业的训练，应抱着培养宝宝兴趣的想法，让他开心地学。

美人计

9月11日

下午放学后，在幼儿园门口，我们遇到了晶晶的好朋友提提和他爷爷。我想去食堂买馒头，晶晶想和提提玩，不肯跟我走。爷爷见状，鼓动孙子说："去！

提提也跟着一起去！"一听这话，提提撒腿就朝食堂方向跑去。晶晶见好朋友跑了，立刻追了过去："提提，你等一会儿我！"小伙子不理，继续跑。他跑得快，晶晶跑得慢，两人之间的距离越来越大。晶晶见追不上了，索性停了下来，望着小伙子的背影高声喊道："提提，咱们手拉着手跑！"正在快速奔跑的提提，一听说"拉手"，立刻停了下来。晶晶快跑着追上去，拉起提提的手，和他一溜烟跑了。望着她那渐渐远去的小小的身影，我心里笑道：这点儿小人儿，还施"美人计"呢！

体育锻炼： 3岁以后的宝宝，可以练习慢跑。慢跑是一种较为平稳和缓慢的跑步方式。适当的慢跑对宝宝的成长发育很有好处。

白云回家的路

9月12日

我和晶晶一起翻阅《幼儿画报》时，看到一幅画面：一只海豚从蓝色的大海中腾空而起，溅起许多白色的浪花。画面本来很美，可是被晶晶涂了一些乱七八糟的黑色线条，并且还在海豚的头上画了一团黑乎乎的东西。画面的美感完全被破坏了。看到这里，我批评晶晶说："不能在上面乱画，知道吗？这样多难看呀！"谁知，晶晶却解释说："我在给云弄回家的路线呢！"原来，看到画面上的白云（实际是白色的浪花）离开了大海，晶晶以为她迷路了，就画了一些线条作为大路，引领白云（浪花）回家呢！晶晶又指着海豚头顶上的小黑团说道："这是一个蜘蛛！"我仔细一看，果然有些像，心里不由得自责起来：人家晶晶是在认真画画呢，刚才却被我当成是乱涂乱画，真是不应该啊！

教育名言： 如果教育学想从一切方面教育人，那么它必须首先从一切方面了解人。——乌申斯基

7与L

9月12日

晶晶拿笔在本子上画画。画了一会儿，对我说："我会写7了。""是吗？我看看！"我说着，高兴地凑过去看。晶晶拿着笔给我做示范：先画了个1，又在1的右下方加了条横线，说："这就是7！"我心中暗笑：你不是会写"7"，是会写"L"了！

早教点滴： 宝宝初学写字，可能会写得很难看，并且常写错。此时，妈妈不要讥笑或批评宝宝，也不要让宝宝擦掉重写，而应多鼓励，并对他的书写行为表示赞赏。否则，或许会挫伤宝宝书写的积极性。

小球球滑滑梯

9 月 12 日

晚上 9 点 40，我再一次催晶晶："该睡觉了！""不行！"晶晶拒绝道，"我在弄小球球滑滑梯呢！"我仔细一瞧，只见晶晶背靠床头，双腿并拢斜支在床上，一排玻璃球正沿着两条小腿之间的"峡谷"往下滑。不禁一笑：你可真会玩！等小球全部滑下来，我问晶晶："好了吗？""还没呢！""那什么时候好呀？""等明天吧！"

育儿心得：对于 3 岁的宝宝来说，"今天"、"明天"等时间概念是很难理解的。妈妈可以告诉他，从早晨起床，到晚上睡觉前，是今天；晚上睡一觉，天亮了再起来的时候，就是明天了。

树一个人

9 月 12 日

我教晶晶背诵王维的一首诗《画》："远看山有色，近听水无声。春去花还在，人来鸟不惊。"背到第三句时，晶晶问："为什么'春去花还在'呀？"我答："因为是画上的花，不是真的花。如果是真的花，春天一走，很多花就凋谢了……"晶晶笑着打断我："对，就只剩下树一个人了！"

早教点滴：初教宝宝背唐诗，可从浅显易懂的五言绝句入手。诗歌中所描述的，最好是宝宝熟知的事物。如《画》这首诗中的山、水、花、鸟，宝宝都很熟悉，就容易记住，还能隐隐约约地理解部分诗句的意思，因此容易产生学习兴趣。

一个诗情画意的夜晚

9 月 13 日

今晚月色很好。饭后，我们一家三口出去散步。走至一条清幽的小径时，清风拂面，月色朦胧，路边的花墙上树影婆娑，很有诗情画意。我正想抒发一下感慨，忽听晶晶爸背后发出"不"的一声不和谐音——人家"放气"了。我的思绪一下被打乱，对他打趣道："你说什么呢？"晶晶爸正要为刚才的不文明行为辩护，就听小姑娘笑着抢答道："爸爸刚才说了个'不'！"

育儿心得：培养宝宝乐观的心态。妈妈在平时多给宝宝讲一些幽默故事、积极进取的故事以及结局是光明未来的故事，引导他和开朗的孩子一起学习和玩耍，对培养宝宝乐观的心态很有帮助。

麻花辫儿

9 月 14 日

上午，我们三口去"北海公园"游玩。在"万通"商场附近等车时，晶晶突

然指着半空惊呼："麻花辫儿！"我抬头一看，只见一辆电车从西边缓缓地开过来，车顶部两根长长的电缆线斜插向空中，正沿着高压电线滑行，仿佛两条长长的、高高翘起的麻花辫儿，不禁有些感慨：小时候，我跟爸爸去济南，第一次见到电车时，也很惊奇，称其为"带大辫子的车"。后来，这件事一直被爸爸当作可爱的回忆。如今，三十年过去了，我又从自己女儿的口中听到了类似的说法，恍如隔世。

早教名言： 幼小时所得的印象，哪怕是极微小，小到几乎觉察不出，都有极重大极长久的影响。——洛克

英式汉语

9 月 15 日

本学期开学时，幼儿园发了一盒英文卡片，卡片的一面是英语单词和图画，另一面只是英语单词。今天下午，一位做翻译的朋友S君来我们家玩。爸爸见晶晶正手持英语卡片念单词，便指着S君对她笑道："这个叔叔英语特别好，让他教你英语吧！"

S君拿起一张上写"dineer"的卡片，微笑着问晶晶："这是什么？"原本把这个词念得滚瓜烂熟的晶晶，一下给问懵了，沉默了好大一会儿，才怯怯地答道："弯灿！"我们大笑：要么是"dineer"，要么是"晚餐"，怎么成了"弯灿"了？接下来，S君又拿着剩下的卡片一张张地考晶晶。结果，很多英语单词都变成了"英式汉语"：milk(牛奶)成了"妞奈"，juice(果汁)成了"郭志"，kiwi(猕猴桃)成了"眯户套"……

早教点滴： 宝宝天性爱玩，根据这一特点，妈妈在引导宝宝学英语时，可以采用一些灵活的方式，如：播放宝宝喜欢的英语动画片、和宝宝一起玩英语卡片、一起学唱英语歌，让宝宝边玩边学，快快乐乐地走进英语世界。

多吃肉就行了

9 月 15 日

晶晶下午4点入睡，晚上7点10分才醒。醒来第一句话就是："妈妈，我鼻子不透气儿！"我有些担心："怎么回事呀？是不是因为刚才睡觉的时候没盖被子？""不是！不是没盖被子的事儿！嗯……"小姑娘说着说着，居然哭了起来。我赶紧转移目标："那么，鼻子怎样才能透气呢？妈妈给你穿上衣服行吗？""不行！""那妈妈抱抱你行吗？""不行！""那妈妈给你拿个小熊玩行吗？""不行！""那怎么办呀？"我感到束手无策了。这时，晶晶背对着我，气愤地说出

答案："多吃肉就行了！"

营养饮食：预防宝宝肥胖。对于只爱吃肉不爱吃菜的宝宝，家长要尽量让他少吃五花肉、香肠等脂肪多的肉类，多吃饱和脂肪酸少的鱼类和鸡肉。同时，家长要带头吃蔬菜，经常向宝宝介绍一些关于蔬菜的小常识，让他明白蔬菜的重要性，逐渐改正偏食的缺点。

关于月亮的猜想

9 月 15 日

昨天中秋节。上午天气预报说晚上有雨，将看不到十五的月亮了。我很失望，因为最近一直跟晶晶说，要带她去看十五的月亮呢！吃过晚饭，按照以前的约定，我们外出散步。走出楼门，晶晶见天上没有月亮，便问："月亮怎么还没出来呀？"为了不让她绝望，我假装不知道："咦，怎么回事呢？我也不知道呀？"晶晶猜测："月亮坐车回家了吧？"我应付着："可能吧！"晶晶仍抱有幻想："月亮一会儿会从草里长出来吧？"……

今天晚饭后，我和晶晶再次外出赏月。来到楼门口，晶晶没看到月亮，有些担心："月亮怎么还没出来呀？是不是给打坏了？""可能是让楼挡住了吧！我去看看！"说着，我疾走几步，来到楼前，扭头望天，见一轮圆月，明晃晃地贴在上面，忙对晶晶喊道："你看，月亮出来了！"小姑娘飞快地跑过来，抬头瞧了一眼，也激动地高喊起来："真的耶，月亮真的出来了！"激动之余，又想起昨天的事，问我："月亮昨天没出来，她是不是回家睡觉去了？"

我和晶晶一边走，一边不时地抬头望月。见月亮一会儿照在高空，一会儿挂在树梢，一会儿落在楼顶，一会儿又被楼挡住了，晶晶又惊又喜。来到院里最大的一片草坪旁，晶晶指着草坪说："这里是月亮的家！"我很奇怪："是吗？为什么呀？"晶晶张口答道："因为月亮是毛毛虫的爸爸！"我又问："那毛毛虫的妈妈是谁呀？"晶晶看了看草坪，说："毛毛虫的妈妈是小草！"

育儿心得：宝宝和成人不同，他们还没有形成思维定式，因而想象力无比丰富，令成人望尘莫及。为宝宝创造一个合适的环境，鼓励他自由地想象，不对他的行为进行太多的干扰，对发展宝宝的想象力大有帮助。

"最好"比"更好"大一岁

9 月 15 日

晶晶有点儿流鼻涕。出门赏月之前，我给她外面罩了件天蓝色毛衣。毛衣的袖子比较长，晶晶让我给她卷起来。我从命，先帮她卷了右边的袖子。正准备卷

左边袖子时，晶晶说不用了，她自己卷。结果，她卷的多，我卷的少，两只袖子一长一短。晶晶看看这只袖子，又看看那只，笑道："我卷的最好！"我也笑："对了！妈妈卷的呢？"晶晶说："妈妈卷的有一点儿好！哦，妈妈卷的更好，我卷的最好！……'最好'比'更好'大一岁对吗，妈妈？"

自理能力：培养宝宝自我服务的意识。3岁的宝宝，已经能够自己穿简单的衣服了：夏装能自己穿2件，冬装能自己穿1件。当宝宝学会这种本领之后，妈妈要鼓励他自己穿。即使他做得不好，也不要责备他，或者干脆代替他做，否则容易增强孩子的依赖性。

幼儿园的故事

9月16日

下午接晶晶时，我问老师："晶晶中午睡觉了没有？"老师说："睡了一会儿。"我想：晶晶昨天睡多了，今天中午可能没怎么睡。回到家，我问："你今天睡觉睡得多吗？""睡得可多呢！"小姑娘郑重其事地说道。我心里一笑，又问："你们班哪个小朋友没睡午觉呀？"晶晶一一数来："茜茜没睡，欢欢没睡，金金没睡……"我笑："你怎么知道人家没睡觉呀？"小姑娘瞪着一双纯真的大眼睛撒谎说："老师趴到我耳朵上悄悄告诉我的！"

晚饭时，晶晶向我告状："欢欢老打我！"我有些吃惊：欢欢以前不爱打人的，如今这是怎么了？想到这里，我问晶晶："为什么呀？"小姑娘解释说："因为以前在小四班的时候，我的头发短；到了小二班，我的头发长了，欢欢不认识我了。"

成长解读：宝宝向大人告状，有时是受了委屈，希望大人帮忙解决问题；有时是为表现自己，以赢得大人的表扬。如果是前者，大人应认真听取宝宝的倾诉，给予宝宝理解和安慰，并和他一起寻找解决问题的办法；如果是后者，家长可以先用平淡的语气对他们的做法予以肯定，然后告诉宝宝：每个人都有缺点，都有犯错误的时候，我们要用宽容的心来对待别人，要体会对方的心情，还要给对方以关心和帮助。

小胎记

9月18日

晶晶的胳膊上有一块黄豆大小的胎记。我曾跟她开玩笑说："有了这块小记，就不怕晶晶丢了以后妈妈找不到了。"小姑娘很认真地听着。

今晚给晶晶洗澡时，我一边感叹着"晶晶胳膊上的灰太多了"，一边用手使劲儿地搓。不料，小姑娘却担心起来："别把上面的小记给搓掉了！"我听了大

笑：这小胎记，我就是想搓，也搓不掉啊！

育儿心得：如果宝宝身上长有胎记，妈妈应根据不同的情况，采用不同的处理方式：胎记若长在宝宝身上，且面积很小，无伤大雅，妈妈和宝宝完全可以一笑置之；若长在脸上、脖子上等比较显眼的位置，影响了美观，妈妈则可以为宝宝选择合适的医院，带他去进行治疗。

掩耳盗铃

9月18日

上床关灯后，晶晶躺在我身边大声问："妈妈，你能听见我说话吗？"我感到很奇怪：靠得这么近，她为什么会怀疑我听不见呢？是不是她把自己的耳朵捂上了？想到这里，我把头凑过去一瞧，果然如此。不禁"哈哈"大笑：这小人儿，还掩耳盗铃呢！为了印证自己的想法，我问晶晶："你怎么认为我可能会听不见呢？"小姑娘很严肃地解释说："我捂着耳朵呢！"我更笑：看来古人"掩耳盗铃"的做法，也是可以理解的呀！

早教点滴：积极评价宝宝的行为。宝宝的自信来源于家长的正面评价。即便宝宝犯了错误，家长也应耐心听他解释，然后指出其错误中值得肯定的一面，并让他从错误中吸取经验，而不是牢牢记住自己的错误。

你现在还打人吗

9月18日

中午接了晶晶从教室里出来，在小一班门口，看到她以前的同班同学、淘气包伍子天，正独自扒着楼梯旁的栏杆玩。晶晶走上前去，直截了当地问："伍子天，你现在还打人吗？"小男生不羞不恼，乖乖地摇了摇头，小声答道："不打了。"我看着忍不住想笑：有这样的提问，就有这样的回答，小宝宝之间的对话，多么可爱啊！

育儿心得：宝宝说话，直来直去，口无遮拦，一派童真。这是天使的语言，值得我们好好珍藏。

不喜欢福娃了

9月19日

北京奥运会之前，一套福娃玩具要 980 元，我们没舍得给晶晶买。奥运会一过，福娃玩具迅速贬值。上周出去采购，因消费较多，商场居然送了我们一套福娃玩具。见向往已久的福娃终于来到自己家了，晶晶非常欢喜，每天都要和他们玩一会儿。可是好景不长。今天下午，小姑娘放学回到家，看到福娃后，突然变

得非常生气：“我才不理小福娃呢！哼！”我大吃一惊，追问原因。姑娘撅起小嘴，气呼呼地答道：“因为小福娃是假的！”

育儿心得：贵重的玩具未必好。有些家长心疼宝宝，不惜重金给宝宝买礼物，而宝宝却不知道珍惜，往往玩几天就丢到一边了，让家长很恼火。其实原因很简单，家长和宝宝对"好东西"的定义并不一样。在宝宝眼里，泡泡糖、气球、小石子、小树叶……这些不值钱的也都是好东西；有些家长却以为越贵的玩具宝宝越喜欢。

小大人

9 月 20 日

清晨，我喂晶晶吃蛋羹。吃着吃着，她突然问道："妈妈和爸爸小的时候，我的妈妈和爸爸呢？"我愣了一下，随口说道："你小的时候，妈妈和爸爸还是妈妈和爸爸啊！"我的回答显然不合要求。晶晶不满地扭了扭身子，又重复了一遍她的问题："妈妈和爸爸小的时候，我的妈妈和爸爸呢？"我还是不知该如何回答，便说："妈妈和爸爸的家离得很远，我们小的时候，还不认识呢！"听了这话，晶晶忽然笑了，没再追问。

晚上见了爸爸，晶晶又向他问起这个问题："妈妈和爸爸小的时候，我的妈妈和爸爸呢？"这时，我忽然想起了自己小时候发生的事情：记得那时，每当我问："爸爸小时候"如何如何的时候，我爸爸总是故意嘟起嘴巴、假装生气地打断我说："大人没有小时候！大人小时候也是大人，是'小大人'的时候！"一听到"小大人"这个词，我眼前高大魁梧的爸爸就迅速消失了，又以一个很瘦很小的形象从我脑海中浮现出来，令我开怀大笑，随即就把自己的问题给忘记了。我把这件事说给晶晶爸听时，小姑娘在一旁听了大笑。我很纳闷，不知她笑的什么。

早教名言：儿童心灵上的许多烙印，都是成人无意间烙下的。——蒙台梭利

"锻炼"身体

9 月 21 日

晚上关灯后，我陪晶晶睡觉。突然，她的小胖胳膊抡过来，"砰"地砸在了我脸上。"哎哟！"我疼得大叫一声，"晶晶，你干嘛？"晶晶"一本正经"地回答说："我锻炼身体呢！"一听这话，我"扑哧"笑了：小人儿跟我耍花招呢！见蒙混过关，晶晶也"呵呵"地笑了。不久，又故伎重演，胳膊抡过来，"砰"地砸在了我脸上。我的火"噌"的一下又上来了，大声质问她："晶晶，你怎么回事啊？"小人儿立刻郑重其事地"解释"说："我锻炼身体！嘻嘻！"

育儿心课：区别对待宝宝的恶作剧。宝宝的恶作剧多种多样，妈妈要认真分析其动机并区别对待：对于仅是为了逗人一笑或引起别人注意的恶作剧，家长可以冷处理；对于欺负人的恶作剧，家长则不能等闲视之，应对他进行批评教育，将其热情引到有益的活动上去。

亲子作业

幼儿园发了一篇亲子作业。内容是这样的："我跟我的好朋友小兔子学跳，我跟我的好朋友小鸟学飞，我跟我的好朋友小狗学跑。"下面是6道同样的题目："我跟我的好朋友 _____ 学 _____"。

晚饭后，我在卫生间洗衣服，晶晶和爸爸一起做作业。爸爸读完内容提示，问女儿："你跟你的好朋友什么学什么呀？"

晶晶答："我跟我的好朋友老虎学……"

爸爸问："学什么呀？"

晶晶答："我跟我的好朋友老虎学吃人！哈哈！"

我在卫生间听了偷笑：小姑娘还想学吃人呢！

爸爸又问："除了老虎，你还跟你的好朋友什么学什么呀？"

晶晶想了一会儿，说："我跟我的好朋友狮子学跳舞！"

"好！"爸爸大声鼓励道，"再说一个，你跟你的好朋友什么学什么呀？"

"我跟我的好朋友晶晶……"

我一听：晶晶怎么成了你的好朋友了？不过，这样说也可以，自己也可以跟自己是好朋友嘛！爸爸大概也是这么想的，没有质疑，追问女儿："你跟你的好朋友晶晶学什么呢？"

晶晶："我跟我的好朋友晶晶学荡秋千。"

爸爸："好！你还跟你的好朋友什么学什么呀？"

晶晶："我跟我的好朋友笔帽学……"

我着急地想：你跟笔帽能学什么啊！

客厅里沉默了一会儿，突然又传出晶晶兴奋的喊声："我跟我的好朋友笔帽学盖东西。"

我暗自赞叹：小姑娘说的真不错啊！

爸爸又说："好！还有最后一个，你跟你的好朋友什么学什么呀？"

晶晶："我跟我的好朋友……"

爸爸："你的好朋友谁呀？"

晶晶："月亮！"

爸爸："你跟月亮学什么呢？"

"我跟月亮学……"晶晶停顿了一会儿，猛地喊道，"我跟月亮学满天飞！"

早教名言：教育的主要任务不是教给宝宝知识，而是启发宝宝思维。——斐斯泰洛奇

太阳的一半是月亮

9月25日

晶晶早晨醒来，让我为她读《三字经》。当我读到"三光者，日月星"这一页时，晶晶指着画面上的太阳、月亮、星星、太极球，一一问我是什么。我有些不解：除了太极球，她不是都认识吗，干嘛还问我呢？为了不打击她的积极性，我还是耐心地一一作了回答。等我全部回答完，晶晶突然笑道："掰了一半就成了月亮了！"我很诧异："什么掰了一半就成了月亮了？""太阳！"晶晶答道。

智力开发：培养宝宝的联想力和想象力。联想、想象能力的高低，反映了宝宝右脑开发水平的高低。日常生活中，妈妈应鼓励宝宝多观察、多思考，大胆地去想象，以训练他的联想和想象能力。

肯德基，转一转

9月25日

放下《三字经》，我用《小鸟小鸟》的曲子，一边编歌一边唱给晶晶听："颐和园，转一转……"我刚唱到这里，就听晶晶笑嘻嘻地接着唱道："肯德基，转一转！"我大笑：这个小人儿，无论什么时候也忘不了吃肯德基啊！

营养饮食：让宝宝少吃洋快餐。肯德基、麦当劳等洋快餐，大都具有三高（高热量、高脂肪、高蛋白质）和三低（低矿物质、低维生素和低膳食纤维）的特点。常吃洋快餐，容易影响宝宝正餐的口味和食欲，造成营养失衡，引发肥胖症、高血压和糖尿病，甚至还会诱发癌症。

检票与拣票

今天下午，我们将乘2点20分的动车回山东老家。中午12点，我们三口打车从家出发，40分钟后来到北京南站。在候车室休息至1点40分，起身，准备去进站口排队检票。晶晶爸拉着行李箱先走了。我对晶晶说："走吧，咱们检票去！"小姑娘没有挪步，俯下身子，在地上抓了一把，抬头问我："是从地上拣票吗？"

语言训练：利用户外活动的机会提高宝宝的语言能力。宝宝大都喜欢外

出活动，对于外面新鲜的事物很好奇，也会把它们牢牢地记住。妈妈多带宝宝出去走走，让他认识更多的事物，回家后再和他讨论一下外出时发生的事情，能让宝宝学到更多的词汇。

和谐号，脱鞋号

10 月 1 日

这次回山东，我们乘坐的是"和谐号"列车。坐在我们后面位子上的是两个年龄相仿的大孩子，一男一女，看上去八九岁的样子。他俩刚坐到一起，便闹成了一团。晶晶站在过道里，斜倚着我们座椅的靠背，嘴里含着一根手指头，很羡慕地看着他们闹。起初，俩大孩子也许是玩得太投入了，没有注意到晶晶；也许是觉得晶晶太小了，不屑于跟她玩，连看都不看她一眼。后来不知怎的，突然又对晶晶产生了浓厚的兴趣，于是，像大人问孩子似的，你一句我一句地对她询问起来："你几岁了？""上幼儿园没有？""你喜欢爸爸还是喜欢妈妈？"……晶晶怯生生地一一作了回答。一问一答中，渐渐地，晶晶和他们混熟了，胆子大了，嗓门也放开了，后来高声宣布："我们坐的是'脱鞋'号！"周围的人们哄堂大笑：小人儿把"和谐号"误记成"脱鞋号"了！

社会交往：允许宝宝和陌生人说话。有些妈妈考虑到安全因素，不让宝宝和陌生人说话。这样做固然有道理，但也有弊端，一是不利于培养宝宝的社交能力，二是当宝宝遇到困难时，不懂得如何向陌生人求助。因此，妈妈可以在宝宝没离开自己视线的情况下，允许他和陌生人说话。

我能数到 N

10 月 4 日

我们在晶晶奶奶家住了 2 天后，昨天晚上来到了我姐姐——晶晶大姨家里。今天早饭前，晶晶小声数数："1、2、3、4、5……"大姨听了非常惊喜："晶晶数数呢！"说完，转过脸来问我："她能数到几了？"我刚要说话，就听晶晶一马当先抢答道："我能数到 N！"

早教点滴：儿童初期对数概念的形成和建立，需要借助具体形象。妈妈如果利用小棒、算盘等物品，让宝宝一边背数一边移动小棒或拨动算盘珠，可使背数与点数接边，还易于让宝宝学会从 9 到 10、19 到 20、29 到 30 等数的进位，使数数逐渐增加。

"指鹿为马"和"张冠李戴"

10 月 9 日

晚饭进行到最后，我见晶晶扔下小勺玩了起来，便问："你吃完饭了吗？"

晶晶说："我吃完了！哦，还没吃那个呢！"我问："什么呀？"晶晶指着刚煮好的红薯答道："袋鼠！"

饭后，爸爸问女儿："你听故事吗？"晶晶说："听！"爸爸吩咐："那你去妈妈那儿把光盘要过来。"晶晶"噔噔"地跑到我身边，高声说道："妈妈，给我盘子！"

育儿心得：妈妈要允许宝宝自由地观察身边的事物，随时随地教给宝宝一些概念和常识，帮他区分一些读音相同或相近的词语，以丰富他的知识，扩大他的词汇量。

分享

10月10日

晚饭时，晶晶在左，被夹在餐桌和床之间，我居中，爸爸在右。饭摆好后，我和晶晶开始吃饭。爸爸悄悄地离开座位，从冰箱里拿回一盒香肠切片，放在右手边隐蔽处，趁我们低头吃饭时，偷偷打开盒盖，夹起一片香肠，迅速埋进自己的小米粥里。

光天化日之下，这点小猫腻能瞒得了谁？晶晶"刺溜"一下从椅子上滑下来，一路小跑着来到爸爸身边，仰起圆鼓鼓的小胖脸儿，温柔地问："咱们分享吧？"望着女儿那双饥饿的眼睛，爸爸笑道："不用分享，一个人吃就行了。"一听这话，我立刻把筷子插进他碗里，打捞出香肠，埋进自己的粥里："好，我一个人吃就行了。"晶晶爸没想到我乘虚而入，惊愕之余，立马调转筷头，伸进了我的碗里……

早教点滴：让宝宝学会分享。独生子女在成长的过程中，受到全家人的宠爱，容易以自我为中心，不懂得谦让和分享。在日常生活中，妈妈应避免让宝宝吃独食、享特权，培养宝宝把好东西与大家一起分享的意识。

我又不是陌生人

10月13日

我带晶晶去院里玩，遇到了茜茜、月月和妮妮。我拿出夹心饼干，给4个小朋友分享。月月和妮妮一接过饼干，就大口吃了起来。茜茜虽然也接过了饼干，却没有放到嘴里，而是冲我摆手说："我妈妈说，'不能吃陌生人的东西'。"我心里笑着她的话，正要劝她，却见晶晶一把拉下她正在挥动的手，没好气地说道："我又不是陌生人！"

早教点滴：让宝宝学会分享，妈妈可以从身边的小事做起，如：带宝宝

出去玩的时候，同样的零食多带几份，让宝宝亲自分给小朋友；所带的玩具，也让宝宝和其他小朋友一起玩；对宝宝良好的表现及时给予表扬，让他感受到分享的乐趣。

我用吸铁石把你吸住

10 月 15 日

"十一"期间回老家，奶奶给了晶晶几片指甲盖大小的圆片形小吸铁石当玩具。今晚入睡前，晶晶躺在被子里玩小吸铁石。我刚要躺下，猛然发现吸铁石霸占了我的位置，担心被它凉着，便"忽"地坐了起来。晶晶看着我，坏坏地笑道："我把它放中间凉你！"我微微一笑：小人儿还想发坏呢！为高枕无忧，我把吸铁石抓在手里，躺了下来。小人儿见自己精心布置的"地雷"被排除了，很生气，掰开我的手，抓起小吸铁石放在我身上，恐吓道："我用吸铁石把你吸住！"

早教名言：要尊重儿童，不要急于对他做出或好或坏的评价。——卢梭

不平等条约

10 月 18 日

早晨醒来，晶晶和我面对面躺在床上。她看着我的眼睛微笑。望着她微笑的眼睛，我也不由地笑了。晶晶问："妈妈为什么笑呀？"我说："看到晶晶笑，我就想笑。"一听这话，小人儿伸手捂住了我的嘴巴，命令道："我笑，你不能笑！"说完，盯着我的眼睛，故意夸张地大笑，笑得眼睛和鼻子挤在了一起，在鼻梁处形成了一座小小的褶皱山。看着这张可爱的小怪脸，我想哈哈大笑，可嘴被捂着，只能发出"呜呜"的笑声。即便这样，小人儿还不满意，皱起眉头命令我："我笑，你不能笑！"说完，紧盯着我的眼睛，更加放肆地大笑。我大笑不得，憋得难受，无奈地想到：好霸道的小人儿！给我定了个这么不平等的条约！

早教点滴：当宝宝表现得很霸道时，妈妈不要一味忍让，也不要以暴制暴，可以对此事进行冷处理：不管宝宝，让他一个人去闹，当他感觉没趣了，自然会主动放弃。不过，如果宝宝只是想和你闹着玩，妈妈也不必非要拿出家长的威严去压服他。

排座次

10 月 18 日

晨醒后，晶晶玩了半个多小时，还不肯起床。我刺激她说："你不起床，爸爸就起床了，爸爸就成第一名了。"晶晶并不介意，张口说道："爸爸第一，我第

二，妈妈第三。"我假装不满："我不当第三！我要当第一，要不就当第二。""不行！"晶晶突然变得斗志昂扬，"爸爸第一！我第二！妈妈第三！"我跟她商量："晶晶当第一，妈妈第二，爸爸第三好不好？"晶晶不同意："不好不好！妈妈当第三，要不就当第四！"我"生气"了："我不当第三也不当第四！我要当第一或第二！"小姑娘不在乎我的生气，笑嘻嘻地凑到我面前问："你当第三还是第四呀？还是第五呀，第六呀，第七呀……"我苦笑：看来我的选择权只有第三名以后直至无穷了！

成长解读：欺软怕硬。宝宝在与家长、老师及小伙伴等交往的过程中，能够敏锐地感觉到谁厉害、谁不厉害，谁的话必须听，谁的话可以不听。因而，对待不同的人，他们会采用不同的"策略"。不过，在家里，被"欺负"的往往是和他最亲近的人。如果宝宝"欺负"你，其实也从另一个角度证明了他内心感觉和你最亲。

一个小弟妹

10 月 22 日

傍晚，我在家做饭，把晶晶和爸爸赶出家门，去院里跟大树们交换二氧化碳和氧气。他们经过理发店门口时，透过大玻璃窗，看到一个小男孩儿正"哇哇"大哭着，被父亲强行按在椅子上剃光头。晶晶指着小男孩儿说："一个小妹妹！"爸爸纠正道："是个小弟弟！"晶晶笑了："一个小弟妹！"

育儿心得：如果你的宝宝不喜欢去理发店理发，你可以买一个电动理发器，自己在家里给他理发；也可以带一个不害怕理发的宝宝，和你们一起去理发店。小朋友的榜样作用，或许会激发起你家宝宝想理发的欲望。

妈妈说"不是"也是

10 月 25 日

上午去一家大型商场，晶晶爸被促销员忽悠成功，花四百多块钱买了一个所谓的益智玩具。作为答谢，厂家赠给他一个小型塑料玩具企鹅QQ。下午，晶晶爸睡觉，我看书，晶晶玩QQ，对所谓的益智玩具理也不理。两个小时后，爸爸醒了，发现企鹅的一条塑料腿断了，一下火了，气势汹汹地责问晶晶为何把新玩具弄坏了。晶晶见来者不善，吓得不敢出声。爸爸批完女儿，见我在看书，又把火引到我身上，责问我为何不好好看着她，只知道看书。我见他无理取闹，懒得理他，继续看书。晶晶爸见打遍天下无敌手，趾高气扬地在房间里走来走去，不时地寻找借口，真真假假地发泄一通。后来，瞥见女儿吃蛋挞，从饮水机上接了一杯水甩给她："快喝点水！你光知道吃！"晶晶已经敏锐地感觉到，爸爸此时

只是虚张声势，并不是很生气了，于是胆子放大，立马回敬道："你光知道喝！"
爸爸不好意思地笑了。

晚饭后，我去厨房刷碗，就听爸爸问晶晶："谁弄坏的？"晶晶小声答道：
"妈妈！"我心里暗笑：还嫁祸于我呢！爸爸吓唬她："那我去问问妈妈，是不是
她弄坏的。"小姑娘慌忙打预防针："妈妈说'不是'也是！"

智力开发： 从毁坏中训练宝宝的好奇心，培养宝宝的创造力。当宝宝对
一些玩具或其他事物产生好奇心、想进一步了解时，家长与其担心宝宝毁
坏东西，不如教给他这些东西的使用方法。家长可以和宝宝一起来玩玩具，
必要的时候可以和宝宝一起拆开玩具，研究一下它的内部构造。

十麻花……我啃啃啃！

10 月 31 日

下午3点，幼儿园小班的秋季运动会开始了。齐老师站在小二班队伍的最前
面，面对全班小朋友，一边打手势，一边带领她们说儿歌："一小棍儿……"

小朋友们双手比划着接着说道："我敲敲敲！"

齐老师："二剪刀……"

小朋友："我剪剪剪！"

齐老师："三叉子……"

小朋友："我叉叉叉！"

齐老师："四……"

……

越往后说，能够接上茬儿的小朋友越少，可能是记不住了。当齐老师说到：
"十麻花……"时，队伍里先是"数只船横浦口"，接着"一声笛起山前"："我啃
啃啃！"我定睛一瞧，发现其他小朋友都直愣愣地站着，只有晶晶一个人，正双
手"抱"着一个什么在卖力地啃呢！这时，又听齐老师说道："我吃吃吃！"哈
哈！小姑娘把"吃"误记为"啃"了！

亲子游戏： 儿歌接龙。在做游戏时，妈妈先说儿歌的前半句，让宝宝说
后半句。一句句的，把一首儿歌完整地说下来。进行这种游戏，有助于提
高宝宝的记忆力。

我把鼻子给你吧

10 月 31 日

幼儿园净园后，晶晶在园门口遇到了茜茜，便跟她一起去院里玩儿。走在路

上，茜茜忽然提出要尿尿，晶晶积极响应。茜茜尿完尿，见一只小猫从旁边经过，一把扯下头上的帽子，对小猫笑道："我把帽子给你吧！"正忙着提裤子的晶晶，看了一眼茜茜和小猫，也笑了："我把秋裤给你吧！"茜茜又笑："我把秋衣给你吧！"晶晶俯身抓起一把黄土递向小猫："我把土给你吧！"茜茜笑："我把鞋给你吧！"晶晶笑："我把鼻子给你吧！"……

育儿心得：宝宝的想象力无处不在。妈妈只要不去约束，允许宝宝天马行空地自由发挥，即使没有刻意做一些引导和开发性的工作，也是保护宝宝的想象力了。

蹬（登）杂志

中午，晶晶爸带回一个新邮件，里面装着一本杂志，上面刊登了我的一篇小文章，附带一张我和晶晶的合影。下午，晶晶从幼儿园回到家，我拿出杂志，指着上面的照片和文章对她说："晶晶上杂志了！"小姑娘没睡午觉，在幼儿园就蔫蔫的。如今听了我的话，也没什么反应。想到晶晶最近表现不太好，我想用表扬的方式帮她改正缺点，便笑着问她："你知道为什么把晶晶的照片登上去吗？"心想：如果她回答不上来，我就对她说："因为晶晶最近表现好，不爱吃糖了，不和小朋友打架了，中午睡觉也睡得很好了……"这样，她可能就会明白什么是好，什么是坏，尽量按照我说的去做了。可是，人家小姑娘根本不往我设的套里钻，反问我："什么是'登上去'啊？"我说："就是把照片放到上面去。"小姑娘一听来了精神，抬腿对着半空斜踹了一脚，笑道："这样蹬（登）！"

早教点滴：将批评寓于表扬之中。宝宝都喜欢表扬，不喜欢批评。妈妈在批评宝宝之前，如果能够先表扬一下他近期好的表现，然后话锋一转，指出他的不足，以及今后努力的方向，这样的批评，宝宝更容易接受。

小孩老吗

第四章

3岁7~8个月

亲

子

歌

宝宝莫烦恼

词：张秀丽
曲：《小小少年》曲

我的宝宝，不要烦恼
幼儿园里多欢笑
我的宝宝，不要烦恼
放学妈妈就来了

老师弹琴宝宝跳舞
欢歌笑语多美妙
随着年龄由小变大
宝宝本领增加了

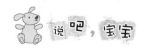

小窝头，小蜗牛

上午去"华联"超市购物。在熟食部，晶晶指着金黄色的小窝头说："我要吃小蜗牛！"我大笑：上次也是在这里，她指着螺丝转说是小蜗牛；这次见了小窝头，也说是小蜗牛。好玩！不过，这两个比喻都不错。螺丝转上面一圈圈的饼丝儿，像蜗牛壳的螺旋状圆面，小窝头的尖儿，又像是蜗牛壳的尖儿。

智力开发：在购物中培养观察力。宝宝跟妈妈外出购物时，小眼睛会不停地盯着各种商品仔细观察。这是培养宝宝观察力的好时候，妈妈应积极配合，不要频繁打断他。

我的衣服漂亮吗

晶晶从幼儿园出来，和妮妮一起去校园。我见妮妮的头发乌黑发亮，便赞道："妮妮头发真好！"低头一瞧，发现她的鞋子上有彩灯，又笑道："妮妮的鞋上还有灯呢！"妮妮听了非常开心。妮妮妈妈见我老夸自己的女儿，也礼貌地夸道："晶晶的衣服真漂亮！"

提提和爸爸从后面赶了过来。晶晶一看到提提，马上和他手拉着手跑了。一边跑，还一边问："提提，你看我的衣服漂亮吗？"跑进操场，两人停下来。晶晶低头看了一眼自己的鞋，又自夸说："我的鞋上有米老鼠！我的鞋漂亮！"

育儿心得：表扬宝宝，不要顾此失彼。宝宝都喜欢得到家长的表扬和肯定。当两个宝宝一起玩的时候，家长在表扬其中一个的同时，也不要忽略另一个。否则，未受到表扬的宝宝就会感到失落，甚至伤心、怨恨。每个宝宝都有自己的长处，家长要善于发现不同宝宝的优点，分别给予表扬。

我又变成晶晶了

晶晶和提提在幼儿园门口玩。提提双手合十、双臂平伸作象鼻状在胸前左右摆动："我变成大象了！"晶晶看着好玩，也跟着模仿："我变成大象了！"提提双臂高举过头顶："我变成长颈鹿了！"晶晶也双臂高举过头顶，刚想跟提提学，马上又改口道："我变成大树了！"……两人就这样不停地变啊变。后来，晶晶跑到我身边，要从我胯下钻过去。我不喜欢她这样做，故意不配合她。结果小人儿身子钻过去一半，被卡住了，前进不得，只好退了回去。她站起来，摸着刚才被夹疼的脑袋，一脸委屈地看着我说："我又变成晶晶了！"

早教点滴：给宝宝游戏的时间。在游戏的过程中，宝宝可以自由发挥想

象力，完全不会受到任何条条框框的约束，容易产生创造力。

很小很小的进步

11月6日

前天中午，晶晶睡醒后钻床底，挨了齐老师的批评。昨天早晨，小姑娘哭哭啼啼地不想上幼儿园，后来被爸爸连哄带拉地带走了。来到教室门口，又哭着不肯进去。放学时，齐老师为了鼓励她，故意问："明天早晨怎么来上幼儿园呀？"晶晶耷拉着小脑袋，很不情愿地按照"标准答案"答道："高高兴兴上幼儿园。"

今晨去幼儿园时，晶晶没有哭。爸爸送她离开后，想起此事，赶紧发短信给齐老师，让她表扬一下晶晶，免得她以后还不想去幼儿园。晚上下班回到家，爸爸很自信地问晶晶："齐老师表扬你了吗？"小姑娘低头小声答道："表扬了。"爸爸又问："怎么表扬的？"晶晶用更低的声音回答说："很小很小的进步。"

早教点滴：当宝宝取得进步时，即使是一个很小很小的进步，妈妈也应予以表扬和鼓励。这样做会使宝宝坚信自己的能力，提高自信心。

晶晶的抱怨

11月6日

晶晶没睡午觉。晚上回到家，我想让她早点睡，8点就哄她进了卧室。上床后，晶晶不肯脱衣服，让我给她讲故事。听了半小时左右的故事，晶晶累了，躺下来，背对着我。我暗自高兴，伸手去给她脱毛衣。不料，晶晶还是不同意。我想缓解一下她的敌对情绪，便说："那我抱抱晶晶吧！今天还没好好抱抱你呢！我最喜欢抱你了！"晶晶没有回头，气哼哼地抱怨道："你光喜欢抱我，不喜欢给我吃好吃的，那有什么用！"我一听，大笑："怎么不给你吃好吃的了？大麻花也给你吃，萨琪玛也给你吃。"晶晶并不满意，愤愤地说："你不让我吃棒棒糖！"

育儿心课：小宝宝一般很少能够抵御各种糖果的诱惑。若想让宝宝少吃糖果，妈妈的态度一定要坚决，否则，宝宝很可能会得寸进尺，糖越吃越多。同时，妈妈还要做好和宝宝打"持久战"的准备。因为在整个幼儿时期，宝宝会不时地提出吃糖的要求。

因为爸爸去得晚

11月7日

今天晚上，晶晶爸单位举办"卡拉OK"大赛，他作为评委之一，要在7点之前赶到赛场。吃过晚饭，已经六点半了。爸爸要走，晶晶也要跟着去。我担心一来音响太大，影响她的听力；二来她没睡午觉，一会儿困了，得由我抱

回家。那么远的路，这么重的小人儿，我哪里抱得动啊？想到这些，便不想让她去。晶晶大发雷霆，哭闹着非去不可。眼看快7点了，爸爸急了，而晶晶丝毫没有妥协的意思，我只好做出让步，带着她跟爸爸一起走了。结果到达赛场时，已过了7点。

大赛进行到中间，有一个环节是抽奖，被邀请的抽奖嘉宾是晶晶爸。小姑娘见爸爸从座位上站起来，走上主席台去抽奖，吃惊地问我："妈妈，为啥让爸爸抽奖啊？"我一愣神，就听晶晶自己给出了答案："哦，我知道了，因为爸爸去得晚。"

护理保健：保护宝宝的听力，妈妈要注意：避免噪声污染，不要让太大的声音损伤宝宝稚嫩的听觉器官；不要让宝宝将豆类、小珠子等细小的物品塞入耳中，以免造成外耳道粘膜损伤、感染；防止由感冒等疾病导致的外耳及中耳的污染。

吹风的狗

11月7日

今天，幼儿园发下来的"分享阅读"教材是《遛狗》。回到家，我在旁边看着，晶晶拿起这本小册子，一页页地读给我听："小小的狗，大大的狗，湿湿的狗，干干的狗。""干干的狗"这一页，画面是一个人手拿吹风机吹小狗身上的毛。我看着有趣，便笑道："还用吹风机吹呢！"见我这样说，晶晶指着书上"干干的狗"四个字重新"念"道："吹风的狗"！

早教点滴：亲子共读是培养宝宝阅读习惯的最佳途径。要想让宝宝爱上阅读，妈妈首先要对阅读产生兴趣。在一个充满书香的家庭，妈妈经常与宝宝一起读书，一起交流阅读经验和心得，宝宝必然会爱上阅读。

妈妈小时候就是我的妈妈吗

11月9日

吃晚饭时，晶晶忽然问："为什么妈妈和爸爸都是大人啊？"我笑道："因为只有大人，才可以给小宝宝做饭、给小宝宝挣钱买好吃的呀。"晶晶点点头："哦。"过了一会儿，晶晶又问："爸爸和妈妈小时候就是大人吗？"听到这个问题，我又想起了我爸爸关于"小大人"的说法，便对晶晶笑道："是。"晶晶接着问："妈妈小时候就是我的妈妈吗？"

教育名言：提出一个问题往往比解决一个问题更重要，因为解决问题也许仅仅是一个数学上或实验上的技能而已。而提出新的问题、新的可能性，

从新的角度去看旧的问题，都需要有创造性的想象力，而且标志着科学的真正进步。——爱因斯坦

小孩老吗

晚上，我和晶晶面对面说话。我问："晶晶，以后你自己睡好吗？"小姑娘坚决反对："不好！妈妈陪我睡！妈妈要不陪我睡，我就不喜欢你了！"我赶紧讨好："那我陪你睡，你喜欢我吗？"晶晶说："喜欢！"我问："喜欢我到什么时候？""4岁的时候。5岁的时候，我就不喜欢你了！6岁就更不喜欢你了！7岁的时候也不喜欢你，8岁的时候也不喜欢你……100岁的时候也不喜欢你！"晶晶说到这里，突然问我："妈妈，我什么时候才老呢？"我大吃一惊：她小小年纪，怎么会想到"老"的问题了呢？这时，晶晶又问："小孩老吗？"我又是一惊。小姑娘继续问："我活到100岁老了吗？"

早教点滴：保护孩子的探索精神，发掘孩子的兴趣和天分，培养孩子的自信心。假如孩子的探索精神、独创行为和想象力得不到鼓励，反而经常被妈妈嘲笑，他就会产生内疚感，并逐渐失去自信。

说这种话是不文明的

晶晶唱《铁臂阿童木》主题歌："越过辽阔天空，啦啦啦飞向遥远群星……"唱到"爱和平的好少年"时，"少"字的卷舌发得很吃力，但很饱满。爸爸开玩笑道："晶晶说的真棒！晶晶长大了和爸爸一样当个语言学家吧！"见他自称"语言学家"，我打趣道："除了你自己，还有谁会说你是'语言学家'啊？连个学者也算不上！"

晶晶去卫生间小便。过了一会儿，双手提着裤腰走出来，慢悠悠地说道："语言学家个屁！"我听了忍不住"哈哈"大笑。笑完，正要批评她不该说脏话，不料却被她抢了先："妈妈个屁！"我顿时惊得目瞪口呆，刚要出口的话被堵了回去。小姑娘见旗开得胜，很是得意，转身又向爸爸开战："爸爸个屁！"早已武装到牙齿的晶晶爸立刻反唇相讥："晶晶个屁！"一听这话，小姑娘"不乐意"了，皱起眉头批评爸爸："说这种话是不文明的！"

早教点滴：对宝宝的脏话冷处理。宝宝明知说脏话不对，偏偏还要说，可能是因为好玩，也可能是想引起他人的注意。在这种情况下，如果妈妈不理他，任他一个人说，他觉得没趣，就会主动放弃脏话和粗话，改用文明语言了。

转着圈吃

11月22日

晶晶双手抱着一根大肋排，卖力地啃着。一面快啃光了，也不换啃另一面。爸爸担心肉从骨头上脱落下来，便建议说："晶晶，你转着圈吃。"小姑娘手没动，身子转了一圈，淘气地笑问爸爸："是这样转着圈吃吗？"

营养饮食： 给宝宝吃排骨要适量。猪排骨营养丰富，还可为宝宝提供大量的钙质，很受家长欢迎。但是，给宝宝吃排骨时，不能让他一次吃太多，否则容易造成消化不良。

粉色就是"屁"

11月23日

晶晶又说"屁"话了。我假装生气："这是不文明的话，不能说。你听哪个小朋友这样说话了？"晶晶随口抛出两个名字："月月，茜茜。"我知道她在撒谎，故意问："她们这样说话吗？"晶晶改口道："她们不说。"我故意刺激晶晶："她们是讲文明的小朋友。"晶晶一听哭了。我没想到她反应如此强烈，慌忙安慰道："晶晶以前也是讲文明的小朋友，也不说这种话。"晶晶抽泣道："我以后也不说了。""真是好宝宝！"我赶紧表扬，"晶晶昨天就表现特别好。和提提一起回来时，晶晶想去他们家玩，妈妈说'晶晶回来'，只说了一遍，晶晶就回来了，是吧？"小姑娘高兴起来："我过去只是想看一眼。"我吻一下她的小胖脸："真是好宝宝！"

过了一会儿，晶晶忽然说道："粉色就是'屁'。"我把脸一沉："怎么又说不文明的话了？刚才不是答应不说了吗？"晶晶辩解道："我没有说不文明的话，Miss wang说的'粉色是pink'！"我恍然大悟：原来晶晶是在说英语！"粉色"的英语，可不就是"pink"吗？

晶晶光着小脚丫玩了一会儿，我拿来袜子给她穿。晶晶一笑："穿个屁袜子！"我批评她："怎么又说脏话了？"小人儿立刻狡辩："'屁袜子'就是粉色的袜子！我没有说脏话！"

育儿心得： 淘气是宝宝的天性，也是宝宝精力过剩的一种表现。面对淘气的宝宝，妈妈要有耐心，多从宝宝的角度想一想，不要动辄训斥、恐吓、打骂。用平和的方式处理问题或许比打骂效果要好得多。

穿羽绒服的小猫

11月26日

下午3点，上完幼儿园的英语观摩课，晶晶非要离开幼儿园，跟我回家。无

56

奈之下，我只好答应。来到我们家楼下，晶晶指着墙角说："妈妈你看，穿羽绒服的小猫！""哪里呀？"我一边笑着，一边伸过头去看，只见一只小白猫从角落里猛地窜出来，飞也似的逃走了。望着它惊慌失措的背影，晶晶撇着嘴嘲笑道："它们就是这样！"

护理保健：让宝宝和小动物保持距离。现在养宠物的家庭越来越多，妈妈要告诉宝宝：在外面遇到陌生的小动物时，不要冒然去摸，也不要尖叫、猛跑、打闹，否则可能会造成小动物因受惊而自卫；当陌生的小动物靠近自己时，要从容地站着，让它嗅一嗅，不要惊慌地逃跑，也不要盯着它们的眼睛看，否则会被认为是在向它挑战。

画儿去"橄榄"了

11月27日

上完美术课回到家，爸爸问晶晶："今天画的画儿怎么没拿回来呀？"我替晶晶回答说："老师收上去了。"爸爸又问："收到哪儿去了？"晶晶答："收到他们家了。橄榄了！"爸爸没听明白，问"什么意思"。我也没听明白，试探着问晶晶："是不是去'展览'了？"小姑娘点点头，高声答道："对。画得不好，去'橄榄'了！"

早教点滴：激发宝宝内在的艺术天分。宝宝大都喜欢画画、跳舞或弹奏乐器。拿着画笔涂鸦、随着音乐舞动，或对着乐器弹奏，都是宝宝抒发内在世界、表达情感的方法。多让宝宝接触音乐、美术、舞蹈等活动，可以丰富他的内心世界。

打人可不行

11月28日

晚饭前，爸爸让晶晶去洗手。晶晶坚决不答应。爸爸准备妥协，问我："还有湿纸巾吗？要不用湿纸巾给她擦擦？"我找来湿纸巾递给他。晶晶看见了，撇嘴道："用湿纸巾也不行！"爸爸有些生气，虚张声势地吓唬晶晶："不擦手打屁股！"小姑娘一听害怕了，"呱呱"地跑进卧室，俯身上床，"噌噌"几下爬到床的最里面，翻身坐了下来。抬头一看，发现跟过来的是我，不是凶神恶煞的爸爸，这才放下心来，摇晃着小脑袋，自言自语道："打人可不行！"那神态和语气，俨然幼儿园的庞老师！我看着，不由得哈哈大笑。

育儿心得：宝宝冬天不爱洗手，可能是因为水凉，也可能怕弄湿衣袖不舒服，还可能因为逆反心理。妈妈要弄清原因，对症下药，帮宝宝解决问题，不要随便吓唬宝宝。否则，容易让他产生恐惧心理，进而影响身心健康。

这是"梦"吗

11 月 29 日

几天前，晶晶指着"梦"字对我说："这个字念'梦'！"我大笑："对了，晶晶认识'梦'了！晶晶真棒！"今天晚上，晶晶看墙上的挂图时，指着"木琴"的"琴"字，有些迟疑地问我："这是'梦'吗？"

早教点滴：当宝宝有认字需求的时候，妈妈要尽量满足。宝宝是好奇的。当他在周围环境中看到某个字，想知道它是什么意思时，就说明他有认字需求。妈妈要抓住这个机会，趁机而教。此时，宝宝心情舒畅，学习效果会比较好。

小孩儿有腰吗

11 月 30 日

早晨，晶晶醒后，指着后背说："妈妈，我这儿痒痒。可以给我抹点儿芦荟胶吗？"见她说话如此有礼貌，我很愉快地答道："当然可以。"说完拿起芦荟胶，给她抹了几下。抹完后背，晶晶又指指腰，说："妈妈，给我抹抹腰。"我正要抹，又听晶晶问："小孩儿有腰吗？"

护理保健：家中应常备芦荟胶。芦荟胶用处广泛，可以止痒、止痛、促进伤口愈合、修护晒后肌肤、迅速有效地缓解皮肤不适。宝宝年龄小，皮肤嫩，容易受伤和被蚊虫叮咬。家中备有一盒芦荟胶，非常实用。

这个小胎记能抹掉吗

11 月 30 日

昨天晚上，晶晶看到我腿上有一块儿小胎记，笑问："妈妈，你这儿怎么有块'记'呀？"我笑着逗她说："妈妈小时候，姥姥怕妈妈丢了以后找不到了，就在妈妈腿上印了个记号。"晶晶笑了，指着自己胳膊上的小胎记问："妈妈，我这里怎么也有一块'记'啊？"我又笑道："这是晶晶小的时候，妈妈怕晶晶丢了以后找不到了，就在晶晶的胳膊上也印了一个记号。"小姑娘听了，"呵呵"地笑起来。

今天早晨，晶晶说身上痒，要我给她抹芦荟胶。抹完之后，晶晶伸出食指，对我说："妈妈，你给我一点儿芦荟胶！"说完，担心我不给，又强调说："一点儿就行！"我笑着挤出黄豆大小的一点芦荟胶，抹到了她的食指上。晶晶把食指放到自己胳膊上的胎记处，笑着问我："妈妈，这个小'记'能抹掉吗？"

育儿心得：天使之吻。如果你的宝宝为身上长有胎记感到难过，你也可以告诉他：这是天使吻过的痕迹。天使这样做，是为了让父母从众多的宝

58

宝中，一下子就能发现自己的宝贝。同时，你可以暗中积极寻求好的治疗方法。

我辣你

12月1日

我从冰箱里取出一盒酸奶，把吸管插进酸奶盒中，放到桌上，给晶晶喝。小姑娘不好好喝酸奶，拔下吸管、揭开盒盖，用吸管在盒里乱搅。爸爸生气了，大声呵斥她："不能这样！不然我打你！"晶晶抬起头来，紧张地看了一眼爸爸，抓起桌上的一瓣大蒜，向他威胁道："我辣你！"

早教点滴：宝宝不喜欢循规蹈矩，喜欢打破常规、变着花样玩。这是他们创造力的一种表现。因此，家长对此不能一味地进行批评、制止。当然，也不能一味地鼓励，否则，我们的生活就会陷入一片混乱之中。我们应视情况而定，该制止的必须制止；如果不会引起大麻烦，也可以顺其自然。

我们丫头

12月1日

晚饭后，我收拾桌子，爸爸带晶晶去卧室玩。玩了一会儿，爸爸心血来潮，唱起跑调的歌："我们亚洲，山是高昂的头……"正在床上翻跟头的晶晶听罢，接着唱道："我们丫头，翻身多可爱！嘻嘻！"

艺术启蒙：让音乐生活化。在生活中，妈妈可为宝宝设置一个良好的音乐环境，让他在家里随时能够欣赏到优美的音乐。这样就在无形中强化了宝宝的乐感，使他从无意识地听音乐，逐渐变成有意识地从音乐中寻找节奏。

妈妈肚子里有床吗

12月2日

早晨醒来，已近7点半。我喊晶晶起床，她说困，不起。我强行扶她坐起来，给她穿衣服。然后，下床准备给她穿鞋。谁知，我的手刚从她身后移开，她又闭着眼睛"砰"地一声倒在了床上。爸爸要去抱她："把你搬起来！"听到这话，我忽然想起一件事：晶晶快出生时，我的肚子特别大，睡觉时翻身很不容易，需要身子先侧过去，再把肚子搬过去。想到这里，我对小姑娘笑道："晶晶在妈妈肚子里的时候，妈妈也是这样搬你过去。"说着，我做了个搬肚子的动作。晶晶一听也笑了，问："妈妈肚子里有床吗？"

育儿心得：天冷的时候，宝宝留恋热被窝，不愿起床。在冬季，妈妈最好让宝宝晚上早点睡。睡前，不要让他太兴奋，也不要让他喝太多水，以免因为要小便，不得不多次起床，更加难以入眠。

今夜的故事

晶晶半夜醒来，要尿尿。我急忙下床，绕道另一边去抱她。晶晶见我很着急，安慰我说："妈妈，我憋得住！"我听了很感动。晶晶尿完，上床，很快就"呵呵"地睡着了，我也很快睡去。

夜里，我再次醒来的时候，借着微弱的月光，看到晶晶的小身子缩成了一团，怀疑她冷，就在她的被子上面又盖上了一层毛毯。后来，我起夜，就听晶晶气呼呼地说："我才不盖毛毯呢！盖毛毯多不舒服啊！盖毛毯影响别人睡觉！干嘛给我盖毛毯呀！哼！"我凑近她脸前一看，小姑娘闭着眼睛在睡觉呢！不禁一笑：她刚才说的是梦话，还是醒话啊？

护理保健： 3岁半的宝宝，能憋一会儿尿，不会经常尿裤子了，这是好事。不过，妈妈不要鼓励宝宝憋尿，而要提醒他及时排尿。否则，他不仅容易尿裤子，还有可能会憋出病来。

上午、下午

晚上回到家，晶晶爸提醒我说："明天有公开课。"我猛然想起幼儿园门口贴的关于"半日开放"的通知："哦，对了，你有时间吗？明天我去不了了，要开放半天呢！"晶晶爸还未回答，就见小姑娘指指地说："下午不陪！"又指指天说："上午才陪呢！"我很惊奇：这和天地有什么关系啊？仔细一想，不禁哈哈大笑：也许，在晶晶看来，下午就是"下面"的"午"，上午就是"上面"的"午"了！

育儿心得： 对于幼儿园开展的邀请家长参加的各种活动，妈妈最好积极响应。这会让宝宝非常开心，从而尽量好好表现。否则，宝宝不仅会很伤心，而且会丧失活动的积极性。况且，能够身临其境感受宝宝在幼儿园的生活，机会难得，妈妈应该好好把握才是。

找妈妈

今天周末，晶晶爸单位上午有事，他吃完早饭就急匆匆地走了。我独自带女儿去新华百货购物、去儿童乐园玩，直到吃完午饭才回来。走进家门，看到晶晶爸已经回来了。我很累，想哄晶晶睡觉，自己也休息一会儿。可她不睡，非要起床玩。我很生气，懒得理她，就打开电脑，准备放松一下。不料，晶晶马上跟了过来，凑到我身边，一会儿点鼠标，一会儿在键盘上乱按，就是不让我看电脑。

我更加生气，让她去找爸爸玩。她不去，非要我陪她。我火了："以后找个人专门来陪你！"小姑娘非但没生气，反而"嘻嘻"地笑了："找妈妈！"

育儿心得：宝宝爱缠人。独生子女家庭，宝宝缺少玩伴，往往会缠着妈妈跟他玩。针对这种情况，妈妈要有意识地锻炼宝宝的独立能力，如：让他学会自己看书、画画、玩玩具及收拾玩具。再就是，长时间陪宝宝玩，是一份非常辛苦的工作，家庭成员要轮流来做，不能让他总跟着一个人。

爸爸为什么不生宝宝

12 月 18 日

晶晶早晨醒来，坐在床上玩。玩着玩着，突然问我："爸爸为什么不生小宝宝呀？"我一下给问懵了，不知该如何回答。这时，晶晶自己给出了答案："因为爸爸肚子里没有小宝宝，嘻嘻！"我回过神来，问："那爸爸肚子里有什么呀？"晶晶答："爸爸肚子里有饭。"我哑然失笑：照她这样说，爸爸的肚子可真成"酒囊饭袋"了！

早教名言：教育中应该尽量鼓励个人发展的过程。应该引导儿童自己进行探讨，自己去推论。给他们讲的应该尽量少些，而引导他们去发现的应该尽量多些。——斯宾塞

真美 and 臭美

12 月 19 日

晶晶说肚子疼，我找出一包"肠胃康"，冲了开水，让她喝。晶晶嫌药苦，不喝。我拿出"美味酥"饼干，让她就着饼干吃药。晶晶指着包装袋上的字问："这是什么饼干呀？"为让她加深印象，我指着这三个字一一念道："这是美、味、酥！"晶晶问："'华联真美啊'就是这个'美'吗？"我说："对了。"小人儿又问："'晶晶真美啊'就是这个'美'吗？"我大笑："对了。""妈妈真……"我正想听她问"妈妈真美啊就是这个'美'吗？"不料，人家突然改了说法，"妈妈臭美！"

早教点滴：教宝宝识字，妈妈可借助身边的材料，随时进行：发现宝宝对什么字感兴趣，就教他学认什么字。不要把识字当成一项任务，强迫宝宝去学习。

路霸

12 月 20 日

我从卧室去客厅。正在客厅玩耍的晶晶看见了，"噔噔"地跑到卧室门口，挡住了我的去路，笑着命令我："刷卡！"我想赶紧过去，就顺从地用手抹了一

下她的胳膊："好！刷卡了，可以过去了吧？"晶晶得寸进尺："不行！得刷三下！"我没办法，只好又补"刷"了两下："好了，三下了，我过去了。"晶晶仍不同意，指指胳膊："光刷这里不行"，又指指门框说："还得刷这里。"我无奈，只好又在门框上刮了一下。小姑娘满意地笑了，撤走胳膊，放行。我长出了一口气。谁料，刚走了两步，小人儿又跑到前面拦住了我，要我刷卡……

育儿心得：宝宝喜欢模仿，看到感兴趣的事情，就想模仿一下。这也是他学习的过程，妈妈最好给予配合。这种配合，不仅需要爱心，还需要耐心。宝宝成长是一个漫长的过程，也是对妈妈耐心的极大考验啊。

蜘蛛？珍珠？

12 月 20 日

晶晶拉抽屉，要找"蜘蛛"。"这里面都是妈妈的化妆品，哪儿有蜘蛛啊？"爸爸说着，帮她拉开了抽屉。晶晶伸手抓出一个红色首饰盒，让爸爸打开。首饰盒打开后，晶晶看到躺在里面的两粒小珍珠，开心地笑了。爸爸如梦初醒：晶晶说的"蜘蛛"，原来指的是"珍珠"啊！

早教点滴：指导宝宝比较事物的异同点。进行比较的事物应是宝宝熟悉的，比如："苹果"和"橘子"有什么相同点和不同点？一开始做这种游戏，只要求宝宝找出最明显的相同点和不同点即可，以后再逐步增加难度，让他找出更多、更细微的区别。

二二与二十二

12 月 20 日

晚饭后，我去厨房刷碗，晶晶和爸爸玩英语卡片。爸爸 14 张，晶晶 22 张。爸爸问晶晶："你有 22 张，我有 14 张，你比我多多少张？"晶晶"嗯、嗯"了半天，说："不知道什么意思。"爸爸让晶晶再数一下她的卡片。数到最后一张时，晶晶道："二二。"爸爸说："是二十二张。"晶晶否认："不对，是二二。"哈！这个小不点儿，还不知道"二二"就是"二十二"呢！

早教点滴：教宝宝认识单数和双数。准备一些小棒、积木或小珠子等，和宝宝一起先用单数数 1、3、5、7、9，再用双数来数 2、4、6、8、10，让宝宝一面数，一面学会背诵单数和双数。利用双数来数数，比单个数数的速度提高一倍。

谁的说明书

12 月 21 日

晶晶爸要红花油，我找出来递给了他。晶晶见只有一个瓶子，便问："怎么

没有说明书啊？"我回答说："盒子上有说明，盒子可能扔了。"晶晶听罢，自告奋勇地说："我知道在哪儿！来，我告诉你。"说完，爬上书架，抓起维生素 B_6 的盒子，递给我说："给你！"

认知能力：这个月龄的宝宝，能逐步注意到周围更多的人和更多的事物，注意的范围越来越大。而且，他还能把许多无意识的注意，逐渐转化成有意识的注意。

规矩搬家

12月23日

晶晶在客厅吃蛋羹，我进卧室取东西。返回到客厅时，见她正举着小手，焦急地望着我，再一看她的碗，里面的蛋羹没有了，便问："是不是在幼儿园，饭吃完了就举手啊？"晶晶点点头："对。饭吃完了举手，汤喝完了举拳头！"哈哈！小姑娘把幼儿园的规矩搬到家里来了！

育儿心得：宝宝在幼儿园，会学到很多规矩，有些规矩在家里也适用，如：小鞋子要摆整齐；有些规矩则不适合在家里用，如：提问之前要先举手。妈妈要给宝宝讲明白，哪些是只需在幼儿园用的，哪些在家里也必须做到。

过小桥的"长"

12月25日

晶晶背靠墙。左椅右床，在椅子和床之间架起一根长长的荧光棒，说："这是一座小桥。谁要是过去谁就失败了。"我和晶晶爸相视一笑。晶晶却不笑，一脸神圣地说："我是过小桥的'长'。"爸爸笑问："你是管过小桥的，对吗？"小姑娘严肃地点点头："对。"

语言发育：宝宝的语言能力发展非常迅速。如今，他能够用语言来表达自己的希望和要求，也能用语言来反映自己的需要和意见了。

放心与取心

12月26日

晚睡前，晶晶对我说英语："I'm in Beifang kindergarten."我一笑。晶晶告诉我："Miss Wang 还说了好多呢，我记不住了。"停了一会儿，又说道："我把心放在幼儿园了。心里有好多东西呢！"我笑问："是吗？"晶晶没有回答，继续说道："我星期一去把它取回来！"

早教点滴：宝宝喜欢不喜欢英语，和老师的关系很大。英语老师授课方

式灵活、与宝宝互动多、把教学活动和游戏组织在一起，宝宝就会喜欢学英语。反之，宝宝则不喜欢学英语。因此，想让宝宝从小学英语，为她找到一个合适的老师非常重要。

太阳掉毛了

 12 月 27 日

今日午餐有鸡蛋面条。晶晶用小勺舀起蛋黄，对我笑道："火热的太阳！鸡蛋黄像个火热的太阳！"

下午，晶晶跟爸爸去超市买菜。回来的路上，她抬头望见太阳从云层里钻了出来，笑道："太阳掉毛了！哈哈！太阳掉了毛变成月亮了！"到家后，晶晶爸对我笑谈此事。我大笑。小姑娘见我们对她的话感兴趣，深受鼓舞，继续发挥道："太阳下山了，月亮出来了。太阳的家在山上，月亮的家在草里。"听到这最后一句话，我感到很惊讶：八月十六我带晶晶赏月时，她就说月亮的家在草里，今天又这样说，究竟是为什么呢？

早教名言：早期教育与其说给孩子许多东西，倒不如说是不让孩子失去许多东西更加恰当。——威特

第五章 **盘着腿的麻花**

宝宝在哪里

词：张秀丽

曲：《春天在哪里》曲

亲

子

歌

宝宝在哪里呀

宝宝在哪里

宝宝在那美丽的幼儿园里

这里有月月呀

这里有茜茜

还有那乔乔妮妮小提提

啦……啦……

啦……啦……

宝宝在美丽的幼儿园里

还有那乔乔妮妮小提提

说吧，宝宝

"手"是什么意思

2009年1月2日

爸爸一边吃饭一边看晚间新闻。晶晶不喜欢严肃呆板的新闻节目，就批评爸爸说："吃饭的时候不能看电视！"爸爸一听很不好意思，抓起遥控器把电视关掉了。见此情景，我大笑："在咱们家，晶晶是一把手。"晶晶问："'手'是什么意思？""'手'是……"我迟疑了一下，回答说："手就是权力。你是一把手，就是说，你的权力是最大的，大家都得听你的。"晶晶听了，马上举起小拳头问："那拳头呢？"我不知该如何回答了。想到刚才对"手"的解释可能不对，便打开《现代汉语词典》查找。结果发现，词典中关于"一把手"的解释和我理解的不一样。心想：也许我所用的"一把手"是山东方言里的意思吧？

育儿心得：妈妈在给宝宝解释词语时，如果担心自己的答案不准确，可以和宝宝一起查资料，查完之后，再用宝宝能听懂的话说给他听。假如查资料也不能找到确切的答案，那就只能留待以后解决这个问题了。

奖状

1月14日

晚睡前，晶晶站在床尾剪纸，我坐在床头陪她玩。见她毛衣上多了一张小贴画，我笑问："谁给你的小贴画呀？"晶晶没有回答我的问题，而是对它进行了纠正："这是奖状！""是吗？"我爬过去看，见上面果然是一个"奖"字，又笑："老师为什么给你奖状呀？""因为我唱歌唱得好。"晶晶说着，唱了起来："我的好妈妈，下班回到家，工作了一天多么辛苦呀，妈妈妈妈快坐下，妈妈妈妈快坐下，请喝一杯茶。让我亲亲你吧，让我亲亲你吧，我的好妈妈。"我听着心里热乎乎的，表扬说："晶晶唱得真好。"小姑娘指着小贴画，很严肃地说："这个和普通的不一样。"我问："为什么呀？"晶晶答："因为这上面有字。妈妈你看是什么字呀？"我答："是个'奖'字。"晶晶说："普通话叫'奖状'，山东话叫'姜状'，济南话叫什么来着？"

早教点滴：鼓励宝宝用不同声调学习外语和方言。宝宝和讲外语或说不同方言的人接触时，会通过眼神和动作去听懂别人讲的话，接触多了就能学会几种方言甚至外语。

盘着腿的麻花

1月16日

上个月的一天，晶晶坐在椅子上吃麻花。吃着吃着，突然笑问我："麻花是怎么样？"我不知她需要什么答案，就愣愣地看着她。小姑娘双脚一交叉，笑

道："麻花就是这样！"

今天，晶晶看着塑料包装袋里的麻花，笑道："麻花！当官用的麻花！"我不解地问："为什么是'当官用的麻花'呀？"晶晶见问，突然生气了："不是'当官用的麻花'。哼！"" 哼"完之后，从袋子里掏出一根麻花，忽然又笑了："你看这个麻花多好玩！盘着腿呢！"

早教点滴：保护宝宝的观察力。宝宝天生具有强烈的好奇心，当他对身边某个事物感兴趣的时候，妈妈可以默默地守在一边，也可以根据宝宝的需要做适当的配合，但不要去干扰他，否则容易让宝宝失去观察的兴趣。

不能随地大小便

1 月某日

我带着晶晶在马路边散步。走到一棵大树下时，看到一滩白乎乎的鸟粪。晶晶指着鸟粪问："这是什么呀？"我说："这是鸟儿拉的屎。"晶晶又问："鸟儿怎么在这里拉屎呀？"我抬头看了一眼树冠，发现光秃秃的树枝中间有一个黑灰色的鸟窝，便说："因为它们的家在这棵树上。"晶晶一听，火"噌"地上来了："小鸟这样做是不对的！"我微微一笑，问："为什么呀？"晶晶义正词严地回答说："因为不能随地大小便！"我又笑："如果遇见小鸟，你怎么办？"晶晶声色俱厉："如果遇见小鸟，我就对它说：'小鸟，你这样做是不对的！'"

早教点滴：培养宝宝良好的社会公德。妈妈应告诉宝宝要尊重环卫工人的劳动，注意保护环境，不能乱丢垃圾；要遵守公共秩序，如：按顺序排队等候、不要拥挤。这样做，既培养了宝宝的耐心，又提高了他的文明素养，对宝宝日后的生活将产生深远的影响。

我们老师说的

1 月 18 日

走出餐厅大门，晶晶不走台阶，偏要从高台上往下跳。我担心她摔跤，便紧紧抓着她的胳膊。晶晶不高兴了，跳下来后，对我抱怨道："你把我胳膊弄疼了。"我有些担心："是吗？"晶晶回头怒斥我："你必须向我赔礼道歉！"听到这话，我才明白她是借故找茬，于是笑道："对不起！"晶晶仍怒："'对不起'没用！"我将她一军："'对不起没用'，那你还让我说'对不起'！"小姑娘狡辩："因为得说'对不起没关系'才有用呢！"我笑："应该我说'对不起'，你说'没关系'！"小姑娘不同意："不对！咱们都得说'对不起没关系'！"我问"为什么"，晶晶张口道："因为我们老师就是这么说的。"

成长解读： 幼儿园的宝宝，处在道德发展的第一层次，也就是服从权威和规则，以免受到惩罚。此时，老师在他们眼里无疑是最权威的，他们经常不听父母的，但往往会听老师的。

吃饱与得第一

上周五，爸爸接晶晶回到家，向我告状："晶晶今天只吃了一碗面条。她以前都吃两碗。老师让她再吃一碗，她对老师说，你不让她吃太多面条！"我大吃一惊：我何曾说过这种话！再说，晶晶最爱吃炸酱面了，前几天还一直在念叨呢，今天怎么突然不想多吃了？

今天吃过午饭，我们又谈起这件事。我问晶晶为何只吃一碗炸酱面。晶晶惜字如金："得第一！"我恍然大悟：原来是她为吃饭争第一，向老师撒了谎。爸爸说："得第一有什么用，吃饱才算呢！"我也赶紧补充说明："没把饭吃完，得了第一也不算。"

育儿心得： 教育宝宝用正确的方法获得尊重。喜欢争第一、渴望被老师表扬，是宝宝的天性。但是，妈妈要让宝宝知道，只有用正确的方法获得的第一，才是真正的第一，才能被老师表扬、被小朋友尊重。

耳朵为什么不长在头顶上

晚睡前，晶晶躺在床上胡思乱想："妈妈，我们的耳朵为什么不长在头顶上呀？"一听这话，我脑中迅速浮现出一幅可笑的画面：一颗人脑袋上竖着一对兔子耳朵。想到这里，我不由得笑了："如果长在头顶上，那下雨的时候，雨水就会灌进我们的耳朵里去了。"小姑娘满不在乎地说："那就堵上耳朵呗！"我心里笑道：人家宁愿下雨天受苦，也不愿放弃一对兔耳朵呢！

早教点滴： 回答宝宝的提问，有时可以用归谬法。宝宝的问题，有时很不合常理。此时，妈妈可以按照他的逻辑进行推理，直到推出一个在宝宝看来非常可笑的答案。这样，他就会意识到自己问题的可笑之处了。如果宝宝仍不以为荒谬，家长就顺其自然吧，不必把自己的意见强加给他。

买书为谁

昨天，晶晶要我给她买一本有关"海绵宝宝"的书。今天下午我去"西单图书大厦"，找到了一本《海绵宝宝》，是我不喜欢的动画剧照版的，而且是最后一

本，书的品相也不好。我拿起来翻了几页之后，又把它放回了书架上。放下之后，又不敢马上离开，内心十分犹豫：要不要把这本书买下来。犹豫到最后，我想：书是给晶晶买的，不是给我买的，只要她喜欢不就行了吗？想到这里，我重新取下这本书，带着去收银台付了款。

晚上，晶晶从幼儿园回到家，看到新买的《海绵宝宝》，如获至宝，饭后一直缠着我给她讲里面的故事。关灯睡觉了，她还要把书放在枕边，摸一下才肯入睡。见她对这本书如此珍爱，我心中暗自庆幸：幸亏买下来了，否则她该多失望啊！

早教点滴：妈妈给宝宝选择图书，应考虑他的兴趣和爱好，不要单凭自己的喜好来做决定。宝宝不识字或识字不多的时候，最佳的阅读启蒙对象是绘本。优秀的绘本，画面要清新、美好，主题应贴近宝宝生活、能够展现真善美、具有丰富的想象、闪耀着智慧的光芒。

打鸣与下蛋

1月21日

晨醒，晶晶模仿着公鸡打鸣的声音笑道："喔喔喔！"我听着有趣，也跟着"喔喔喔"。晶晶问："妈妈，你说我在干嘛呢？"我笑："你在打鸣呢！"晶晶矢口否认："不是！我在下蛋呢！"我告诉她："'喔喔喔'是公鸡打鸣的声音，母鸡才下蛋呢。母鸡下蛋时说'咯咯哒'。"晶晶问："母鸡在哪里下蛋呀？"我答："在它的家里呀！"晶晶不相信，反问我："那我们幼儿园怎么还有鸡蛋呢？"

育儿心得：不要嘲笑宝宝的"傻问题"。宝宝提问题，说明他在思考。妈妈千万不要因为宝宝问些"傻问题"而嘲笑他。否则，会使宝宝逐渐丧失提问的兴趣。聪明的妈妈，应该学会和宝宝一起思考、一起去寻找答案，保护宝宝提问的积极性。

老师不让我尿尿

1月某日

放学回到家，晶晶气呼呼地向我告状："老师不让我尿尿！"我有些吃惊，问："什么时候？"晶晶答："中午睡觉的时候。"爸爸低头想了一下，问道："你总共尿了几次？"小姑娘的声音和脑袋同时低了下去："五次。"我大笑："你是不想睡觉，借口尿尿下床去玩，老师当然不让你去尿了。"

育儿心得：宝宝的体力和精力不同，午睡习惯大相径庭：有些宝宝必须午睡，有些宝宝午睡却很困难。对于不喜欢午睡的宝宝来说，幼儿园的午睡无异于一种折磨。如果条件允许，家长最好能中午把他接回家去。

考妈妈

我在厨房做晚饭，晶晶独自在客厅玩英文卡片。一会儿，不知从哪里找到一根小木棍儿，拿到厨房来让我看；一会儿，又拿来几片小吸铁石向我展示；后来，又喊我去客厅。跟她来到客厅的冰箱前，我见英文卡片被小吸铁石固定在了冰箱门上，不由得笑了。小姑娘却不笑，像老师一样，用小木棍儿指着卡片上的英文单词，很严肃地向我提问："妈妈，你看这是什么？"我笑答："apple。"晶晶一脸神圣："对了！妈妈，你跟着我念：'Apple apple on the tree。'"哈哈！这个小人儿，又要当我的老师了！我心里笑着，乖乖地跟她念了一遍。小老师取下"apple"卡片，换上"banana"卡片，对我说："妈妈，你说'banana banana one two three'。"我顺从地跟着她重复了一遍。小老师很满意，又把"banana"换成了"cake"，问我："这个怎么说？"我模仿着她前两句的句型造句："Cake cake，哦，后面的我就不知道了。"小老师教我："cake cake all for me。"我笑着重复完，对她说："晶晶，我得去做饭，不能跟你念了。等我做好饭再跟你念好吗？"鉴于我刚才的表现还算乖，小老师同意下课了："好吧。"

早教点滴：鼓励宝宝当小老师。如果你的宝宝喜欢给你当老师，你应积极配合，这对其知识掌握、能力培养、责任感和自信心的提高都大有益处。让宝宝当小老师，还能激发他的学习兴趣，以及进一步钻研的热情。

老妈，老爸

晚饭后，我们一家三口看电视连续剧《采桑子》的"二姐"第一集：外甥来报丧，说二姐死了。晶晶问："谁死了？"我说："二姐死了。"晶晶又问："二姐为什么死了？"我答："二姐老了就死了。"晶晶有些担心："我喜欢妈妈老了也不死。"为了让她消除对死亡的恐惧，我故作轻松地说道："那好呀。"晶晶笑了："妈妈老了，我喊你'老妈'好吗？"我和晶晶爸大笑。小姑娘很得意，又把头转向爸爸，笑道："爸爸老了，我喊你'老爸'！"

育儿心得：3～5岁的宝宝，还不知道身边亲人的去世意味着什么，于是就按照自己的理解来思考关于死亡的事情，由此可能会感到恐惧。此时，家长最好对这种问题泰然处之，让宝宝觉得这很正常，没有什么大不了的。如果家长反应过度、情绪紧张，则会加重宝宝的恐惧心理。

带皮花生

1月24日

晶晶洗完澡，我给她穿好浴衣，送到浴室门口。早已抻着被子守候在那儿的晶晶爸见小人儿出来了，赶紧用小被子裹住了她，将她抱进卧室。小人儿仰面朝天，直挺挺地躺在床上，身上用被子斜对角裹了个严严实实，只露着一张圆乎乎的小胖脸，像个襁褓中的婴儿，非常可爱。我的眼睛一眨不眨地盯着她看。晶晶见我这样，笑问："妈妈，你看我像带着皮的花生吗？"我仔细一琢磨，哟，还真挺像的呢！

早教点滴：不要顾虑对宝宝的赞美。表扬其实就是为了肯定。年龄越小的孩子对自己行为的认识能力越低，妈妈的表扬在宝宝看来就是对其行为的肯定。所以，在宝宝值得肯定的时候，妈妈给予他适当的表扬是非常必要的。

识字卡片

1月24日

家里有一套《看图识字》卡片：卡片的一面是图，另一面是一个大大的汉字。今天晚饭后，晶晶坐在床上和我玩卡片：她抓起一张卡片，见画面是头"牛"，说了一声"牛"，便递给了我。我一看卡片反面的字，果然是个"牛"字。晶晶又抓起一张卡片，看着画面说"鼠"。我再看字，也对。就这样，晶晶看一张画，"念"一个字，递给我一张卡片。许多卡片她以前玩过，说的字都对。后来，她抓起一张画面是"蜜蜂"的卡片，对着反面的字"念"道："蜜"。我接过卡片一看，原来是个"蜂"字，不由得笑了。她又抓起一张，念道："鸟！"我看字，却是个"鸦"。不禁又笑。晶晶继续念："螺"。我看字，是"贝"。后来，晶晶对着另一张卡片的图画又念"螺"。我一看字，的确是"螺"字，但画面和刚才递给我的"贝"的相似，茅塞顿开：难怪她刚才指"螺"为"贝"呢！

早教点滴：利用识字卡片教宝宝认字。想教宝宝识字的家长，可以在书店买一套识字卡片，也可以自己制作一些图文并茂的识字卡片，或收集一些教宝宝识字的图片。在陪宝宝玩的时候，家长不时地拿出卡片，以玩卡片的方式教宝宝识字。这样的学习，宝宝喜欢，识字效果也比较好。

封杀与杀死

1月28日

晚饭后，晶晶爸打开电视，见张惠妹在唱歌："想起你来，看看大海……"便问："她不是被封杀了吗？怎么又出来了？"我也正纳闷呢，忽听小姑娘说话了："她是不是没杀死啊？"

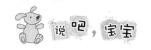

成长解读：3岁多的宝宝对词语的理解往往很直接、很肤浅，对语言中的转义、比喻意还很难理解。

晶晶眼睛里有春天

1月29日

晶晶和我面对面躺在床上，对视着。我看到她眼中有"我"，心想反过来也一样，便说："妈妈眼睛里有晶晶"，希望她说"晶晶眼睛里有妈妈"。不料，小姑娘却说："晶晶眼睛里有春天。"说着，朝我身后一努嘴："是那首歌里说的。"我回头一瞧，瞥见了写字台上的录音机，猛然想起《春天在哪里》中的一句歌词："春天在那小朋友的眼睛里。"原来，小姑娘刚才是化用了这句歌词，来回应我的话呢。

育儿心得：宝宝天生有一种学习的本领，他们时时刻刻都在学习。家长不在意的一些事物，往往也会成为他们学习的材料。在不知不觉中，他们的知识、经验就慢慢丰富起来了。

在哪边睡

1月29日

最近一段时间，晚上给晶晶铺床，只要我把被子铺在床的左边，她就要睡右边；若把被子铺在右边，她就要睡左边；如果我不铺，问她睡哪边，她就问："昨天我睡的哪边呀？"我若指右，她就睡左边；指左，她就睡右边；若她还记得前一天睡觉的位置，这天就睡另一边。

今晚铺床前，我想起晶晶昨晚睡的左边，于是没征求她的意见，就把被子铺在了右边。晶晶走过来，审视着刚刚铺好的被子，很冷静地问："我昨天睡的哪边呀？"我指了指左边，心想她该不会反对了吧。不料，小人儿却说："我昨天睡的哪边今天还睡哪边！"我倒吸一口凉气：人家的游戏规则变了！哦，不过，说变也没变，那就是跟我对着干。

早教点滴：3~4岁的宝宝不喜欢顺从，总喜欢与成人做对。妈妈要理解宝宝的这个心理特点，试着诱导他朝自己希望的方向发展，不可急躁，更不能"以恶制恶"跟他对着干，否则会造成恶性循环。

防瘦霜

2月5日

早晨，我洗完脸，准备抹润肤霜。晶晶看见了，走过来问："妈妈，你抹的什么油啊？是'防瘦霜'吗？"我大笑：我正准备减肥呢，还抹什么"防瘦霜"啊？再说，有"防瘦霜"吗？想到这里，我问她："什么是'防瘦霜'啊？"晶

宝贝，我爱你

宝贝，我爱你

不是因为你可爱

也不是因为你美丽

而是因为我没有办法

让自己不爱你

小熊熊，你的鼻子怎么和我的鼻子不一样啊？

小熊熊，笑一个！像我这样——"嘻嘻！"

晶说："就是晒红了，抹上面的。"我猛地想起前几天给晶晶讲的《幼儿画报》里提到过"防晒霜"，于是问："是不是'防晒霜'啊？"晶晶笑了："对，就是'防晒霜'。"

护理保健：宝宝夏季在户外运动时，一般情况下，戴上太阳帽或打上太阳伞就可以了，必要时也可以选择儿童专用的防晒霜。给宝宝使用防晒霜时，以提前半小时涂抹为宜，并且要抹在干爽的皮肤上，以免随水、汗脱落而失效。

更喜欢谁

2月7日

早餐，我喂晶晶吃蛋羹时，一抬眼看到了姥爷给她买的毛绒玩具"美羊羊"，开心地说道："我太喜欢美羊羊了！"晶晶吃醋了："妈妈喜欢我吗？"我一笑："当然喜欢了！"晶晶问："那你更喜欢谁呀？"我微笑着偷指晶晶。小姑娘害羞地低下头来，甜蜜蜜地问："为什么呀？"我指着美羊羊说："因为她不会说话。"晶晶问："妈妈喜欢电视上的美羊羊吗？"我说"喜欢"。晶晶问："我呢？"我用一种很轻松的语气答道："当然最喜欢你了。"晶晶听完此话，突然庄严地宣布："我得保护着妈妈！"

育儿心课：宝宝都希望妈妈最爱的是自己，他们产生嫉妒心，是因为害怕失去妈妈的关心和爱，缺乏安全感。对此，妈妈要给予理解，并让他明白：妈妈也可以爱其他人，但最爱的还是他，让他放心。如果妈妈因此责罚他，会加重宝宝的失落感和愤怒情绪，甚至还会出现攻击性行为。

谁是老婆

2月7日

吃饭时，晶晶笑问我和爸爸："你们俩谁是老婆呀？"爸爸反问："你说呢？"晶晶说："妈妈是'老婆'。"爸爸又问："为什么呢？"晶晶笑道："因为妈妈长得像老婆。"

情绪情感：宝宝的情感还不稳定，非常容易受周围人的情感、情绪的感染和影响。看到别人高兴，他就跟着开心；别人生气，他也跟着上火。

表演杂志

2月8日

晶晶把我的手机和钥匙装进了她的粉色芭比小包里。包口中间用一个小小的正方形的免扣带粘住了，粘得不紧也不严，免扣带两边留有很大缝隙。晶晶斜挎着小包，神气活现地在客厅里走来走去。走了几圈后停下来，开始翻弄小包。

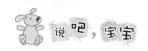

我提醒她："别把手机掉出来了。"晶晶说："没事！我在表演杂志呢！"爸爸笑了："不是'杂志'，是'杂技'！"小姑娘仍嘴硬："杂志！"

育儿心得：宝宝学习词语，很多情况下属于囫囵吞枣式，根本不懂其含义，这样很容易造成记忆不准确，从而闹出很多笑话。

昨天、今天和明天

晶晶拿出饼干问我："今天是昨天啊还是今天是今天啊？""今天是今天！"我回答完毕，又感到莫名其妙，反问她："今天要是今天怎么样？"晶晶答："今天要是今天，我就吃饼干！""今天要是昨天呢？""今天要是昨天，我就不吃了！"我心里笑道：小姑娘在为自己吃饼干寻找借口呢！我又问晶晶："什么是今天啊？"小人儿随口乱说："今天就是明天。""那明天是什么？""明天就是今天。""那昨天呢？""昨天就是今天。""不是明天是今天吗？""对呀！""那昨天、今天和明天都是今天，对吗？""对呀！"呵呵！这个小人儿说话，全然顾头不顾尾啊！

育儿心得：宝宝说话，有时就是乱说一气。此时，家长只需抱着一种宽容的态度来看待就可以了，不必太较真。

打麻将

晶晶问："妈妈，你会打麻将吗？"我说："不会。"说完，反问她："什么是打麻将啊？"晶晶"嘻嘻"地笑着，双手在空中乱舞，像跟人打架似的。我大笑：看来她还真不知道呢。

成长解读：幼儿思维的特点及幼儿语言发展水平的限制，决定了3岁多的宝宝常常依靠形象和行动来理解事物，对于一些相对抽象的词语的含义，他们的理解往往不正确。

小淑女

下午放学后，我接了晶晶离开幼儿园，去院里玩。见茜茜、月月和豪豪在远处长椅上分零食，晶晶大喊一声："李茜茜！"茜茜看到晶晶，"呱呱"地跑了过来，拉起晶晶的手，一起来到长椅处。豪豪妈掏出一卷山楂片，很抱歉地对晶晶说："只有这个了！"我忙把晶晶拉到一边，对豪豪妈说："没事！晶晶不吃。"茜茜妈拿出饼干给晶晶，小姑娘摆着小手说："我不吃！"茜茜妈妈很惊讶："晶晶现在像个小淑女了！"说完，接连又问了几次，晶晶都说不要。后来，这4个小朋友一起玩滑板车，晶晶也知道和他们轮流滑了。我看着暗自高兴。再后来，琪琪和童童来了，争着要玩滑板车。僧多粥少，晶晶原形毕露，和小朋友们抢了起来。

育儿心得：宝宝的成长有一个过程，我们应耐心等他慢慢长大，不要急于求成、拔苗助长。当然，这个过程中，也不能忽视教育和熏陶的作用。

你看我是谁

2月11日

晶晶把玩具娃娃"小雪儿"的帽子（顶端口已开线，呈直筒状）扣在头顶，拉下前面的部分遮住眼睛，问："妈妈，你看我是谁？"我故作不知。晶晶提示："你看看我的脚。"说着抬了一下腿。爸爸逗她："是提提吧？"晶晶说："不对！看看我的裙子，知道了吧？"我笑而不语。晶晶一把扯下帽子来，哈哈大笑。我"恍然大悟"，双手抱住她的小脑袋笑道："哦，原来是晶晶啊！"

早教点滴：通过物体的局部特征来推断整体，可以培养宝宝发现事物之间内在联系的能力。在日常生活中，妈妈可以和宝宝一起做一些这方面的小游戏。

这里也没有

2月11日

晶晶打开粉饼盒（粉饼已无，只有粉扑），取出粉扑玩。玩了一会儿，对我说："我会变魔术！妈妈，你闭上眼睛！"我乖乖地用双手捂住眼睛，又偷偷地从指缝里往外瞧，只见晶晶将粉扑塞进秋衣袖子里，对我说："妈妈，你睁开眼睛吧！"我乖乖地放下手。晶晶问："你看哪儿去了？"我东张西望，假装很认真地寻找："咦？藏到哪儿了呢？"晶晶指指袖子里藏粉扑的地方："这里也没有！"我一听大笑：真是"此地无银三百两"啊！

早教点滴：利用捉迷藏游戏教宝宝学习方位名词。宝宝大都喜欢玩捉迷藏的游戏。妈妈在跟宝宝玩这种游戏时，可以引导他理解和使用一些方位名词，如："上边"、"下边"、"前面"、"后面"、"里面"、"外面"。

妈妈，没事

2月13日

我一手托着晶晶的小铁碗，一手刮里面的蛋糕屑（有些汤），一边和晶晶爸说着话。一不小心，碗从手中滑走，反扣在桌子上，汤全洒了，我惊呆了。晶晶看着目瞪口呆的我，安慰道："妈妈，没事！"我心里一动：晶晶还挺宽容的。是不是因为我对她宽容，她就对我宽容呢？

早教点滴：让宝宝学会宽容，妈妈应该为他树立宽容的榜样。在待人接物方面，妈妈如果宽容、大度，能够体谅宝宝的过失，与邻里、同事相处

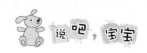

融洽，遇事不斤斤计较，那么，宝宝在处理与他人之间关系的时候，也会变得宽容、大度。

5点60了

2月15日

早晨，我在卫生间给晶晶洗牛仔裤，爸爸喂她吃蛋羹。晶晶不好好吃饭，边吃边玩。爸爸一看表，快9点半了，急了："还不赶紧吃！你看都几点了？"小人儿张口答道："5点60了，是吧？"

我洗完裤子，从晶晶爸手中接过碗来喂女儿。小姑娘很给我面子，一大口一大口地，吃得很快。我赶紧夸奖："晶晶吃得真好！三口两口就吃完了。"晶晶仰起小胖脸儿，看着我的眼睛笑眯眯地自夸道："谁说我们家晶晶不好啊，我们家晶晶多乖啊，是吧？"

育儿心得：因为宝宝做事爱磨蹭，有些家长为节省时间，对于即便是宝宝会做的事情，也大包大揽。这样做，宝宝就会失去增长知识、积累经验的机会，进而容易养成过度依赖的性格。

你才是个人呢

2月20日

晚上，晶晶吃着饭，忽然冒出一句话："一个伟大的歌唱家！"我很诧异，问："谁是伟大的歌唱家呀？"晶晶笑道："爸爸！"我大笑：就这样一个每唱歌必跑调的爸爸，还"伟大的歌唱家"呢！晶晶嘴里嚼着东西，离开座椅，挤到桌角处去找玩具娃娃"小雪儿"。爸爸让她坐回椅子上，好好吃饭。晶晶不听。两人争执起来。争到最后，晶晶哭了，对爸爸恐吓道："你再这样，我就不喊你'伟大的歌唱家'了！"

饭后，晶晶和爸爸进卧室，一起看《首都市民预防传染病手册》中的一幅漫画：餐桌上，小朋友向妈妈告状："爸爸又不洗手就吃东西了。"看到这里，爸爸趁机启发晶晶："他不是伟大的人，对吧？"晶晶冲爸爸使劲儿点头："对！你才是个人呢！"

育儿心得：宝宝爱漫画。宝宝眼里的好书，和家长眼中的好书并不完全一样。在家长看来很无趣的很实用的书，如果配上了漫画插图，宝宝也会看得津津有味。让宝宝多接触漫画书，有利于培养他开朗、乐观的性格。

谦让

2月21日

早晨，窗外还黑乎乎的，晶晶就醒了："妈妈，来，我给你说个事儿！"我把脸凑了过去。晶晶说："我不和琪琪抢玩具了！我知道谦让了！在小四班的时候，我和琪琪抢小蝴蝶，那时候我还小，不知道谦让。在小二班的时候，我长大了，知道谦让了，就不和小朋友抢东西了。"想到她和小朋友之间发生的那些不愉快的往事，我心里百感交集。

下午，我带晶晶去超市采购。在零食柜台，晶晶拿起一包蛋酥卷，里面有三根折断了，还有很多碎屑。我拿了一包完好无损的，要晶晶放下手里的那包。晶晶不同意："我得谦让别人！"我说："断了的大家都可以不要，可以退回厂家，等加工好了再送回来。"晶晶仍不同意，坚持要拿那包坏的蛋酥卷。我想：懂得谦让了毕竟是件好事，她好不容易有了这种意识，我不能给她泼冷水，于是把好的一包放下，拿着那包折断了的蛋酥卷去付钱了。

早教点滴：教宝宝学习礼让。礼让是一种美德，需要从小培养。妈妈要有意识地训练宝宝的礼让精神，让他从小就知道做事情要想到别人。

抓紧时间

2月24日

晶晶没睡午觉。我担心她犯困，晚上八点刚过，就想让她睡觉。小姑娘不肯上床，要玩英语卡片。爸爸不答应。我折中："再玩最后一次吧。"晶晶欣然同意。爸爸皱眉道："快！抓紧时间！"

玩完英语卡片，晶晶上了床，又要看新发的英语书。爸爸要关灯。晶晶不同意，让爸爸一会儿再关。爸爸做出让步："抓紧时间看！一会儿喊我！"说罢，甩门出去。小姑娘瞥了一眼刚刚关上的房门，不满地嘟囔着："老是抓紧时间、抓紧时间的！"

成长解读：宝宝做事太慢。宝宝有自己的学习风格和节奏。按成人的标准来看，他们也许进展得很慢，甚至慢到令人不能忍受的程度。但是，对于宝宝来说，这就是正常的速度。如果妈妈因为宝宝的速度慢而变得不耐烦，武断地去"帮助"宝宝，就会中断他的学习进程，挫伤其征服困难的积极性。

晶晶小时候为什么要去妈妈肚子里呀

2月26日

我打开电视，见正在上演《冰雪精灵》第一集，便对晶晶笑道："这是第一集耶！"晶晶并不兴奋："这个电视我以前看过！"我很惊讶：你啥时候看过呀？晶晶仿佛听到了我脑中的疑问，"回答"说："我以前在妈妈肚子里的时候看过，哼！"我一听，更感到不可思议。这时，小姑娘突然发问："晶晶小时候为

什么要去妈妈肚子里呀？"

育儿心得：宝宝可能会询问一些和性相关的问题，如：孩子是从哪里来的、男孩和女孩有什么不同，但是他们并不需要知道详细答案。妈妈应该允许宝宝有提问的自由，但未必给予非常详细的解释。

我把太阳拍爆炸了

2月27日

晨醒，阳光透过窗帘照进卧室，把屋里照得亮堂堂的。我笑道："今天太阳真好！"晶晶看到灿烂的阳光，欢快地拍起了小手。拍着拍着，突然说道："我把太阳拍爆炸了！"我大笑。晶晶也笑："我骗你呢！"我说："不是骗我，是开玩笑吧？"晶晶点头："对。是开玩笑。哦，不是开玩笑，是'开口笑'。"我想起她小时候把点心"开口笑"误记成了"开玩笑"的事情，禁不住又笑。晶晶知道我笑中的深意，故意指着自己的小嘴狡辩："'开口笑'就是张着嘴笑！"

育儿心得：宝宝以前说过的每一句可爱的话语，都可以成为亲子之间美好的回忆。这是家庭中的一笔宝贵的精神财富，是用任何金钱都买不到的。

我不要了

2月28日

一天晚饭时，我往晶晶碗里夹了两块肉。她夹出一块放在一边说："这一块是奖励，我先吃这一块儿。"说着，夹起另一块肉来吃了。

今天下午，我带晶晶去华联商场购物。经过"快乐柠檬"饮品店时，晶晶要进去买奶茶，我答应了。喝完奶茶，来到华联商场一楼，晶晶抬眼看见了蛋糕店，便丢下我，径直冲了进去。我担心她走丢，赶紧跟了过去。晶晶站在橱窗前，对着形形色色的蛋糕比了又比，最后决定要买一块漂亮的草莓小蛋糕。我心想：刚喝完奶茶就要蛋糕，这可不行，不想让她看到什么要什么。于是坚决不同意。小姑娘不死心，和我展开了持久战。我是铁了心不买的，心想：随你怎么办，我今天就是不买！战到最后，小姑娘突然走向我，语气很轻松地说："好了，妈妈，我不要了，咱们走吧。"我很惊喜：她居然没哭没闹，主动放弃了，真让人欣慰。

情商培养：培养宝宝的自控能力。宝宝走进商场，面对眼花缭乱的食品、玩具等，往往感觉什么都好，什么都想要。要改变宝宝见什么要什么的习惯，妈妈在带宝宝外出购物之前，可以先与他商量好买什么、买多少，使宝宝的购物能够有明确的目的性，以免他随便乱要。

宝宝笑了

词：张秀丽
曲：《路灯下的小姑娘》曲

Ha！在一个炎热的夏季
有一个小宝宝在哭闹
我给她什么玩具都不要
Ha！宝宝的哭声震天地
树上的鸟儿吓得飞跑
真不知道该怎么办才好
有一个小宝宝
她呀正在正在哭闹
我给她什么玩具都说不要不要不要
有一个小宝宝
突然不再不再哭闹
转眼间她开始开始格格格格地笑
我问她为什么要笑
她说看见妈妈来了
原来妈妈就是良药
专治专治宝宝哭闹
我问她为什么要笑
她说看见妈妈来了
原来妈妈就是良药
专治专治宝宝哭闹

亲子歌

但是它长得也很臭美

3月5日

我泡了一杯玫瑰花茶。晶晶指着茶杯中漂浮的玫瑰花苞问："妈妈，这是什么？"我说："这是玫瑰花。"晶晶又问："玫瑰花怎么跟我长得不一样啊？"我笑道："因为它是花、你是人。"晶晶反驳说："不对！但是它长得也很臭美！"我笑问："'臭美'好吗？"晶晶答："不好。'臭美'就是臭臭的美。"我又问："你臭美吗？"晶晶否认："不。"我笑着逗她："为什么你不臭美？"晶晶自信地说："因为我长得漂亮！漂亮的小姑娘不臭美！"

认知能力：宝宝对人和事物的美丑、好坏有了初步的评价。在父母、老师的强化和指导下，他们逐渐知道自己的哪些行为会令他人满意，哪些行为会引起他人不满。

我怕你吃我的派

3月6日

晚饭后，我们三口看电视。见有人在台上表演武术，晶晶激动地站起来，把手中的草莓派往爸爸手里一塞，几步跑到电视机前，跟着演员表演起来。她表演的时候，背对电视，面朝我们，回头看一个动作，再转过身来模仿一个动作。爸爸见她这样做比较吃力，就为她指点："晶晶，你脸朝前。"不料，小姑娘却说："我怕你吃我的派！"

演员下场了，晶晶也赶紧"下场"，从爸爸手中夺过草莓派，狠狠地咬了一大口。见又一个演员上场了，她慌忙把派塞到正在写字的我的手里，嘱咐说："妈妈，你不能吃我的派！"我答应了。晶晶继续表演。我继续写字。大概是因为对我比较放心吧，这一回，她是面向电视屏幕跟着表演的，我写着写着字，不经意地一抬头，发现晶晶正在表演金鸡独立。不过，她身子对着电视，头却使劲儿扭着看我，不禁哈哈大笑：她又在担心自己的派了！

营养饮食：别让宝宝吃太多派。世界卫生组织建议：反式脂肪酸每人每日摄入量不要超过总量的1%，即大约每天不超过2克。而30%以上的派类点心，反式脂肪酸含量都在2%以上。如果每天吃3个这样的派，反式脂肪酸摄入就极易超标。摄入过多的反式脂肪酸，会影响宝宝智力的发育。

外国在北京吗

3月6日

放学后，我带晶晶上街买东西。街上行人很多，其中不少是皮肤很白或很黑的外国留学生。晶晶问："妈妈，外国在北京吗？"我心里一笑，回答说："不在

呀。北京在中国，外国不在中国。"晶晶瞥了一眼旁边走过的几个外国学生，仍旧疑惑："那北京怎么会有外国人啊？"

早教点滴：和国家、城市的归属等相关的问题，宝宝理解起来会比较困难。家长若能利用地图或地球仪，边讲边指给宝宝看，宝宝理解起来就容易得多了。

数学"难"题

3月7日

上午，爸爸问："晶晶，你几岁了？"晶晶答："3岁。"爸爸再问："你生下来几年了？"姑娘的小手像孔雀开屏一样"刷"地打开，在爸爸眼前一亮："5年！"

下午，晶晶手拿一大张贴画纸（上有许多小贴画）走过来问我："妈妈，你要哪个小贴画呀？"我不想浪费她的心爱之物，便说："我哪个都不要，你自己留着吧。"晶晶告诉我："我原来有8个小贴画，后来给了乔乔一个，因为他哭了。"我忙夸赞："晶晶真棒！"真棒的晶晶马上开始自我表扬："我原来是8个小贴画，现在是9个了，我会数数了！"我大笑，问："8大还是9大？"小姑娘毫不犹豫地回答说："8大！"

早教点滴：教宝宝倒数数。宝宝学习数数，一般都是从头开始顺着数数，现在可以要求他倒过来数数了。宝宝学会顺着数数，就会算加法；如果学会了倒数数，就容易学会减法了。

蛋清和蛋黄

3月8日

晚饭后，晶晶问："妈妈，你知道哪个小朋友只吃蛋清不吃蛋黄吗？"我说"不知道"。晶晶告诉我说："是茜茜。"我"哦"了一声。晶晶又问："妈妈，你知道哪个小朋友只吃蛋黄不吃蛋清吗？"我仍说"不知道"。晶晶又自己给出了答案："是月月。"听到这里，我微微一笑，知道下面她该表扬自己了，便故意问："那哪个小朋友蛋黄和蛋清都吃啊？"小姑娘把脸朝天上一扬，很神气地说了一个字："我！"

营养饮食：平衡膳食。首先，食物品种多样化，粮食、豆类、鱼、肉、蛋、蔬菜、水果、油、糖等要兼有，不宜偏废；其次，各种营养素之间的比例要合适，碳水化合物（粮食）提供55%～60%；蛋白质占12%～15%；脂肪占25%～30%；第三，食物间的搭配要合理，做到荤素搭配、干稀搭配、粗细粮搭配、咸甜搭配等。

精神胜利法

　　我们三口去吃肯德基。座位旁边的儿童活动区内，有一个滑梯，两个大孩子正在那里爬上滑下。其中一个像是藏族女孩，皮肤黑黑的，看上去5、6岁的样子；另一个是男孩，个头比女孩还要高。晶晶一看到心爱的滑梯，立刻甩开我们，飞奔过去，加入了俩大孩子的行列。

　　一开始，晶晶排在队伍的最后面，跟着大孩子们从楼梯处走上去，从滑道口滑下来。后来，大孩子们感觉不过瘾，不走楼梯了，改爬滑道：在距离滑道约1米远的地方立定、猛冲向滑道、俯下身去扒着滑道的两个边儿，"蹭蹭"几下爬上去，再转身从滑道口"刷"地滑下来。晶晶看着很羡慕，默默地观察了一会儿后，也模仿着大孩们的样子，改从滑道处往上爬。结果刚爬到一半，脚就踩不住了，身子趴在滑梯上，被迫滑落下来。小姑娘不甘心，再次向滑道冲刺，结果又失败了。这一回，她没再返回原地，站在远处望着滑道，自言自语地说："从那里上太危险了！"边说边向楼梯走去。我心中暗笑：会精神胜利法了！

　　育儿心得：宝宝大都喜欢玩滑梯，但是在爬上滑下的过程中难免忽视了安全。因此，培养宝宝的安全意识是非常必要的。比如：在玩滑梯时，妈妈要告诉宝宝，最好不要从滑道处往上爬，也不要头朝下往下滑。如果宝宝执意这样做，妈妈最好在旁边守着，以免发生意外。

看看我的粗腿细不细

　　晶晶大腿较粗、小腿较细，常被我笼统地戏称为"小粗腿"。今晚睡觉前，晶晶脱下裤子，穿着毛衣站在床上跳着"自由舞"。跳了一会儿，她停下来，双腿并拢，低头审视着自己笔直的双腿，用一种不容质疑的口气问我："妈妈，你看看我的粗腿细不细！"

　　早教名言：人类本质中最殷切的需求是渴望被肯定。——威廉·詹姆士

三个和尚

　　清晨醒来，晶晶穿好衣服，跑进厨房，拿回一根一尺多长的小木棍，这样那样地玩。玩了一会儿，回到卧室，用小木棍挑起自己的一条单裤，扛在肩上，笑呵呵地边走边唱："一个和尚，挑呀挑水喝。两个和尚，没呀没水喝。三个和尚……"咦？什么来着？晶晶歌唱不下去，腿也迈不动了，呆呆地站了一会儿，退回原地，扛着小木棍，重新开始边走边唱："三个和尚……"咦？怎么还是不对呀？小姑娘没了主意，回头问我："三个和尚怎么来着？"我大笑："两个和

尚，是'抬呀抬水喝'。三个和尚才是'没呀没水喝'呢！你刚才唱错了。"

智力开发：在游戏中培养宝宝的想象力。游戏为启发宝宝的想象力提供了许多方便。在游戏中，宝宝可以扮演各种角色，表现各种生活场景。妈妈应积极为宝宝的游戏创造条件，也可以参与到游戏中，引导宝宝发挥想象力，但不要反客为主，要给他发挥自己的想象力留下足够的空间。

布达拉宫的水果

3 月 14 日

晚饭后，看电视新闻。当画面中出现西藏布达拉宫附近的蔬菜水果摊时，晶晶指着电视屏幕对我说："布达拉宫的水果特别好吃。有一次老师带我们去布达拉宫了。小朋友问：'老师以前去过布达拉宫吗？'老师说：'布达拉宫以前没有水果。'然后呢，然后呢……"我一边听心里一边笑：老师什么时候带你们去布达拉宫了？你们所谓的"远足"，也不过就是在小区里转一转，连小区的门都没走出过，还去布达拉宫？你知道布达拉宫在哪儿吗？

早教点滴：建立时间概念，有助于培养宝宝的逻辑思维能力。宝宝的时间观念很模糊，能够掌握一些表示时间的词语，对他们来说，是必要的。当宝宝真正清楚了"在……之前"、"然后"、"立刻"或"马上"等词语的含义后，他们的时间观念会有所增强。

我还有一个名字叫张阿姨

3 月 15 日

晨醒，晶晶不起床，和我闹着玩。我逗她："过来，水小妞！"晶晶扭着身子笑："我不是水小妞！"我再逗："过来，水小宝！"晶晶又笑："我不是水小宝！"我笑："过来，晶宝宝！"晶晶说："我不是晶宝宝，我是晶晶！我和爸爸一个名！"我帮她纠正："不是一个名，是一个姓。"晶晶淘气："我也姓张。"我心里笑道：要改和妈妈一个姓了，好！晶晶接着笑道："我还有一个名字叫'张阿姨'！"我大笑：这个小人儿，怎么想的！见我这样，晶晶笑得更开心了："我还叫'张叔叔'！"

育儿心得：多陪宝宝，将使我们的生活更美好。陪宝宝的过程，很辛苦，但更多的是快乐。宝宝随时迸发的灵感，只有在陪伴中才能捕捉到。没有亲身的陪伴，永远也无法体会到宝宝的可爱与神奇。

蹲下来，马

3 月 15 日

在床上，晶晶骑在我后背上玩。我下床后，她又要骑在我肩膀上去拿卡片。

想起鲁迅说的"俯首甘为孺子牛"，我无奈地对晶晶笑道："我给你当牛做马！"晶晶没言语，一腿搭上我肩膀，两手揪着我的肩使劲儿往上攀。见我站的高，她攀不上去，命令道："蹲下来，马！"我不敢相信她会开这种玩笑，惊问："你刚才说的什么？"晶晶重复道："蹲下来，马！"

早教名言： 爱护子女，这是母鸡都会做的事，然而会教育孩子，这就是一件伟大的国家的事业了。——高尔基

我们家抽屉管钱

3月15日

"三八"妇女节之前，北京电视台生活频道《第七日》栏目组来晶晶班采访，问了全班小朋友一个同样的问题：在你们家，爸爸和妈妈谁管钱？节目首播时我们没有看到。今天上午8点55分，电视里重播这期节目。这是晶晶第一次上电视，为避免再次错过机会，我和她早早地吃完饭，紧张地守候在电视机前，静静地等着观看屏幕里的她。

激动人心的时刻到了。电视里，当记者问晶晶"你们家谁管钱"时，小姑娘嘴里含着一根手指头，面对着镜头，细声细气地答道："我们家没有人管钱。"我看了大笑：没想到，这个天不怕地不怕的小姑娘，在镜头面前还显得挺腼腆呢！晶晶以为我在嘲笑她说得不对，不好意思地笑道："哦，我说错了，我应该说'我们家抽屉管钱'。"

财商培养： 对于3岁的宝宝，妈妈可以教他认识纸币、硬币和币值；对于4岁的宝宝，妈妈可以教他用钱买简单的用品，如画笔、泡泡糖、小食品。

我是鼻子

3月17日

我哄晶晶睡午觉。哄了半天，她还是不困。我感觉有些疲惫，便假装睡着了，打起"呼"来。晶晶"嘻嘻"地笑着，爬到我身上说："妈妈，我喜欢你！"我忍不住"哈"地笑了。晶晶见"阴谋得逞"，得意地大笑。我又闭眼假寐，晶晶又爬上来，笑道："妈妈，我爱你！"我装不下去了，又笑了起来。第三次，晶晶笑道："我是头发！"第四次，又道："我是鼻子！"……我哈哈大笑：这个小人儿，可真会缠磨她老妈！

育儿心得： 依恋父母的宝宝未必自理能力差。依恋父母是宝宝成长过程中的一个必经的阶段。他们正是从对父母的依恋中感受亲情、认识世界的。经过了这一阶段，宝宝才能逐渐建立起健全的人格。这与他们的自理能力并不矛盾。

老公、老母

爸爸问晶晶："是胳膊（po）还是胳膊（bo）啊？"晶晶答："是胳膊（po）。"爸爸半信半疑："是胳膊（bo）吧？明天问问老师，是胳膊（po）还是胳膊（bo）。"晶晶笑："是胳膊（po），老婆的（pó）。"我和晶晶爸大笑。小姑娘大受鼓舞，继续发挥道："妈妈是老公，爸爸是老婆。"我给她纠正："'公'是男的，女的是……"刚想说"婆"，感觉不好听，一不小心又换成了"母"。晶晶一听，呵呵地笑起来，指指爸爸说："老公！"又指指我："老母！"

育儿心得：宝宝是天生的幽默大师。他们那些来自天国的、令人拍案叫绝的幽默，随时都可能迸发出来。跟他们在一起，我们很难不从心底笑出声来。

长大了

晚上，我们一家从"华联"超市采购完，在附近的小吃店买了一份新出锅的盐酥鸡。我和晶晶各用牙签插了一块儿。晶晶要吃，因为太烫，我没有同意。晶晶爸拎着东西在前面走，我和女儿在后面跟着。走至小区门口时，我感觉盐酥鸡不烫手了，就让晶晶吃了一块儿，我自己也吃了一块儿。晶晶担心我还要吃，提醒说："别吃光了！给爸爸留一点儿！"我心里一热：真是个懂事的小姑娘！

晚上睡觉前，晶晶自己刷牙、洗脸。我只站在旁边协助。洗刷完毕，晶晶回到卧室，坐在床上，我给她倒好洗脚水，放在她脚下的凳子上，准备给她洗脚。晶晶立即制止："我自己洗。"我不放心，站着没动。晶晶生气了，赶我走："你做自己的事去！"我只好去了客厅。不久，晶晶告诉我说她洗完了。我进去看她。晶晶很开心，我也很开心：她真是长大了。

自理能力：随着宝宝动作技巧的提高，他自己动手的愿望变得更加强烈。这是锻炼宝宝能力、提高宝宝自信心的好机会。即使宝宝做得不够好，你心里很不耐烦，也一定不要急着伸手去帮他。

你看你又开始犹豫了

下午，晶晶和乔乔在楼下玩，捡石子往口袋里装。捡着捡着，晶晶突然说道："你看你又开始犹豫了！"说完，抬起头来看了我一眼，露出蒙娜丽莎一般神秘的微笑。这句话我听着耳熟，但想不起在哪里听到过，同时又感到奇怪：她为何这样说乔乔呀？乔乔没理会晶晶的话，低头继续捡石子。晶晶也继续玩。过了一会儿，她又说道："你看你又开始犹豫了。"说完又微笑着看了我一眼。我猛

然想起：这是新买的杂志《童趣芭比》中的一句话。昨天我给晶晶读了这本杂志里的故事，看来她把这句话记住了，现在正练习使用呢！

早教点滴：听故事学语言。宝宝都喜欢听故事。家长再忙，也应尽量抽出时间来帮宝宝讲些小故事。因为，宝宝听故事的过程，其实也是学习语言的过程。

帮还是推

前天下午，我接了晶晶，在幼儿园的院子里玩滑梯。小一班的瑞瑞从滑道下面往上爬。瑞瑞长得比较胖，爬了好一会儿还是上不去。这时，排在她后面的晶晶急了，对着她的后背猛推了一把。瑞瑞滑落下来，额头碰到了滑道边沿上。我很恼火，大声地批评了晶晶，又去看瑞瑞的额头，发现没有什么异常，而瑞瑞也没有过激反应，这才放下心来。

今天下午，乔乔在冬青前捡石子。晶晶在他背后猛推了一下，乔乔歪倒了。晶晶冲我"嘻嘻"地笑。我大吃一惊。联想到前天刚推过瑞瑞，我很担心她这个坏毛病会继续，便严厉地批评了她。

晚睡前，我又提起了这两件事，以示警告。晶晶委屈地解释道："我是想让她上去。"我突然醒悟：原来她是见瑞瑞爬不上去，想帮助她呢，就像她爬不上去的时候我推她后背一样。那么乔乔呢？我想也应该是误会她了，便问："你是想和他闹着玩吗？"晶晶点点头："对！"

育儿心得：宝宝大都心地善良，做事往往出于好意，只是由于对事情的看法和成年人不同，或能力有限，才往往好心办"坏"事。因此，我们应多倾听宝宝的想法，试着去体会他的良苦用心，然后指出其做法的危害，告诉他怎样做才是正确的。否则，很容易挫伤宝宝做好事的积极性。

3月36号

晚睡前，晶晶看着我笑："大妈妈……大妈！"我一笑："妈妈怎么成了大妈了？"晶晶狡辩说："因为妈妈很大，所以是大妈！"

想起本月快过完了，我自言自语地说："今天24号。"晶晶反驳道："不对！今天3月36号！"我笑问："哪来的36号？"晶晶也笑了："我们老师说了，就是36号！"

早教点滴：让宝宝敢于说"不"。在陪伴宝宝的时候，妈妈有意识地引

导他不迷信权威，对某一观点敢于质疑、敢于说"不"，有助于培养宝宝的批判精神和独立思考的习惯。

热心人

两个月前的一天，我找东西，晶晶热情相助，指着一个书架说："那儿呢！那儿呢！"我奔过去找，没有；晶晶马上改指另一书架："那儿呢！那儿呢！"我赶过去看，也没有；晶晶又指写字台："那儿呢！那儿呢！"我又去找，还是没有，心里不免有些生气：这个小人儿！你又不知道，干嘛不停地误导我呀？

今天早晨，我洗刷完，准备梳头，发现梳子不见了。我怀疑被晶晶拿走了，便问她："梳子在哪儿呀？你见了吗？"晶晶指指书架："在那边呢！"我将信将疑地问："真的吗？"说着，便过去找。走近一看，没有！我有些不高兴了："哪儿有啊！"晶晶若有所思地说："那在哪边呀？"我正想责备她瞎指挥，忽然想起两个月前发生的那件事，心里无奈地叹道：她可真是"热心肠"啊！

早教点滴：对于乐于助人的宝宝，妈妈在肯定其行为的同时，也要告诉他，在帮助别人之前，要先征得他人的同意，并且还要量力而行，增强自我保护意识。

花旦，秋蛋，圆蛋

朋友送给我们两张童话剧《猴王》的演出票，说是比《神笔马良》还要好。晶晶听见了，对我说：老师讲过"神笔马良"的故事，说里面有"花旦"。我很惊讶：小姑娘还知道"花旦"呀？下面是不是该说"青衣"了？谁知，她说的却是："还有秋蛋、鸡蛋、鸭蛋。"我心里笑道："这个'秋蛋'是什么蛋呀？"正笑着，又听晶晶说道："还有元旦！"我一愣：怎么又扯上"元旦"了？这时，姑娘的小嘴巴仍像鞭炮一样噼里啪啦地说着："还有方蛋、长蛋……"我这才明白：敢情人家刚才说的是这个"圆蛋"，不是过新年的那个"元旦"呀！

智力开发：让宝宝从多个角度思考问题。对宝宝进行发散思维和求异思维训练，培养宝宝多角度思考的习惯，能增强他的应变能力，使其头脑更灵活。

一次只能买一样

上午去玉渊潭公园。来到公园门口，见一个气球版的"海绵宝宝"高高地飘在空中，晶晶嚷着要买。我和她商量："咱们买了这个就不能买其他的了，可以

吗？"晶晶频繁地点头。我知道她特别喜欢"海绵宝宝"，心想：她会说话算数的，就给她买一个吧。不料，晶晶爸坚决反对："不能见什么要什么。"晶晶气得大哭。我又用"只能买这一个"作为条件，在晶晶和爸爸之间说和。晶晶答应了。我买了。晶晶爸很不开心。

回家后谈及此事，晶晶爸埋怨我太惯着晶晶，不该一进门就买，要买也得到里面后。我不同意他的说法："一进门就买，她一天都很高兴，不然，她老惦记着这事，一直都会不开心的。"反观晶晶今天的表现，的确不错。在公园里，还有好多东西，她都想买。但是，只要我拿出她当初的承诺进行劝阻，她立刻就会乖乖地放弃，而且没哭也没闹。

早教点滴：每次只能买一样。宝宝外出游玩时，看到好吃的、好玩的，必然会向家长要。如果家长全部满足，可能会让宝宝失去自控能力；如果一样也不满足，又会使宝宝伤心难过。为避免走极端，家长可以和宝宝一起制定一些规则来约束他的行为，比如：每次只能选一件，由他自己决定选什么。这样做，既能让宝宝开心，还有利于培养他的自控能力。

梦见海绵宝宝

3月30日

晨醒后，晶晶甜甜地笑道："我做梦了！"我问："你做的什么梦呀？"晶晶说："我梦见海绵宝宝了！"我一笑："是吗？你梦见海绵宝宝干什么了？"晶晶答："我梦见海绵宝宝和派大星到我们幼儿园来了！我对他说：'海绵宝宝，你好！'海绵宝宝问我：'你叫什么名字呀？'我说：'我叫水晶！'"我心里笑道：我晚上做梦，也常梦见电视里出现的人物，没想到晶晶也这样。难道这个也遗传？

智力发育：宝宝的有意记忆正在逐步发展，能够记住周围更多的事物。他的抽象记忆也开始发展，逐渐能够记住一些较为抽象的事物了，如家庭住址、家里的电话号码。

哼几句

4月4日

晚饭后，我去厨房刷碗，晶晶走过来问："妈妈，'苦'那首歌是怎么唱的？"我不明白："哪个'苦'啊？是'苦涩的沙吹痛脸庞的感觉'吗？"晶晶摇头："不是这个'苦'，是另外一个。"我有些为难："那是哪一个呀？我想不起来了。你能告诉我几句词吗？"晶晶一口拒绝了："不能。"我又想了一会儿，还是没有一点思路，又问："你能哼几句吗？"晶晶看着我的眼睛，嘴巴大张，鼻

子一使劲儿："哼！"

艺术启蒙：听音乐有益于宝宝的身心发展。想让宝宝爱上音乐，妈妈应为他创造一个良好的音乐环境，让他在不知不觉中感受到音乐的魅力。比如：在宝宝起床或进餐时播放轻松愉快的抒情乐曲；在游戏玩耍时播放节奏明快的进行曲；在入睡前播放优美安静的摇篮曲。

娇滴滴的蚊子

4月5日

晶晶睡醒后，问我："蚊子也会飞，小鸟也会飞，为什么小鸟那么大，蚊子那么小啊？"我随口答道："因为蚊子的妈妈小，小鸟的妈妈大。"想到晶晶最近吃饭不太好，我又补充说："因为小鸟吃虫子，蚊子吸血。虫子那么大，血却那么稀，像水一样。小鸟吃得多，蚊子吃得少，当然小鸟大、蚊子小了。对吗？"晶晶沉思了一会儿，点点头说："好像对吧。"

过了一会儿，晶晶撸起袖子，指着胳膊肘对我说："我刚才睡觉的时候，蚊子吸我的血了。我说：'你还吸我的血呢！我能把你给吃掉！'蚊子说：'不嘛！'说着就'嗡嗡'地飞走了。"我大笑：你真厉害，还能吃蚊子！这只蚊子够可爱，还娇滴滴的呢！

育儿心得：提高自身素质，应对宝宝的提问。宝宝喜欢向家长提问，问的问题五花八门，需要家长有较丰富的知识储备才能回答得更好。因此，即便为了宝宝，家长也应不断丰富自己的知识，提高自身素质。

可爱的圈套

4月5日

关灯后，躺在床上。晶晶问："妈妈，你可以抱抱我吗？"我笑道："当然可以了。我最喜欢抱晶晶了。"说着，便伸出手臂去拥抱她。晶晶甜蜜蜜地问："妈妈，你为什么说'当然可以了'？"我说："因为我非常喜欢抱你，所以说'当然可以'。"小姑娘一听很高兴，立刻凑了过来，紧紧搂住了我的脖子，小脸儿紧贴着我的大脸。腻了一会儿，我们俩分开、说话、讲故事。

讲完故事，晶晶忽然把脸一沉，命令我说："妈妈，抱抱我！"我说着"好的"，便去抱她。小姑娘的声音突然又变得温柔了："妈妈，你怎么这次不说'当然可以了'？"我笑道："因为刚才你是问我'可以吗'，所以我说'当然可以了'；这次你没有问我，而是直接让我抱你，所以就不用说'当然可以了'。"晶晶听罢，再问："妈妈，你可以抱抱我吗？"我愉快地答道："当然可以了。"躲在我怀里甜蜜了一会儿，小姑娘忽然"呵呵"地笑道："妈妈，我可以吃冰激凌

吗？"我哈哈大笑：这个小人儿，又给我下套儿了！

育儿心得：常常被拥抱的宝宝，会更快乐。拥抱是一种无声的"我爱你"，传达的是对宝宝无限的关怀。妈妈温柔的抚触和拥抱，可以让宝宝变得更健康、更活泼，情绪也更稳定。

兰花、紫花

4月10日

晶晶和明明在院里玩滑板车，我和明明妈妈站在路边聊天。明明妈妈指着地上一朵紫色的花问我："这是不是兰花呀？"我也怀疑是兰花，但不能确定，便说："我也不知道。"晶晶听见了，"呱呱"跑过来，指着地上的花，很严肃地给明明妈妈纠正："这不是蓝花，这是紫花！"明明妈妈一听，哈哈大笑："可不是紫色的花吗？"

早教点滴：宝宝3岁以后，逐渐能认识5种以上颜色，如：红、黑、白、绿、黄、蓝。此时，家长可以教宝宝进行涂色练习：用他认识的颜色给画涂颜色，然后再用画画的方式教宝宝认识更多的颜色，提高他的颜色认知能力。

变脸

4月11日

晶晶脸上被咬了个小包，我给她抹芦荟胶。晶晶突然说道："你这个臭妈妈。"我很惊讶，问："为什么说妈妈是'臭妈妈'呀？"晶晶改口道："我不是说你，我说的是大灰狼的妈妈是'臭妈妈'。"

中午来不及做饭，我打电话向餐馆预定了水饺，说好20分钟后去取。临走前，晶晶嘱咐我，路过超市的时候，给她买一包奶片。我答应了。买完奶片装进裤兜，取了饺子回家。晶晶一看见我进门，就冲上来要奶片。我假装吃惊："坏了，我忘买了。"晶晶顿时火冒三丈，大声命令我："你现在去买！"我腿没动，伸手掏裤兜。晶晶见我不走，又要发火，突然看到奶片从我的裤兜里冒了出来，马上转怒为喜："我其实知道你买了，我假装给你说呢！"我笑：这小人儿，脸变得可真快！

育儿心得：宝宝对情绪的控制能力还很差，情绪变化会毫不隐藏地展露出来，"六月的天，孩子的脸，说变就变"，说的就是这种情况。

我没有什么可忙的

4月17日

晶晶早晨醒来，不想去幼儿园。想到她昨天去植物园玩了一天，喝水少，

也比较累，我就留她在家吃早饭，心想等吃完饭再把她送走。晶晶深知我的意图，故意磨蹭。等我把一切收拾好，准备送她走时，一看钟表，已9点半了。心想：再过1个半小时，幼儿园就该吃午饭了；吃完午饭，又该睡觉了。对晶晶来说，也就意味着又该受折磨了。想到这里，我有些心疼，便问她："晶晶，现在有两个选择：一是你去幼儿园和小朋友一起玩，一是和妈妈在家里。你选择哪一个？"她当然选择"跟妈妈在家里"。我说："那好，你就在家里，但只能自己玩，不能跟妈妈说话，不能打扰妈妈工作。你忙你的，我忙我的。听见了吗？"晶晶低下头，小声嘟囔道："我没有什么可忙的。"一听这话，我"扑哧"一声笑了：是呀！她一个3岁的娃娃，除了一天天地"混"日子，有啥可忙的？这个小人儿，看问题还挺尖锐的！

育儿心课：对于孩子而言，玩就是工作。家长尊重孩子玩的权利，也就是尊重孩子的工作了。

"隔呼呼的" 与 "随心所欲"

4月20日

前天晚上，晶晶上床后，直喊"痒"。我找出芦荟胶，给她往身上抹了抹。之后，晶晶拿着芦荟胶玩，随手把瓶盖儿扔到了一边。过了一会儿，我想找瓶盖，可怎么找也找不到。后来，晶晶躺下睡觉。在床上翻滚了几下后，突然爬起来说："我怎么觉得'隔呼呼'的？"我一笑，心想：是不是压到芦荟胶的盖子了？还"隔乎乎"呢，这个小人儿，可真会造词！

今晚，爸爸在厨房做饭，我在客厅收拾餐桌。晶晶从客厅跑进厨房，很快又乐颠颠地跑回来，对我笑道："妈妈，我刚才随心所欲地动了一下爸爸！"哈哈，小姑娘第一次用"随心所欲"，居然是这样用的！

成长解读：宝宝爱表现。爱表现是宝宝的天性，他们希望通过展示自己的才能获得他人的肯定。当宝宝表现自己的时候，妈妈要以欣赏的眼光来看待他，要多给他理解和鼓励，即便他们表现得不是很出色，你也应表示赞赏，这样会让宝宝变得更加自信。

事后诸葛亮

4月21日

前天早晨醒来，晶晶要尿尿。我帮她找拖鞋。床的左边右边都找过了，全都没有。我再找。后来，终于在椅子下面找到了。我高兴地拿给晶晶看："找到了，在这儿呢！"小姑娘坐在床上，冷冷地看着我，不服气地说道："我早就看到了。"

今天晚饭后，晶晶让我用纸给她折"老虎张嘴"。我边折边说："好多年没折了，我看看还会不会。"快折完时，我终于松了一口气，笑道："我还会呢！"晶晶听了，又是一副很不服气的神情："其实我也会折。我让你给我折，是想看看你会不会！"

早教点滴：不要让孩子自命不凡。自命不凡的孩子喜欢以自我为中心，认为自己是最优秀的，瞧不起其他人，自尊心极强、做事容易固执己见、遇事不懂得反思。这样的孩子，人生之路会很坎坷。

踮脚尖儿

4 月 22 日

春节前，幼儿园请外面的公司为小朋友们拍摄了一组照片，然后选用其中一部分为每个小朋友制作了一本新年台历，作为新年礼物送给了他们。晶晶班所有台历的封面都一样，是全班小朋友的合影。在这张合影中，晶晶站在最后一排，只露了半张脸，其他部位全被前面的小朋友挡住了。我感觉有些遗憾，便问晶晶："照相的时候你怎么站到最后面了？"晶晶回答说："老师让我站到后面的。"我很奇怪："为什么让你站到后面呀？"晶晶说："因为我高，前面的小朋友矮。"我不理解："蒙蒙不是比你高吗？怎么她站到你前面了？"晶晶答道："老师让我们俩比个子的时候，我踮脚尖儿了！"

生理发育：宝宝 4 周岁时，身高的正常均值为 101.2~102.1 厘米；体重的正常均值为 15.21~15.61 千克；牙数的正常均值为 20 颗。

69 号与 35 月

4 月 23 日

晶晶左手拿着我的手机，右手对着上面的键盘乱按。我凑过去看了一下屏幕上方的日期，不由自主地说了一句："今天 23 号了。"晶晶笑了，问："有 69 号吗？"我也笑："没有。"晶晶又问："为什么呀？"我说："因为一个月最多有31 天。"

玩了一会儿手机，晶晶问："妈妈，今天是星期几呀？"我没仔细听，信口说道："今天是 4 月 23 号。"晶晶强调："星期几？"这回我听清楚了，认真回答说："哦，星期四。"晶晶问："那今天是几月呀？"我说："今天是 4 月。"晶晶又问："有 35 月吗？"

育儿心课：宝宝由于知识经验有限，会犯一些在成人看来十分荒唐可笑的错误。这也是宝宝成长的足迹，家长应好好珍惜啊。

不太热与太热

4月24日

　　饮水机里的水烧好了，我接了少半杯热水，又掺了些凉水，尝了尝，感觉有点儿热，但也不是太热，就递给晶晶喝。小姑娘尝了一小口，皱起眉头对我说："太热！"我小心翼翼地问："不太热吧？"晶晶冲我大吼："对你们来说'不太热'，对我来说'太热'！"

　　我累了，坐在客厅的椅子上休息，让晶晶去帮我拿鞋。小姑娘生气地说："自己的事情自己做！"我说："有的时候需要自己的事情自己做，有的时候需要帮助别人。不然，在幼儿园，你为什么要帮助小朋友摆牙刷呀？为什么要帮老师粘柳树叶呀？"晶晶不再说话，跑进卧室，用脚把鞋往客厅里踢："我不给你拿，我给你踢过来！"我感觉好笑，问："为什么？"小姑娘撅嘴道："我才不拿臭鞋呢！"

　　育儿心得：溺爱会助长宝宝的懒惰。在家被溺爱的宝宝，习惯于享受父母为自己所做的一切，却很少去体谅父母的辛苦，也不愿为父母服务。而且，父母对自己的照顾稍不顺心，便大发脾气，长此以往，不仅会影响亲子关系，还会让宝宝变得更加懒惰、不明事理。

谁比谁大

4月26日

　　晶晶指爸爸："爸爸大，我小。"我和晶晶爸同时笑道："对。"晶晶又指爸爸："我比你大。"我问："那你们俩谁大呀？"晶晶答："爸爸大。"我一听不对，再问："那你们俩是谁比谁大呢？"晶晶答道："爸爸比我大。"我和晶晶爸相视一笑："会用比较句了。"

　　早教名言：问题不在于教他各种学问，而在于培养他爱好学问的兴趣，而且在这种兴趣充分增长起来的时候，教他以研究学问的方法。——卢梭

我要是有个小尾巴的话

4月28日

　　晶晶爸明天出差，一周后回来。今天傍晚，我们一家三口在餐厅吃过晚饭往家走。晶晶爸拉着新买的拉杆箱走在前，我牵着晶晶的手跟在后。见箱子紧跟在爸爸身后"咕噜噜"地走着，仿佛一条小狗跟在主人屁股后面颠颠地跑，晶晶心生羡慕，也要拉箱子。爸爸便把箱子的拉杆交给了她。晶晶先是用右手拉。拉了一会儿，感觉累了，又换成用左手拉，并对我笑道："我要是有个小尾巴的话，我就用小尾巴拉箱子。"说着，手握空气在拉杆上绕了两圈，像是把尾巴缠

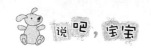

在了上面。我逗她："你什么时候长小尾巴呀？"晶晶一听这话，表情立刻严肃起来："我不会长尾巴的！"我笑问："为什么？""因为我是人！人都不长尾巴。""那长尾巴好不好啊？""好！""为什么？""因为尾巴可以赶蚊子。"

早教点滴：如果孩子主动要求去做一件有意义的事，妈妈要积极支持。如果孩子成功了，你要向他表示祝贺；如果失败了，你要告诉他没关系，失败一次很正常，失败是成功之母。

马皮鞋、金皮鞋

4月29日

早晨，晶晶不想起床。我哄她说："起床后给你看爸爸昨天买的新皮鞋。"一听这话，小姑娘马上来了精神，转身问道："爸爸，你的新皮鞋是什么的？"爸爸迟疑了一下，回答说："是牛皮鞋。"晶晶再问："有马皮鞋吗？"爸爸笑道："没有马皮鞋。有猪皮鞋。"晶晶追问："有羊皮鞋吗？""有。""那有金皮鞋吗？"……

早教名言：所有智力方面的工作都要依赖于兴趣。——皮亚杰

第七章

姥爷，老爷子

亲

子

歌

快 乐 儿 童 节

词：张秀丽
曲：《数鸭子》曲

六一儿童节来呀来到了
宝宝穿上新裙子戴上小发卡
唱歌跳舞做呀做游戏
高兴得心里乐开了花
高兴得心里乐开了花

你唱《小燕子》我唱《泥娃娃》
我呀我演小蝴蝶你演小红花
叔叔敲锣阿姨把鼓打
快乐的笑声遍天涯
快乐的笑声遍天涯

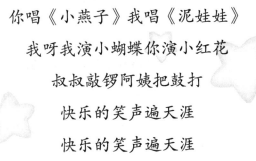

猜硬币

5月3日

晶晶打开钱包，把里面的钱倒在床上，右手抓起一枚一角的硬币，双手握拳让我猜："在哪个手里？"我假装刚才没看见她刚才的动作，故意指左手："这里。"晶晶得意地摊开空手让我看。我"大失所望"："啊，猜错了！"晶晶又把钱倒置右手，重新双手握拳让我猜。我故意指左手。她更加得意，摊开空手让我看。我又"痛苦"地"猜"错了。

两轮游戏过后，晶晶命令我："妈妈，用手捂上眼睛！"我顺从地捂上双眼，又透过指缝偷偷往外瞧，只见她把钱装进裤兜，又用手拍了拍，确定钱在里面没问题了，让我把手放下，再猜钱放在了哪里。我眼睛避开裤兜四处环顾，仔细地"寻找"："咦，钱藏到哪儿了呢？床上？没有。桌子上？没有。书架上？没有……"晶晶见我找得如此仔细，不由得紧张起来，赶紧用手捂住裤兜，对我摆手道："我没把钱放在裤兜里。"我听了大笑：又一个"此地无银三百两"……

新一轮游戏开始了。我再次捂上眼睛，又留出一条指缝偷看晶晶的行动。不料，这一次，小姑娘没有急着去藏钱，而是笑嘻嘻地凑近我的脸，通过指缝检查我："你闭上眼睛了吗？得把眼睛捂得紧紧的。"她边说边给我做示范：两眼紧闭、双手严丝合缝地蒙住眼睛。我实在撑不住了，"哈哈"大笑着放下手来：没想到小人儿有这种意识了！这大概是近一个月才有的事。

育儿心得：做宝宝的玩伴，家长一定要投入，最好能像宝宝一样，沉浸在游戏中，和他一起品尝其中的乐趣。这样不仅能给宝宝带来快乐，也可以让我们重温一下童年那无忧无虑的美好时光。

清爽又柔软的歌

5月3日

我打开录音机，播放儿童歌曲。当《鲁冰花》的歌声响起时，晶晶指着录音机说："我喜欢这首歌。"我问："为什么呀？"晶晶答："因为这首歌清爽又柔软。""是吗？"我听着很震惊，又问，"你刚才说的是'清楚'还是'清爽'？"晶晶答："'清爽'和'清楚'都是。"我还是有点不相信自己的耳朵，就问："你刚才说为什么喜欢这首歌？"晶晶重复道："因为这首歌清爽又柔软。"

智力开发：培养宝宝对音乐、美术、语言等方面的兴趣和特长，有助于发展他的联想和想象能力。

我不喜欢听你说这样的话

放学后，晶晶和小朋友提提、同同及朗朗在幼儿园北边的一条小路上玩，我和小朋友们的妈妈在旁边聊天。聊着聊着，突然发现晶晶歪倒在了泥土里，便赶忙过去搀她。晶晶哭着向我告状："提提把我给推倒了。"我蹲下来，让晶晶坐在我腿上，一面为她拍打身上的泥土，一面安慰她："提提可能不是故意的。没关系，妈妈给你拍一拍就干净了。"这时，同同走过来，模仿着大人的口气，对晶晶说："你应该勇敢一点儿，不能哭！"听了同同的话，晶晶的委屈顿时转化成了愤怒，冲同同大吼："我不喜欢听你说这样的话！"

育儿心得：宝宝受到伤害时，心里委屈，最需要的是妈妈或他人的安慰，及时把内心的痛苦宣泄出来，而不是努力克制自己去表现勇敢。等他宣泄完，心里舒服一些了，再告诉他遇事要坚强、勇敢，他可能更容易接受。

两岁结婚

晚上，看完近几个月拍的录像，我对晶晶爸笑道："上次在植物园，见有人在拍婚纱照，晶晶很羡慕，问我：'妈妈，我什么时候结婚啊？'"晶晶爸听了一笑，问女儿："晶晶，你什么时候结婚啊？"晶晶笑答："我不知道。"我问："晶晶，什么是结婚啊？"晶晶说："结婚就是穿着白色的衣服照相。"我听着有趣，便指着墙上挂的她穿白色礼服的写真照问："你两岁多的时候不就穿着那样的衣服照相了吗？"小姑娘抬头看了一眼照片，笑道："我两岁多的时候就结婚了！"

育儿心得：爱美是女孩的天性。婚纱华美、纯洁，令女孩向往。穿上漂亮的婚纱，把自己打扮得像公主一样，在镜头前留下美丽的影像，在小女孩看来，是一件非常美妙的事情。至于穿婚纱的内涵，她们是根本不去考虑的。这就是小女孩的可爱之处。

祝妈妈节日快乐

下午去幼儿园接晶晶，她把手里的一幅画递给我。我问画的什么。晶晶说是康乃馨，送给妈妈的，祝妈妈节日快乐。我心里很温暖，赶忙对晶晶说了声"谢谢"。站在一旁的齐老师向我解释说："后天不是母亲节了嘛，我们就让每个小朋友画一幅画送给妈妈。"

晚饭时，谈起小朋友给妈妈送画这件事，晶晶说："后天是'三八妇女节'，祝妈妈节日快乐！"我笑着纠正："不是'三八妇女节'，是'母亲节'。"晶晶爸发坏

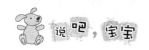

道："是'三八妇女劳动节'。"晶晶仍坚持是"三八妇女节"。我心想："三八妇女节"，晶晶给妈妈过了两次了；而"母亲节"，她才刚听说，还比较陌生呢！

早教点滴：母亲节定在每年 5 月的第二个星期天，是人们向母亲表达尊重、理解和热爱的日子。让宝宝了解母亲节，是培养宝宝爱妈妈的方式之一。

妈妈写的东西，你们看不懂

5月7日

下午带晶晶去健身器处玩，遇到了她的同学然然和奶奶。奶奶问我："你不上班吗？"我正想回答，就听晶晶抢先说道："妈妈在家里用电脑写东西，英语的，你们看不懂！"我心里笑道：看来我在她心目中的形象还挺高大的。

育儿心得：宝宝的一双小眼睛，时刻在观察自己身边的人和物。家长自尊、自立、自强，宝宝就会发自内心地佩服你，愿意听你的话，服从你的安排。家长如果整日无所事事，还沾染了一身不良习气，宝宝就会打心眼里看不起你。

穿给妈妈看

5月9日

夏天就要到了，老师让小朋友们带睡衣睡裤去幼儿园，午睡时穿。我想：未必买睡衣睡裤，只买一条睡裙就可以了，幼儿园午睡时间短，睡裙脱穿方便。今天上午，我们去商场给晶晶买睡裙，几乎看遍了所有柜台，也没找到一条满意的。正准备转战其他商场时，我忽然在"老拉宝弗"柜台前的一个角落里，发现了一条纯棉睡裙，质地柔软、花色漂亮、款式可爱，而且卖半价，仅 39 元，于是欣然买下。

晚上睡觉前，我帮晶晶试穿新睡裙。见大小正合适，我很开心："我太喜欢这件衣服了，晶晶穿上这件衣服，我更喜欢你了！"不料，晶晶紧跟着说道："那我就在家里穿吧。"我惊问："为什么呀？"晶晶答："因为妈妈喜欢。"我说："好啊！我一看见这件衣服就高兴。"晶晶走到衣柜前，抓起去年买的一件T恤说："这件衣服我也喜欢。因为是妈妈买的。"我心喜："谢谢晶晶！"晶晶抓着T恤征求我的意见："要不拿这件去幼儿园吧。"我刚想表示同意，转而一想，新睡裙是专为晶晶在幼儿园午睡买的，带走比较好，于是说："还是拿这件去幼儿园吧。"晶晶不同意。我问原因。晶晶说："因为我要在家里穿给妈妈看。"我心里一阵感动："晶晶真懂事！"

早教名言：给孩子一点儿爱，他将回报你许多的爱。——罗斯金

疑似"手足口"

5月13日

下午4点刚过，我突然接到幼儿园李大夫打来的电话，说晶晶嘴里、手上、脚上起了好多包，她带着晶晶去医院检查了一下，大夫说疑似"手足口"，要我带她回家。我一听，简直要崩溃了！天哪，还有三周我就要参加全国英语统考了，4月份，因有小朋友得了手足口，晶晶所在的小二班被封，停课两周，再加上晶晶因午睡问题不愿去幼儿园，一个月的大部分时间都呆在家里，寸步不离地缠着我，让我什么也干不了；5月份刚开始，就是3天假期，本周一、二、三晶晶爸又出差，说是今天回来，但现在还没到家，而晶晶又得了手足口，我该怎么办？我快要疯了！

育儿心得：宝宝小的时候，妈妈除了要工作、做家务，还要照顾宝宝，非常辛苦。对于这一点，做爸爸的应充分理解，并尽可能地多为家庭做一些事情，为妈妈分忧，否则，家庭矛盾就会升级。许多婚姻的破裂，都是在宝宝小的时候发生的。

"手足口"病情发展状况

5月18日

5月13日接到幼儿园电话时，晶晶手上已经出现了很多包。当晚去儿童医院看病、开药。我问大夫"几天能好？"大夫说："快的四五天。不过，即使包没了，也得休息两周才行。"5月14日晨，我给晶晶穿衣服时，发现她的屁股上也冒出了许多包，我又心疼又担心，不忍再看。5月15日，由于药物起了作用，晶晶的病情好像没再发展。5月16日，她身上的包好像少了一些。5月17日，她身上的包明显少了很多，手上的包大部分都没有了。

护理保健："手足口"这种病不是非常可怕，但病情发展非常迅速。如果你的宝宝得了手足口，你不必过于紧张，只要及时带他去医院看病，按时给宝宝吃药，并按照医生的嘱咐做好护理工作，一般不会出现大问题。

回到妈妈的肚子里

5月18日

晚上关灯睡觉后，晶晶躺在黑暗中问我："妈妈，我想让你变老变死。"我大为恼火："为什么！"晶晶不答，重复了一遍刚才的话："我想让你变老变死。"我气得不想再理她，转过身子，把后背给了她。晶晶又问："妈妈，有没有变老变死的药？"我没好气地说："没有！你问这个干嘛？"晶晶却不生气，仍用一种很平和的语气说："因为我想变成小宝宝回到妈妈的肚子里。我都不记得里面

什么样了。"我好像有些明白了："哦，你是想问有没有让人变小的药对吗？"晶晶斩钉截铁地说："对！"

育儿心得：4岁的宝宝所提问题的范围更广了，开始涉及太阳、天空、世界的起源以及生与死等方面，如果你感觉不能回答，特别是不容易用孩子能够理解的简单语言来回答，可以去查儿童书籍，最好不要虚构答案。

谁过来

5月19日

早饭后，我让晶晶吃药。她提条件："你让我看电视我才吃药呢！"我别无选择，只好答应了。电视打开后，我冲药、冷药、喂药。晶晶为延长看电视时间，故意磨蹭着吃。等四五种药全下肚，已经过去半个多小时了。

吃完药，晶晶还不肯关电视。我不想强迫她，便独自走到卧室，希望她能像小尾巴一样，跟着我过来。可她呢，不仅没跟过来，对我的离开，连看都不看一眼。我没了办法，坐在卧室的床上冲着客厅高喊："谁过来呀？"小人儿"没听见"。等了一会儿，见她没反应，我又喊："哪个小朋友过来呀？"人家还是"没听见"。怎么办呢？我无意中往床上瞥了一眼，看到了收拾得整整齐齐的"小熊换衣"玩具，突然眉头一皱，计上心来，再次对着客厅高喊："哪个小朋友过来呀？我要表扬一个小朋友！"话音刚落，就听"咣当"一响，小人儿从椅子上滑下来，"呱呱"地朝我这边跑了过来……

育儿心得：宝宝对你所说的话没有反应，可能不是因为他没听见，而是因为他正被其他事情所吸引，对你的谈话内容不感兴趣，根本不想回答。假如你能够找到一个他喜欢的话题，他的注意力很可能马上就会转移到你身上。不过，如果宝宝正在聚精会神地做一件有益的事，你最好不要去打扰他，否则会影响他思维的连续性，让他感觉不爽。

累死个人的小晶晶

5月20日

午饭后，我收拾桌子，爸爸提出带晶晶去卧室睡觉。我一看太阳从西边出来了，心中暗想：要是晶晶能睡着就好了，我就可以稍微轻松一会儿了。大约一个小时后，卧室的门开了，走出来一个人，不是爸爸，而是晶晶！我大为吃惊。晶晶"嘻嘻"地对我笑道："我把爸爸哄睡了！"我无奈地笑了笑，就去厨房给她削苹果吃。

快到2点了，晶晶爸伸着舒服的懒腰、对着镜子梳了两下日渐稀疏的头发，抬脚上班去了。晶晶吃完苹果，还想继续看电视。为让她开心地离开电视，我提出背她回卧室。小姑娘欣然同意。背起这个沉甸甸的小人儿，我感觉浑身疲惫，

猛然想起宋祖英《兵哥哥》中的第一句："想死个人的兵哥哥"，于是一边走一边唱："累死个人的小晶晶！"来到床前，我背过身去，身子往后一仰，像卸货一样，"嗯"的一下把小人儿"卸"在了床上。随后，自己也瘫倒在上面。我想让晶晶安慰一下，便说道："谁来亲亲我呀？"小姑娘冷酷地说："我才不亲呢！哼！""哼"完，她也对我唱起来："累死个人的小妈妈！"我听了一笑：学的还挺快！编的也够"好"。不久，她又像我一样唱道："累死个人的小晶晶！"唱完，问我："为什么叫'累死个人的小晶晶'呢？"

教育名言：假若孩子在实际生活中确认，他的任性要求都能满足，他的不听话并未遭致任何不愉快的后果，那么就渐渐习惯于顽皮、任性、捣乱、不听话，之后就慢慢认为这是理所当然的。——苏霍姆林斯基

有孔雀奶吗

5月20日

上午去超市采购时，给晶晶买了一盒纯牛奶。回家路上，晶晶一边喝牛奶，一边问："牛奶是什么？"我回答说："牛奶就是牛的奶。"晶晶问："有羊奶吗？"我答：有羊奶。"晶晶又问："有鸭奶吗？"我一笑："没有。""有孔雀奶吗？""没有。""有人奶吗？"……

早教点滴：想象力越丰富，孩子解决问题的能力就越强。从小培养孩子的发散性思维，当他遇到困难时，或许就能够想出具有创造性的解决方案。

大哥，大姐

5月22日

晚上，晶晶躺好，准备睡觉了，忽又坐起来，说要"尿尿"。爸爸让她去卫生间小便。晶晶看了一眼床下的便盆，不满地问："为什么让我在这里尿，不让我在那里尿啊？"爸爸没有言语。

来到卫生间，晶晶坐在坐便器上，又问同样的问题。问完之后，突然语气一转，笑道："大哥，为什么？"我大笑："晶晶好幽默呀！"小姑娘很是得意，转身对我笑道："大姐！"

育儿心得：宝宝跟自己开玩笑时，家长不要太严肃，不要端起家长的架子把宝宝训一通。宝宝喜欢朋友似的、与自己平等的家长，不喜欢居高临下的家长。

靴子是幺幺几的

5月26日

从外面回到家，晶晶跑到阳台上，翻出大姨给她买的黄皮靴，要我帮她穿

上。靴子是棉的。我担心太热，帮她穿上之后，又想让她脱下来。小姑娘只要风度不顾温度，对着靴子左看右看，就是不脱，还扬言要穿着靴子看书。我懒得和她争，就随她去了。

晶晶穿着棉靴看了一会儿书，突然抬起头来问："妈妈，这是幺幺几的？"我不解其意，疑惑地看着她。晶晶又问："妈妈，靴子是幺幺几的？"我猛然想起：早晨给晶晶穿新买的裙子时，我随口说了一句："是幺幺零（110）的。"看来晶晶记住了，并且还"举一反三"，以为靴子也是这种编码呢，真逗！

智力发育：4～5岁宝宝的观察能力由只注意表面的、明显的事物轮廓，开始向注意事物较隐蔽的、细微的特征过渡。此时，妈妈应注意培养宝宝观察两个事物之间的关系。

我要一个白翅膀飞

 5 月 26 日

晚上关灯后，晶晶问我："小鸟是早晨睡觉、是中午睡觉还是晚上睡觉啊？"我老老实实地回答说"不知道"。晶晶又问："小鸟睡觉吗？"我说："应该睡吧。"晶晶不同意我的看法："它不睡觉。"我惊问原因。小姑娘理直气壮地送给我三个字："不知道！"

过了一会儿，晶晶满怀憧憬地说："我想像小鸟一样，能走、能跳也能飞。"我接道："你现在就会走也会跳了。"晶晶表示遗憾："我现在只剩下一个了，不会飞了。"我问："你想怎么飞呀？"晶晶说："我要一个白翅膀飞。"我问："坐飞机行吗？""不行。""为什么？""因为坐飞机飞不好。坐飞机飞不能哪儿都看看。""坐热气球飞行吗？""不行。"我又问"为什么"。晶晶突然生气了，冲我怒吼："没有那么多'为什么'！"听着这句话，我心情很复杂：在幼儿园，因晶晶老爱问"为什么"，有一次把老师问烦了，就抢白她说："没有那么多'为什么'！"这句话被晶晶深深印在了脑子里，后来经常这样对我说。

育儿心得：幼儿园老师面对的宝宝多，不可能、也没有时间对每一个宝宝没完没了的提问都耐心回答。如果宝宝提问的愿望在幼儿园不能得到满足，回到家里，妈妈就应该尽量多抽出时间来陪宝宝，对他的提问尽可能地给予满足。

试用新词

 5 月 28 日

早晨，晶晶跟我去食堂吃早点，照例要了一个茶鸡蛋。剥开蛋壳，见有一小块儿蛋清被酱油泡得黑乎乎的，小姑娘瞪着一双好奇的眼睛问："妈妈，这里怎

么黑咕隆咚的？"

晚饭后，听到水开的声音，我说了一声"水开了"，便急忙去灌水。晶晶问爸爸："为什么是'水开了'，不是'开水了'？"爸爸答道："这俩一个是动词，一个是名词。"晶晶惊呼："哦，好感动！"我心里笑道：这有什么"感动"的？她是想试用一下这个新学的词吧？

育儿心得：宝宝喜欢卖弄新学的词，不是坏事。这是宝宝学以致用的过程，应得到家长的鼓励。如果宝宝用得不正确，家长不要嘲笑他，可以帮他纠正错误，也可以什么都不说，仅抱以宽容的一笑。等宝宝对这个词接触多了，新词变成了旧词，他也就慢慢掌握它的意义和用法了。

爸爸怎么是天生的

5月28日

晚睡前，我给晶晶洗完澡，哄她上床。然后关灯，和她随意地聊着。聊到因为我老干活，特别累时，晶晶问："爸爸为什么不干活呀？"我半开玩笑地说："因为你爸爸懒呗！"晶晶又问："爸爸为什么懒？"我随口答道："哦，是天生的。"晶晶惊问："爸爸怎么是天生的？"

早教点滴：培养宝宝独立思考的习惯。当宝宝发现问题、向妈妈提问时，妈妈可以不急着告诉他答案，先让他自己想一想，然后再和妈妈沟通，或者和妈妈一起查书或资料寻找答案。这样能培养宝宝独立思考的习惯，同时也教给了宝宝一种寻找答案的方法。

面食、菜食

5月29日

中午，我给晶晶做了她爱吃的面条和炒四丁。饭做好后，我舀了一小碗面条放到她面前，晶晶推开小碗说："我不吃面食！"我有些不解，忙问"为什么"，心想：莫非她也要减肥？晶晶没有理会我的问题，拉过装菜的小碗，高声说道："我吃菜食！"哈哈，这个小人儿，不是不想吃面条，而是因自造了"菜食"一词，忙着卖弄呢！

育儿心得：如果你的宝宝喜欢自造并不存在的新词，那就让他造吧，这对发展其创造力和想象力都大有帮助。妈妈千万不要因为他造的词完全不合规范，对其行为进行打压啊！

妈妈小时候也是女的吗

5月29日

早晨醒来，晶晶命令我："妈妈起床！"我浑身酸痛，躺着不想动："再休息

一会儿吧。妈妈有点累了。"晶晶不同意，过来揪我头发："不行！妈妈起床！"我生气地问："为什么让妈妈起床？"小姑娘一下变得温柔起来："因为妈妈好。"我将她一军："那我不当好妈妈了，当坏妈妈。"晶晶恼了："不行！妈妈没有坏的！"我微微一笑。小姑娘的语气又缓和下来，自言自语地说："妈妈的妈妈也是妈妈。"我点头说"对"。晶晶突然问道："妈妈小时候也是女的吗？"

早教点滴：宝宝有时喜欢命令家长、对家长指手画脚。此时，家长要耐心地指出他这样做的不当之处，让他明白：只有好好对别人说话，别人才会按照他说的去做。鼓励他在讲话时用"请"、"麻烦你"之类的文明用语。

瘦胖墩

6月9日

早晨起床后，我感觉似乎瘦了一点儿，便去称体重。见地秤上指针的位置和以前差不多，不免有些失望。想到夏天来了，瘦一点穿上裙子才漂亮，便不由自主地说道："我该减肥了，变得瘦瘦的。"晶晶接上我的话说："再减瘦、再减瘦、再减瘦不就成了瘦胖墩儿了嘛！"我哈哈大笑。小姑娘意识到自己说得不对，忙改口："不就成了瘦树墩儿了嘛！"我听了又笑。晶晶再改口："成了瘦墩儿了！"

营养饮食：防止儿童肥胖要做到"四要四不要"：要均衡饮食，不要偏食；要少量多餐，不要暴饮暴食；要多喝水和纯果汁，少喝可乐、雪碧等碳酸饮料；要多运动，少看电视。

西瓜子晒成葵花子

6月13日

昨天下午2点，我爸爸——晶晶姥爷从山东来到了北京。今天午饭后，我们大家一起吃西瓜。晶晶爸指着吐出的小西瓜子说："我们小时候吃的这个都是大的。吃完西瓜之后，就拿瓜子到太阳底下晒一晒。"晶晶从未吃过西瓜子，只吃过葵花子，听完爸爸的话，瞪起一双求知的大眼睛问："晒了之后是不是就变成葵花子了？"姥爷听了捧腹大笑，逗晶晶说："那小朋友到太阳底下晒一晒，是不是就变成小狗了？"

早教名言：懂得如何启发，是教人的一大艺术。——阿米尔

姥爷，老爷子

6月某日

晶晶午睡后，来到客厅，坐在床上玩。姥爷坐在她旁边的椅子上喝茶。晶晶

玩着玩着，突然抬起头，低低地喊了声："姥爷！"姥爷扭头看看她，笑了笑，转过身去继续喝茶。晶晶独自玩了一会儿，又不甘寂寞了，冲姥爷喊道："老爷子！"我大笑："姥爷"怎么变成"老爷子"了？这两个词虽然听上去差不多，但意思可是大相径庭啊！多了一个"子"音，这辈分就降了一级呀！

早教点滴：帮助宝宝建立快乐的人际互动。4~5岁的宝宝已经不仅仅属于家庭，他也有了一定的社会关系，如：和幼儿园老师之间的师生关系、和小朋友之间的伙伴关系。所以，家长不但要注意与宝宝间的亲子感情，同时也要关心宝宝在幼儿园或在同伴面前的表现。

要是贵的话就不用给我买了

6月18日

晶晶爸将乘晚上7点10分的火车去延安。为避免迟到，他下午很早就离开了家。晚上，晶晶说想爸爸了，要给爸爸打电话。电话拨通了，爸爸问晶晶想要什么东西，爸爸给她买回来。晶晶答曰"小贴画"。我心想：好简单的要求！说完小贴画，晶晶又补充了一句："要是贵的话就不用给我买了！"好懂事的宝宝，听着让人心疼！

早教点滴：让宝宝养成节俭的习惯，最关键的是家长要起到表率作用。比如：在家里，水不用了，要立刻关好水龙头；离开房间的时候，要随手关灯。如果家长不能以身作则，花钱大手大脚，再好的说教也是徒劳。

夏天最热最热最热最热……的时候

6月20日

早晨醒来，晶晶和我坐在床上，商量着今天要去哪里玩。她想去玉渊潭公园，因为那儿有游乐场。我反对："太热了，不能去。"一听说"热"，晶晶马上问："我现在可以吃雪糕了吗？"我担心她今天就要，便施了一个缓兵之计："等到夏天最热的时候，可以吃。"晶晶一下兴奋起来，野心勃勃地说："夏天最热最热最热最热……的时候，我就吃20个雪糕！"

早教点滴：4岁的宝宝喜欢讲"最"的事物。此时，你可以和他一起探讨关于"最"的问题，比如：什么最甜、什么最苦；哪个季节最热，哪个季节最冷。另外，你还可以用地图或地球仪，和宝宝一起寻找哪个国家面积最大、哪条河流最长、哪座山最高等。

那还不赶紧记下来

6月20日

清晨，我称体重，见轻了两斤，很高兴，对晶晶笑道："耶！我瘦了。"晶晶

不但没有笑，反而皱起眉头说："那就赶快吃肉吧。"我说："不行，吃了肉又胖了。"晶晶听了，用很有节奏的语气说："你吃的肉特别多、特别多、特别特别特别多！"我一笑。晶晶问："我说的话好玩吗？"我笑道："好玩极了！"晶晶催我："那还不赶紧记下来！"

育儿心得：宝宝成长过程中的很多快乐往事，都会随着时间一起流逝。要想留住它们，最好的办法就是拿笔记录下来。今天的点滴记录，都将会成为你和宝宝之间美好的回忆。

爸爸的爸爸

6月20日

吃早饭时，晶晶问我："爸爸的爸爸不是也有吗？怎么成姥爷了？"我解释说："姥爷是妈妈的爸爸。"晶晶不明白："为什么爸爸也喊（姥爷）爸爸呀？"我张口笑道："因为爸爸和妈妈成一家人了，所以他就和妈妈喊的一样了。"晶晶马上发现了我的答案不严密，反问道："那我怎么不喊姥爷'爸爸'呀？"我一下被问倒了，心想：小姑娘学会动脑筋了！看来，我以后再回答她的问题时，也需要过一下大脑，不能张口就来了。

早教点滴：4岁的宝宝，已经从一个被动接受的婴幼儿，成长为一个会思考、会反驳的学龄前儿童了。此时，家长的教养策略也应做相应的改变，不能再像对待小宝宝那样来对待他了。

我想要小鸟窝

6月20日

关了灯，该睡觉了。黑暗中传来晶晶的声音："妈妈，我不想要家了。"我怀疑自己听错了，问道："什么？姜？"晶晶重重地说道："不是！是'家'！"我很吃惊，忙问为什么。晶晶答："因为咱们家不漂亮。"我心里开始嘀咕：是不是因为我最近太忙，好久没有精心布置一下家了？她对这个家感到厌倦了？于是问她："那你想要什么呀？"晶晶说："我想要小鸟窝。"听了这话，我心中的疑团解开了：刚才给她讲的故事——《小鸟朋友》里提到，灰姑娘为小鸟搭了一个漂亮的鸟窝。看来是晶晶心生羡慕，也想住"小鸟窝"了。可是，她却不想想，小小的鸟窝，能住得下大大的她吗？

育儿心得：宝宝偶尔会喜欢上别人的家、对自己的家表示厌倦，主要是因为久在自己家里呆着，没有新鲜感了。当宝宝产生这种心理时，妈妈可以先对他的感受表示认同，然后试着让自己家的生活多一点变化，也可以带宝宝去亲戚家小住几天，让他换换环境。

我当你的女朋友吧

晚饭后，我带晶晶去操场散步，遇到5岁的早早一家。早早妈指着自己头上戴的花，笑呵呵地自嘲道："戴上它就像个媒婆。"早早问妈妈："什么是媒婆呀？"妈妈笑道："媒婆就是给别人介绍对象的。"我逗早早："等早早长大了，也让媒婆给你介绍个女朋友。"早早低头不语。晶晶对他笑道："我当你的女朋友吧？"我和早早妈相视而笑：瞧这00后，人家根本不需要媒婆，毛遂自荐了！

育儿心得：带宝宝外出散步，是一段很独特的亲子时光。此时，宝宝更能感受到爸爸妈妈的关爱、世界的美好以及生命的乐趣。这一切都会成为他童年美好的回忆。

肚子里的小蛔虫

昨天早晨，晶晶睁开眼就说："今天我不想上幼儿园。"说完就赖床不起。我想哄她起床，就说："你起来后，我告诉你一件好事。"晶晶冷冷地回应道："我不想让爸爸今天回来。"我大吃一惊：这小人儿，居然猜到我想说的话了！

昨天晚上，晶晶爸回到了家。今天晚上，他带晶晶去参加同事陈鹏的送行宴。宴罢归来，想跟我说一件事，但"那个那个那个"了好半天，也没"那个"出所以然来。晶晶不耐烦了，给爸爸提示："陈鹏！"爸爸猛然醒悟，大笑着问晶晶："你怎么知道我想说'陈鹏'啊？"联想到昨天发生的事情，我也大笑：这个小人儿简直成了我和她爸爸肚子里的小蛔虫了！

育儿心得：宝宝的话，大人经常懒得去听；大人的话，宝宝可是支着耳朵仔细听着呢。即便他们没有回应，也不能证明他们没有听进去；如果有回应，他们的回应很可能会让我们大吃一惊。

要是大象站上去……

晨起，我准备去称体重。晶晶看见了，"噔噔"跑过来，抢先一步踩到了地秤上。站稳后，看着表盘上的指针说："38斤。"（称有些偏重）接下来，我开始称体重。完后，我看着指针笑道："耶！我轻了！"晶晶手指还在左右摆动的指针，问我："要是大象站上去，针就会一圈圈地转对吗？"

早教点滴：在教育宝宝时，妈妈要注意教育环境。在宝宝就有关事宜向自己提问的时候，或者宝宝与自己关系十分融洽的时候，对他进行教育，效果最佳。

隔壁的"格格"

我们隔壁西邻家有一个小姑娘，名叫格格，1 岁半了，刚学会说话。每次从我家门口经过，我们都能听到她那可爱的叽叽喳喳声。最近，晶晶对小格格产生了极大的兴趣，一天几次三番地要往她家跑。我担心给邻居家添乱，很少放她过去。晶晶身在我家，心在隔壁。今天吃饭时，忽然指着西墙问："她是不是因为住在我们隔壁，所以才叫'隔隔（格格）'呀？"

早教点滴： 有些孩子喜欢比自己小的宝宝。在小宝宝面前，他会觉得自己是大哥哥或者大姐姐了，很愿意帮助、照顾小弟弟或小妹妹。这对培养宝宝乐于助人的品质很有帮助。

月牙儿

下午，我带晶晶离开幼儿园后，去操场玩，一直玩到天黑，才往家走。在路上，我见月亮出来了，是个月牙儿，便指给晶晶看："你看，月牙儿！"晶晶抬头望了一眼月牙儿，说："我要到月亮上去。"我笑着逗她："月亮胖的时候，你到上面去还挺舒服；要是它变成月牙了，你还在上面，不把你挤扁了？"晶晶听了，很严肃地反驳我说："不会的。月亮没有变小，是给挡住了。"我大笑："这种事你也知道了，看来骗不了你了！"

育儿心课： 家长用夸张的、拟人的、充满童真童趣和想象力的话语和宝宝交流，更能赢得他的认同和喜爱。

我能跳 100 个

晶晶以前不会跳绳，我带着她一起跳，她最多也只能跳一个。今天下午在操场，她好像突然开了窍，由我带着一起跳绳的时候，先是跳一个、两个，后来有一次居然连续跳了九个。旁边的妮妮妈妈见了，不由得惊呼道："晶晶会跳绳了！"小姑娘骄傲地仰起头，对妮妮妈妈吹嘘道："我能跳 100 个！"

早教点滴： 成功可以提高自信。对于自信心不足的宝宝，家长应调动一切方法，积极为孩子创造条件，增加他的成功体验，让他在成功中找到自信。

第八章

"爱" 就是 "抱抱"

4岁3~4个月

是谁把蛋羹洒在凉席上

词：张秀丽
曲：《天竺少女》曲

亲

子

歌

噢……沙里瓦，噢……沙里瓦，

噢……嗬!……噢…嗬!…噢…嗬!…

是谁把蛋羹洒在凉席上

是那淘气的宝宝 宝宝

是那调皮的宝宝

是那可爱的宝宝

是那爱动的宝宝 宝宝

是她把蛋羹洒在凉席上 凉席上

我要把它把它擦干净 擦干净

噢……沙噢沙噢沙里瓦沙里瓦

噢……沙噢沙噢沙里瓦沙里瓦 噢……嗬

小狗和小孩的PK

7月3日

　　放学后，走在回家的路上，晶晶问我："妈妈，你为什么不养个小狗养小孩儿呢？"见她的问题有趣，我笑道："因为小狗不会喊'妈妈'，不会跟我说话；小孩儿会喊'妈妈'，会跟我说话呀！"晶晶露出胜利者的笑容："小狗还不会给你唱歌！"我一笑："对！"晶晶也笑："小狗还不会给你跳舞！"我又笑："对！"晶晶越说越起劲儿："小狗还不会给你……"我大笑："是啊！晶晶比小狗强多了！"

　　成长解读：从4岁左右开始，宝宝就会产生嫉妒心。他们希望从父母那儿得到更多的爱，希望父母把全部的注意力都放在他一个人身上。

三、泡

7月3日

　　晶晶手举一张购物小票向我炫耀："妈妈，我认识'三'和'泡'了！"我很惊喜，问："哪儿有'三'和'泡'啊？"晶晶指着购物小票背面"三包服务"中的"三"和"包"两个字，一一念道："三、泡！"

　　早教点滴：4岁以后是儿童的"识字敏感期"。此时，宝宝对识字表现出浓厚的兴趣，其记忆力、理解力都被唤醒和激活。妈妈抓住这一时机，有意识地教宝宝识字，往往能收到事半功倍的效果。

是谁把蛋羹洒在凉席上

7月4日

　　早饭时，晶晶口含蛋羹坐在床上玩。一不小心，一点儿蛋羹屑脱口而出，洒在了凉席上；再不小心，又一点儿蛋羹屑脱口而出，洒在了我的衣服上。我忍不住大声训斥了她几句。晶晶开始抹眼泪。一看她这样，我马上心疼起来，也后悔起来：这事也怪我，不该答应她坐在床上吃东西，否则就不会发生这种事了。再说，即便事情发生了，我也不该那样严厉，又不是什么大事。想着想着，我脑中忽然响起了《天竺少女》的歌声。为哄晶晶开心，我一边为这首曲子填新词，一边对她唱道："是谁把蛋羹洒在凉席上？是那淘气的晶晶晶晶！"晶晶听了，立马破涕为笑。见歌曲起作用了，我很高兴，继续边填词边唱：

　　"是那调皮的晶晶

　　是那可爱的晶晶

　　是那爱动的晶晶　晶晶

　　是她把蛋羹洒在凉席上　凉席上

我要把它把它擦干净擦干净

噢……沙噢沙噢沙里瓦沙里瓦

噢……沙噢沙噢沙里瓦沙里瓦 噢……嗬"

一首歌唱完，小姑娘脸上的泪珠早已蒸发，重新阳光灿烂了。

育儿心得：不要动辄大声呵斥宝宝。宝宝是有自尊心的，当他不小心犯了错误时，心里会很难过，甚至充满恐惧，很担心被妈妈批评。如果妈妈不顾宝宝的感受，一味地严厉批评，会使他更难过。况且，宝宝所犯的错误，有些是妈妈造成的。

"预报"是什么"报"

晨醒后，晶晶光着小粗腿跑到客厅，抓起一张报纸返回卧室："妈妈，你帮我撕开，我要叠小船。"我不知道这张报纸是否还有用，便说："我看看这是什么报纸。"晶晶把报纸递给我，很自信地答道："《预报》。"我大笑：这个小人儿，把"天气预报"当成报纸了吧？想到这里，我故意问她："'《预报》'是什么'报'？"小姑娘见未能蒙混过关，害羞地缩起脖子，小声笑道："我不知道。"

智力开发：学折纸。宝宝学习折纸，需要用眼睛看、用大脑思考、记忆折叠的过程；在折的时候，宝宝需要亲自动手，其间遇到了问题，还要仔细去想刚才别人是怎么做的。这样就使宝宝开动了脑筋、活跃了思维，从而锻炼了手、眼、脑的综合协调能力。

吃爸爸

爸爸不让晶晶看电视，自己却躲在客厅里偷偷地看。小姑娘闻声把他喊进卧室，责问道："爸爸在干什么？"爸爸微笑着撒谎说："爸爸正准备做饭。"小姑娘对我笑道："爸爸是饭，咱们吃他吧？"我一笑："好啊，我吃猪腿。"小姑娘笑道："我吃羊肉串！"

育儿心得：若想让宝宝少看电视，家长一定要以身作则，尽量少看甚至不看电视。假如自己整天泡在电视机前，却限制宝宝看电视，那么，电视对宝宝的诱惑会更大。

爸爸同意了

随着晶晶越长越高，她的自行车显得越来越小了。今天上午去商场，我们给她买了辆大一号的自行车。交款后，爸爸看着师傅组装自行车，晶晶拉我来到不

远处的儿童乐园旁边，强烈要求进去玩。想到她上次得"手足口"，很可能就是在一家商场的"儿童乐园"里被传染上的，因此我坚决不答应。晶晶开始哭闹。我不想引人围观，就施了一个调虎离山之计："你去问问爸爸同意不同意。爸爸若同意，我就同意。"晶晶痛快地答应了，立刻去找爸爸。我知道晶晶爸是不会同意的，于是就安心地站在原地等着。

过了不久，小姑娘耷拉着脑袋、无精打采地回来了。在我面前停下后，小声说道："爸爸同意了。"我知道她在撒谎，便吓唬她说："我不信，我去问问爸爸。"见谎言即将被戳穿，晶晶又开始哭闹。情急之下，我忽然想起幼儿园老师的叮嘱，便对她说："老师不是说过了吗？现在不能去人多的地方，以免得手足口。"听到"老师说了"，晶晶的哭声慢慢低下来。几分钟之后，乖乖跟我们回家了。

早教点滴：很多时候，孩子撒谎是因为恐惧。面对一个犯了错误的孩子，妈妈的处理方式非常重要。孩子主动承认错误时，妈妈如果能够谅解他的错误，表扬他认错的勇气，孩子可能就会变得诚实；如果妈妈只是给予严厉的批评和惩罚，孩子由于心存恐惧，可能就会变得喜欢撒谎。

"爱"就是"抱抱"

7月6日

晚上，关灯开空调睡觉。一阵冷气袭来，我感觉很舒服，搂着晶晶说："妈妈爱晶晶。"晶晶幸福地回应道："晶晶爱妈妈。"我笑问："什么是爱呀？"晶晶张口答道："'爱'就是'抱抱'。"我又惊又喜：她回答得太好了！见我没说话，晶晶有些不自信地问我"对吗"？我非常肯定地回答说："对！"

育儿心课：对孩子而言，"爱"太抽象，而"抱抱"却很具体。他们尽管不会说，但心里却很明白：只有爱他的人才会喜欢抱他，常常抱他也就说明爱他。爸爸妈妈们，不要怕累，不要嫌烦，请伸出双臂，多抱抱自己的孩子吧，这是他们最需要的礼物。

叠妈妈

7月7日

晚睡前，晶晶问我："妈妈，你知道我最喜欢叠什么吗？"想到她最近老用纸叠小船，心想答案一定是小船。但为了哄她开心，我故意乱说："叠小青蛙？"晶晶笑道："不对。""叠小福娃？""不对。""叠小老鼠？""不对。"……"那你最喜欢叠什么呢？"我自言自语着，假装"猜"得很费劲，最后"猛然醒悟"："叠小船！"晶晶开怀大笑："对了！"

晶晶又问我："你知道我还喜欢叠什么？"这一回，我是真不知道了。晶晶

112

告诉我答案："叠妈妈。"我惊问原因。晶晶笑道："我还喜欢叠妈妈。等你这个妈妈去世了，我就让那个妈妈陪我。"听到这话，我有些难过："妈妈要是去世了，你就再也见不到妈妈了。我不去世，我还要陪晶晶呢。"晶晶说："如果你去世了，我也去世。"见这话题太不吉利了，我赶紧制止："不好。咱俩都不去世。都好好地活着。活着多好啊，有那么多好看的花儿，有那么多好吃的东西，还有那么多好玩的玩具……"

早教点滴：及时排除宝宝心中的负面情绪。在日常生活中，妈妈要多留意宝宝的情绪变化，如果发现他有负面情绪，应及时和他交流，尽早化解他的负面情绪。

给妈妈出的选择题

7月8日

晚饭后，我带着晶晶去超市买瓜子。她要买冰激凌。我不同意："吃了肚子疼怎么办？"晶晶说："不会的。"我仍说"不行"。晶晶环顾了一下四周的零食，改了说法："要不买冰激凌和糖，你选一个吧？"一听说"糖"，我更不乐意了："都不行。"姑娘小眼睛一转，又定格在了薯片上："要不买薯片！哦，冰激凌、糖、薯片，你选一个吧？"我心里笑道："她可真会选！专拣我平时不让她吃的买。"晶晶见我不说话，估计我有些动摇了，于是重复了一遍刚才的选择题："冰激凌、糖、薯片，你选一个吧？"

营养饮食：家长给宝宝选择食品时，要注意营养均衡，尽量少选垃圾食品。世界卫生组织公布的十大垃圾食品包括：油炸类食品、腌制类食品、肉类加工食品（肉干、肉松、香肠等）、饼干类食品（不含低温烘烤和全麦饼干）、汽水可乐类饮料、方便类食品（主要指方便面和膨化食品）、罐头类食品（包括鱼肉类和水果类）、话梅蜜饯类食品（果脯）、冷冻甜品类食品（冰激凌、冰棒、雪糕等）、烧烤类食品。

要不咱们这样吧

7月15日

我带着跳绳去幼儿园接晶晶，出来后和小朋友们一起玩。瑶瑶想和我摇大绳，让其他小朋友跳。晶晶看见了，"呱呱"地跑过来，抢瑶瑶手里的跳绳，也想和我摇。瑶瑶不给，两人争执起来。争了一会儿，晶晶突然语气缓和下来，跟瑶瑶商量说："要不咱们这样吧！我先跟我妈妈摇一会儿，你再跟我妈妈摇，行吗？"瑶瑶一听这话，马上答应了。我赞许地望着晶晶，心想：学会和小朋友商量着解决问题了。小姑娘又有进步了！

有一段时间了，晶晶常用"要不咱们这样吧"这样一种话语解决问题。记得不久前的一天，放学后，晶晶和嘉嘉一起往家走。我包里有两个奶片，就给了晶晶一个。晶晶一把塞进了嘴里。我拿出另外一个奶片给嘉嘉，嘉嘉正要接，不料佩佩忽然从后面冒了出来，也要吃奶片。嘉嘉不高兴了。于是，两个小人儿围绕着一个小小的奶片展开了你死我活的争夺战。我正左右为难，忽见晶晶走过来说："要不咱们这样吧，你们俩一人吃一半。"说着，就要自己动手掰奶片。奶片太硬，晶晶掰不动，我就帮忙掰开了。佩佩和嘉嘉各自拿着分到的半片奶片，开心地嚼了起来。

早教点滴：培养孩子的合作精神。日常生活中，家长要教育孩子：当遇到问题时，要与同伴共同商量、友好合作、互相配合，不能以自我为中心。同时，家长还要主动为孩子创造与小伙伴合作的机会，让他在实践中学会合作。

男孩，女孩

7月19日

该睡午觉了，晶晶不肯躺下，在床上跑来跑去。爸爸不高兴了，伸出大长胳膊左拦右挡，最后终于将她捕获了。晶晶用力挣脱，挣脱不掉又抬起脚来踹爸爸。爸爸笑道："你再踹我就打你。"晶晶赶紧寻找同盟，向我讨好道："女孩可以打男孩，男孩不可以打女孩，对吧？"我乍听，大笑："对！耶！"和晶晶击掌庆贺。庆贺完，又感觉这样教育宝宝不对，便改口说："小孩不可以打大人，大人可以批评小孩！"

爸爸眯着眼睛，躺在床上假寐。我怂恿晶晶："你咯吱他去。"晶晶担心激怒爸爸，又想和他闹着玩，于是在他腋下轻轻挠了一下。之后，怕遭爸爸报复，忙为自己的行为开脱，对我笑道："女孩可以咯吱男孩，男孩不可以咯吱女孩，对吧？"我大笑："对！耶！"母女俩再次击掌。爸爸猛地"醒"了，"腾"地坐起来，也不管什么"男孩"、"女孩"了，把魔爪朝小人儿伸过去……

早教名言：儿童对活动的需要几乎比对食物的需要更为强烈。——蒙台梭利

举牌

7月21日

前几天，我打电话和北戴河的一家家庭旅馆联系好，7月21日将带晶晶入住。晶晶从未见过真正的大海，听说要去海边度假了，非常激动，今晨5点半，没用我喊，自己就醒了。醒来之后，也没用我催，主动起床、穿衣、吃饭。7点26分，我俩乘火车从北京站出发，9点26分，到达了北戴河火车站。

走出火车站大厅，我们看到许多前来接站的人，手举上书客人姓名的大牌子，焦急地寻找着。旅馆的工作人员说，也会有人在车站接我们。可我找了半天，也没找到接站者。于是，就按照旅馆提供的第二套方案，坐上车站附近的"大金龙"专线客车，来到旅馆附近准备下车。车门一打开，我就看到了前来接站的王姐。她把写有我名字的接站牌交给我后，带领我们去旅馆。晶晶对接站牌很感兴趣，一路上都要自己双手举着。

来到旅馆，我放下行李，去卫生间洗手。洗完手，打开门正要出来，却被一个大牌子挡住了去路，紧接着就是晶晶的一声笑："举牌！"我定睛一瞧，原来是她在模仿接站员的样子，举着牌子迎"接"我，不禁大笑。晶晶也大笑。接下来的时间，无论我走到哪里，面前很快就会出现一个大牌子，同时伴随着一声"举牌！"一天 N 次。直到我们离开房间，去海边玩。

育儿心得：向孩子学习。在孩子的眼睛里，生活是如此的可爱，每天都有那么多新鲜的事物摆在自己面前、那么多有趣的事情发生。然而这一切，在成年人的眼睛里大都已经看不到了。我们成人真应该好好向孩子学习，让阳光重新照亮我们的世界。

北戴河的一天

7月22日

晶晶昨天下午没睡觉，晚上 6 点即睡，直到今晨 6 点才醒。吃过早点，我带她再次来到海边。晶晶光着小脚丫，在沙滩上挖洞、画画、盖房子、拣贝壳；在浅水中戏水、拍照、拣石子。她身穿大红色游泳衣，在海边欢快地跑来跑去，就像一团红色的火焰，四处燃烧。玩至 12 点半，该吃午饭了，晶晶还不想走，我说好下午再来，她才依依不舍地跟我离开了。

吃过午饭，晶晶困了，想睡觉。结果，从下午 3 点一直睡到傍晚 6 点。起床后，发现天上飘起了小雨。我们撑着雨伞来到海边，欣赏了一会儿雨中的大海，就回去吃晚饭了。今日晚餐，我点了一个"四宝茄子"，晶晶很爱吃，叮嘱我说："妈妈，以后咱光在这儿吃，啊！"

吃完饭往宾馆走，见路边的红色美人蕉开得正旺，雨珠洒在上面，更显得美艳动人。晶晶看着它笑道："蕉蕉开花了！"

早教点滴：让宝宝热爱大自然、走进大自然。大自然是宝宝的精神营养之源，是融智育、美育、体育于一体的大课堂。家长多带宝宝去大自然中走一走，会极大地提高他观察的兴趣，增加他对大自然的感性认识。

以后还来这个国家

7月23日

中午打车去北戴河火车站，准备返回北京。在车上，我们一边欣赏着沿途的风景，一边随意地聊着。我问晶晶："北戴河好玩吗？"晶晶愉快地说："好玩！"我问："以后还来吗？"晶晶说："以后还来这个国家！"我笑着给她纠正："北戴河不是一个国家，它也属于咱们中国。"

育儿心得：一家三口一起出游固然很好，但如果爸爸没时间，妈妈已经可以独自带着4岁多的宝宝去附近的城市旅游了。如果不放心，也可以和几位妈妈约好，一起带着宝宝们外出旅游。这对开阔宝宝眼界、丰富宝宝阅历、增强他的感性认识都很有帮助。

三个梦

7月24日

早晨醒来，我对晶晶说："今天我做了两个梦。"晶晶问："什么梦呀？"我答："第一个梦是……第二个梦是……"听完我的梦，晶晶笑道："今天我做了三个梦。第一个梦是我梦见包在唱歌，'啦啦啦啦啦……'嘻嘻！"晶晶一边说一边随意地唱起来。我笑道："真好玩！那第二个梦是什么呀？"晶晶说："第二个梦是：我梦见我穿着凉鞋去踩水，凉鞋变成雨鞋了。我穿着雨鞋再到干的地上去，雨鞋又变成凉鞋了！嘻嘻！"我又笑，问："那第三个梦呢？""第三个梦是：我梦见雨点掉在地上变成了大石头，我抱大石头，大石头变成了气球。我在气球下面涂上胶水，气球就和我一起飞起来了！"

智力开发：有意识地让宝宝均衡地使用左右脑。一般来说，左脑主要管语言、数学、科学等活动，擅长逻辑思维；右脑则对影像和感觉有强烈的反应，擅长做那些需要想象力的工作，如音乐、绘画、小说的创作等。宝宝如果常常能有清楚的梦，是他偏重于用右脑的表现之一。

我想退园

7月28日

晚睡前，晶晶很委屈地对我说："妈妈，我想退园。"我假装一口答应了："好啊！"晶晶见我一反常态，很吃惊，问："妈妈，你为什么说'好啊'？"我吓唬她说："因为好多小朋友排队等着上幼儿园呢，豆豆呀，朵朵呀，什么的。你一退园，他们很高兴，马上就补进来了。"晶晶一听这话，有点儿胆怯了："那我休息一天再回去。"我口气强硬地说："那不行！退了园就不能再回去了。"晶晶问："为什么呀？"我答道："因为在外面排队等着上幼儿园的小朋友有好多呢！退了园，要想再回去，就得到后面排队去。"晶晶想出一个办法："那要是月月也退园了，我是不是就可以进去了？"我说："那也不行。你退园了，豆豆进去了；月月退园了，朵朵进去了……"晶晶害怕了："那我还是不退了吧。"

育儿心得：宝宝说退园，有时仅仅是想表明自己不喜欢幼儿园，想在家自由一段时间再去，并非真地想彻底离开。因此，对于他的这些话，家长不必太当真。

换妈妈

7月29日

我让晶晶午睡，她不睡，生气地用力推我："你走开，我不让你当我的妈妈了！"我故作轻松地说："好啊，那就换一换吧：我去当瑶瑶的妈妈，让瑶瑶妈妈来当你的妈妈，好吗？"晶晶也假装满不在乎，笑道："好啊！"我说："那好！瑶瑶妈妈喜欢打小朋友，到时候让她使劲儿打你；瑶瑶不打妈妈，那时就没有小朋友打我了。"晶晶有些害怕了："那还是不换了吧！"我继续逗她："为什么？换吧！"晶晶想了想，问道："要是瑶瑶打妈妈，我不打妈妈了，那你当谁的妈妈？"我担心给她造成心理阴影，不敢再逗她，笑道："那就当你的妈妈吧。"晶晶放下心来，底气十足地问："要是瑶瑶说脏话，我不说脏话，那你当谁的妈妈？"我又笑："那也当你的妈妈吧。"晶晶又问："要是瑶瑶不好好吃饭，我好好吃饭，你当谁的妈妈？"……

育儿心得：帮宝宝反省错误。当宝宝犯了错误时，妈妈的任务是让他改正错误，不是伤害他的自尊心，而自我反省是宝宝改正错误的好方法。妈妈如果能够不打骂、不指责，用委婉的方式让宝宝认识到自己的错误，从内心决定改正错误，这比强迫他改正错误效果要好得多。

谁逗谁

8月1日

晨起，晶晶坐在床上，把右手藏在枕头下面，笑嘻嘻地问我："妈妈，我的手在哪儿？"我故作不知，胡乱一指："放桌上了吧？"晶晶笑道："不对。"我又乱指："那放到被子里了吧？"晶晶又笑："嘻嘻，不对！"我把脸转向外面："放到阳台上了吧？"晶晶再笑："呵呵，不对。"我假装为难："那放到哪儿了？"小姑娘"哈哈"大笑着，把手从枕头下面抽了出来："我知道你知道我的手在哪里。"我大为惊讶：本以为是我在逗她玩，没想到却是她在逗我玩呢！

智力开发：和宝宝一起做游戏时，要让他当导演和主角，你当配角。这样更能调动宝宝的积极性，激发他的创造力。说不定，还能激发出你的创造力呢！不信你就试试看吧！

八月十五小脚丫

8月1日

　　晚睡前，晶晶坐在床上喝酸奶，我随口唱着《爷爷给我打月饼》的歌："八月十五月儿圆呀，爷爷给我打月饼呀……"见我唱歌，晶晶立刻来了精神，把酸奶往旁边桌子上一扔，骨碌爬起来，双手叉腰站在床上，合着《爷爷给我打月饼》的曲子唱道："八月十五小脚丫呀！"一边唱，一边笑嘻嘻地对着半空斜踢了一脚。我大笑。晶晶得意地扭了扭小肥腰，又接着唱："扭扭身子扭扭腰呀！"我惊。晶晶乱唱："我们做个大锤头呀！"我讶。晶晶看着面前的衣柜，唱："是用衣柜做的呀啊！"我赞：太棒了！

　　艺术启蒙：和宝宝一起唱歌。妈妈如果喜欢唱儿歌，宝宝往往会很开心地跟着妈妈一起唱。经常唱歌的宝宝，记忆力和掌握音乐旋律的能力会比其他宝宝强。

幼儿园里的三只小动物

8月3日

　　今日晚餐，晶晶爸做的一道菜是炸虾仁。吃饭时，晶晶一边大吃虾仁，一边说："玉玉像叮当狗。"我问："为什么呀？"晶晶答道："因为她胖。叮当狗的肚子也很胖。"我微微一笑。晶晶又说："茜茜像草莓兔。"我再问"为什么"。晶晶答："因为她瘦，风一吹就吹走了。"我知道下面她该表扬自己了，赶忙为她搭桥："那你呢？"晶晶说："我像奇奇。"我故意问原因。晶晶小脸一扬，冲着天空答道："因为我长得壮！"我心里笑道：《幼儿画报》中的三只小动物，如今都跑到你们幼儿园来了。

　　早教点滴：4岁的宝宝想象力已经非常丰富，他们会把家中的日常生活用品想象成故事中、动画片中的道具，还会把自己想象成其中的人物。他们喜欢玩角色游戏，教师、护士、警察、播音员等都是他们非常喜欢扮演的角色。

是"出发"，不是"批发"

8月4日

　　晶晶爸因单位有事，今晨7点半即离家出走，扔下晶晶由我送去幼儿园。出门前，我模仿着部队领导的样子，大手在空中用力一挥，冲晶晶大喝一声："出发！"晶晶"呵呵"地笑道："是'出发'，不是'批发'！"我仿佛被人挠了一下痒痒肉，"哈"地大笑起来，刚才的威风一扫而光，问晶晶："什么'批发'？"小姑娘笑眯眯地答道："就是批发冰激凌！""哈哈！"我又大笑起来：前几天带她去批发雪糕，没想到竟让她学会了一个新词，人家是物质精神双丰收啊！

　　教育名言：做中教，做中学，做中求进步。——陈鹤琴

"玉"和"王"

8月8日

我给晶晶读书时，她指着"玉"字说："'玉米'的'玉'字去掉点儿就成'王'字了！"我一笑："对！"说完，继续读书。读了一会儿，晶晶惊叫道："太阳！妈妈你看，'太'就是先写一个'大'字，再加一个点儿！"

早教点滴：在阅读中教宝宝识字。妈妈为宝宝读故事书，宝宝边听边看书上的图片和文字。一个故事读下来，宝宝不仅收获了一个或有趣、或感人、或有教育意义的故事，还能在无意识中学会一些汉字。许多宝宝的识字量，都是在这种无意识中慢慢增加的。

乱弹琴

8月9日

早晨，晶晶手拿卡纸折滑梯。折好后问我："妈妈，你会叠滑梯吗？"我老老实实地回答说："我不会。"晶晶瞪大眼睛问我："你很不会呀？"我不由得笑了：有这样说话的吗？晶晶却不笑，执着地盯着我的眼睛继续问："你挺不会的？"

晚饭后，看动画片《托马斯小火车》。中间插播广告时，晶晶不满地嘟囔道："每天就三集托马斯，太犹豫了！"见她又在乱用词，我微笑着问她："'犹豫'是什么意思？"晶晶不好意思地笑道："我不知道。"我再问："你是不是想说'太郁闷了'？"晶晶"嘻嘻"地笑了："是。"

语言能力：宝宝的口语表达能力发展很快，除了会对某件事情或者事物进行简单的描述之外，还会添加很多修饰语。不过，在添加修饰语的时候，也常常会出现有趣的错误用法。

"浴衣伺候"要脱了

8月10日

我给女儿洗完澡，冲着坐在客厅里看电视的晶晶爸高喊："浴衣伺候！"话音刚落，就听晶晶"回音"似的跟着喊道："浴衣伺候！"爸爸闻言，赶紧拿着女儿的浴衣守候在了浴室门口。小姑娘穿好浴衣来到卧室，上床去玩。玩了一会儿，嫌热，要脱浴衣。一边脱一边对我说："要脱'浴衣伺候'了！'浴衣伺候'要脱了！"

成长解读：机械记忆。4岁多的宝宝常常只能机械地记住事物的一些外部特征，并进行机械地模仿。比如背唐诗，宝宝能将诗句一句句地机械地背下来，并不理解每句诗的含义。

妈妈刚生下来的时候也是猴子吗

晚睡前，晶晶和我开始了每晚必备的一档节目——母女夜话。

晶晶问："妈妈，人有尾巴吗？"

我答："以前有，现在没有了。"

晶晶问："为什么呀？"

我说："因为人是猴子变的。猴子都是有尾巴的。"

晶晶："人为什么是猴子变的呀？"

我："这是进化的结果。很久很久很久以前，世界上没有人，只有猴子。它们和动物园里的猴子一样，爬着走。后来，有的猴子站起来了，慢慢变成了人，它们的尾巴也一点点地变没了。"

晶晶想了一会儿，又问："妈妈，动物园的猴子也能变成人吗？"

我答："不能。"

晶晶："为什么呀？"

我："因为不是所有的猴子都能变成人。"

晶晶："为什么呀？"

我："因为猴子变成人需要很多条件，比如气候呀、环境呀等等。"

晶晶："它们是不是变成人四、五天就死了？"

我："我不知道。它们有的可能四五天就死了，有的可能不是。"

晶晶："为什么呀？"

我："因为它们的寿命也不一样呀。有的活得时间长，有的活得时间短。"

晶晶："那动物园的猴子也会死吗？"

我："也会的。"

晶晶："它们要是死了怎么办？"

我："那就从外面再运新的来呗。"

晶晶："要是全都死了怎么办？"

我："不会的。"

晶晶："为什么呀？"

我："因为猴子也会生宝宝的。它们死了，它们的宝宝长大了，也会再生宝宝，所以就不会都死了。"

晶晶："要是它们的肚子里没有宝宝了怎么办？"

"不会的。"聊到这里，我有些困了，催晶晶说，"咱们睡觉吧。"

晶晶还不想睡，继续问："妈妈刚生下来的时候也是猴子吗？"

……

早教名言：宝宝提出的问题越多，那么他在童年早期认识周围的东西也就越多，在学校中越聪明，眼睛越明，记忆力越敏锐。要培养宝宝的智力，那你就得教给他思考。 ——苏霍姆林斯基

我能说你不能说

8月17日

晚睡前，我想起晶晶下午说的话，就问她："你们今天学的《望庐山瀑布》，有小朋友会背吗？""有！"晶晶说着，高高地举起了手。我有些怀疑，便说："那你背一下吧？"晶晶得令，立刻张开嘴巴准备背诵。可是，嘴巴张了半天，却未蹦出一个字，悄悄问我："妈妈，什么来着？"我一笑，小声提示道："日照……"晶晶想起来了："哦，日照香炉生紫烟。"背完这一句，小姑娘停下来，又悄悄问我："什么？"我小声说："遥看……"晶晶顺着背下去："遥看瀑布挂前川。"背到这里，又卡了壳，仍由我提示句首的两个字，她才接着背下去的。最后一句也是如此。听她把整首诗背完，我心里笑道：这就是你所谓的"会背"呀。

后来，晶晶大概困了，向我提议："妈妈，咱不说话了吧？"说完转过身去，背对着我。见正合我意，我便顺水推舟说："好吧，咱睡觉吧。"说着，拍她的腋下，希望她能很快入眠。晶晶安静了一会儿，突然问我："妈妈，庐山在哪儿呀？"我不知是计，随口答道："庐山在江西。"晶晶不满地说："妈妈，我不是说'不说话'了吗？"我突然意识到自己食言了，赶忙重申："好，不说话了。"沉默了一会儿，晶晶扭头又问："妈妈，庐山为什么叫'庐山'啊？"我又开口答道："这个嘛，我也不知道。等以后咱们去那儿旅游可能就知道了。"晶晶又批评我："妈妈，我不是说'不说话了'吗？"我这才意识到她刚才是故意给我下了两个套儿，不禁哈哈大笑。晶晶也笑，笑完用手捂住我的嘴说："笑也不行。"我反问："你不是说'不说话了'吗？怎么还老问我问题呀？"晶晶"蛮不讲理"地笑道："我能说你不能说！"

早教点滴：我们一起背诵唐诗。家长可以把让宝宝背唐诗转化成和宝宝一起"玩"唐诗：可以你一句我一句地接龙背诵，也可以进行背诗比赛，看谁背得又快又好。这样做，既能让宝宝喜欢背唐诗、学会背唐诗，还能增进亲子感情。

罗哥，飞哥

前天下午，我姐姐和儿子罗飞来到了北京。今天上午，我带着晶晶，陪姐姐和飞飞去逛圆明园。刚进园的时候，天一直阴着，看不见太阳。接近中午时，白亮亮的太阳从云层里钻了出来，立刻把园子照得"白热化"了。我向飞飞要阳伞。飞飞把背包取下来，双手托着，供我拉开拉锁找伞。我正翻找着，忽听姐姐"哈哈"大笑起来："你这个小人儿，太可笑了，怎么想到蹲这儿了？"我低头一瞧，发现晶晶正蹲在我和飞飞之间、背包的影子里乘凉呢！

飞飞是个大小伙儿，走得快，走着走着就到了前面。我指着飞飞的背影，故意问晶晶："你喊他什么？"心想她可能会说"飞飞哥哥"或"罗飞哥哥"。谁知，人家却喊道："罗……哥！"我和姐姐相视而笑：我称呼姐夫为"罗哥"，从未想过晶晶居然也可以这样称呼飞飞。见我们笑，小姑娘很得意，淘气地大喊起来："罗哥！飞哥！"

智力开发：丰富宝宝的生活环境，增强其记忆力。妈妈多跟宝宝讲话，多和他一起做游戏，多带他去公园、动物园、商店，让他玩各种类型的玩具等等，这些都会在他的脑海中留下深刻印象。当宝宝在遇到新的事物时，这些印象会引起宝宝联想，帮助他记住新的对象。

妈皆辛苦

前天，我给晶晶读诗歌《悯农》。读到"粒粒皆辛苦"时，晶晶指着这句话对我笑道："'粒粒（丽丽）'就是你！"我一笑："对。"晶晶改古诗："妈妈皆辛苦！"我心里一震，暗自赞叹：改得好！可不是吗？"妈妈皆辛苦！"不只我这个妈妈辛苦，天底下所有的妈妈，恐怕没有不辛苦的。妈妈的另一个名字，应该叫作"辛苦"才是。

育儿心得：宝宝的创造力无处不在，只要你给他提供合适的舞台，并悉心聆听他的话语，你就会发现，奇迹就在你身边，他就是你的宝宝。

逗大姨

晚上，晶晶大姨——我姐姐一边给晶晶吃葡萄，一边问："什么是帮助呀？"晶晶笑着"解释"："'帮助'就是'我帮你吃葡萄'吧！"大姨听了哈哈大笑。吃完葡萄，晶晶拿出幼儿园发的"情景互动式幼儿数学教育课程"卡片玩。大姨举着一张红色的卡片问她："这是什么颜色？"晶晶调皮地一笑："蓝。"大姨马上抽出蓝色卡片再问，想看她怎么说。晶晶指鹿为马："紫。"大姨知道她是在淘气，又抽出一张印有小猪图像的卡片问："这是什么？"晶晶看了，"嘻嘻"地坏笑道："这是大姨！"

早教点滴：让孩子尽情释放快乐。爱玩是孩子的天性。孩子需要带着想象力尽情玩耍，他们喜欢捡石子，喜欢学蚯蚓爬，喜欢跟大人开玩笑……就让他们开心地去做吧，这样才能给他们带来真正的快乐。

那"北安"呢

8 月 23 日

晚睡前，上床，讲完故事关灯后，晶晶问："妈妈，西安在哪儿？"我随手一指："在咱们的西边。"晶晶问："那北安呢？"我一笑："没有北安。"晶晶又问："那南安呢？"我答："也没有南安。"晶晶继续联想："有东安吗？"我一笑："有东安市场。"晶晶赶紧说："对，我说的就是东安市场。"

知识点滴：有"北安"，北安是黑龙江省的一个县级市，属黑河市；有"南安"，南安是福建省的一个县级市，属泉州市；有"东安"，东安是湖南省的一个县，属永州市。

善良的小朋友

8 月 29 日

我们院里有一位 80 多岁的姓吴的退休教师，弓腰驼背、步履蹒跚、声音低沉、眼睛略微有点儿斜视。他无儿无女，和老伴儿相依为命。吴老师很喜欢孩子，他经常穿着一件半旧的蓝布中山装，在幼儿园放学期间，站在园门外张望，看到认识的小朋友路过，就热情地打招呼。同时，还伸出干枯的手臂，拖着蹒跚的脚步走上前去，准备和小朋友握手。有的家长出于种种考虑，不想让自己的宝贝儿跟他握手，远远地看到他在，就赶紧拉着孩子躲开。听说有一位家长，在宝宝和吴老师握过手之后，还用纸巾给宝宝擦了擦手，大概担心被传染上疾病。对于这位老人，我说不上喜欢，只是感觉他挺可怜。

今天上午，我带晶晶出去玩，走着走着，忽听背后传来一个喑哑的声音："小朋友！"回头一看，发现原来是这位吴老师，正吃力地从后面追赶我们，还伸长胳膊，想和晶晶握手。晶晶看见了，立刻甩开我的手，欢快地跑过去，把小手放进吴老师的老手里。

晚饭后，想起上午发生的这件事，我问晶晶："你喜欢和那个老师握手吗？"

晶晶答："不喜欢。"我很吃惊："你不喜欢，为什么还要和他握手呢？"晶晶说："因为如果我不和他握手，他心里会很难过的。"我心里一热："晶晶真棒！"小姑娘不解地看着我，问："妈妈为什么说我棒呀？"我说："因为你这样想，说明你心地很善良，妈妈喜欢心地善良的小朋友。"

早教点滴：不能忽视对宝宝进行善良教育。善良的情感和修养是人道主义精神的核心，必须从童年时细心培养。善良教育的内容包括以下几个方面：保护自然环境和动物；同情并帮助弱者和有困难的人；包容他人，拥有宽容心；鄙弃暴力，让宝宝远离暴力镜头和暴力玩具，在处理问题时不使用暴力行为。

好人好梦

8月30日

晚饭后，我陪晶晶玩的时候，唱起了自己喜欢的歌曲——《好人好梦》："晨光中你的笑容，暖暖的让我感动，告别那昨日的伤与痛，我的心你最懂。"唱到这里，晶晶突然问我："妈妈，是'心里'呀还是'心你'？"因晶晶"n"、"l"不分，遇到"l"全发成"n"，我以为她在向我请教"心里"如何发音，便回答说："是'心里'不是'心你'。"不料，晶晶却反问我："那你刚才怎么唱'心你'呀？"我一愣，小声把刚才的歌重新唱了一遍，不禁笑了：原来"我的心你最懂"这一句，晶晶把"心"和"你"连在一起，当成一个词了！

语言能力：4岁的宝宝，能听懂一些较为复杂的句子，能叙述一件事情的经过，能用语言向成人提要求，尤其是语音能力发展很快。现在是培养宝宝正确发音的关键期。

太小与太大

8月31日

下午，我接了晶晶离开幼儿园，去院里玩，没见到一个小朋友。晶晶感到很无聊，准备再去别处寻找。无意中一回头，看到中班的晓晓和几个同班同学正朝这边走来。晶晶很开心，赶紧迎上前去找晓晓玩。不料，晓晓一反常态，冷冷地看了一眼晶晶说："我不和晶晶玩，她太小了。"晓晓妈妈对女儿笑道："你有人玩了，就不和晶晶玩了。"这时，晓晓的一个同学走来，上下打量了一眼晶晶，也说："我不和她玩，她太小了！"晶晶委屈得要哭："我不和她们玩了。她们太大了。"我觉得好笑：晓晓只比晶晶大1岁，前几天她们还在一起玩得好好的呢！

看着眼前发生的这一幕，我忽然想起几天前发生的一件事：有一天，晶晶和同班的提提、凯凯玩得正欢，走来一个托班的小女孩，很羡慕地看着他们。我让晶晶带着小妹妹一起玩，晶晶也像晓晓刚才一样，对小妹妹说："我不和她玩，她太小了！"说这话的时候，她肯定不会想到，仅仅过了几天，自己就遭到了同样的待遇。

成长解读：4岁的宝宝，刚刚开始出现社会化需求，却又不知道该如何与小朋友相处，因此就会发生这样那样的问题：有的宝宝会因为没有朋友而产生不愉快；有的会因被自己喜欢的同伴拒绝而伤心；有的宝宝为引起同伴的重视，会从家里拿吃的东西、玩的东西送给小朋友。这些都是正常现象，妈妈们不必过于忧虑。

第九章

人还能变成猴子吗

海边去度假

词：张秀丽

曲：《踏浪》曲

亲

子

歌

啦……啦……

啦……啦……

宝宝和妈妈呀

海边去度假

穿上游泳衣呀

光着小脚丫

海边的沙滩软哟

海边的贝壳大

我要采一朵浪花

把它带回家

啦……啦……

啦……啦……

给妈妈起名叫"窗帘"

9月5日

上午,我带晶晶去"北京国际雕塑园"。疯玩了半天后,回到家已经下午3点半了。我担心晶晶太累,到家后即哄她上床。可晶晶不肯睡觉,一直玩到4点才睡着。

差10分7点,我在客厅里听到晶晶喊"妈妈",知道她睡醒了,便去卧室看她。晶晶见我进来,甜甜地笑了,招呼我把头靠近她,然后紧紧搂住了我的脖子。我感到很幸福,搂着她说:"我最喜欢晶晶了。"晶晶一笑:"我最喜欢妈妈了。"我还沉浸在幸福之中,下意识地重复起刚才的话:"我最喜欢晶晶了。"不料,小姑娘却改了说法:"我最喜欢枕头了。"这话让我摸不着头脑:"枕头?你为什么喜欢枕头啊?"晶晶"解释"说:"因为枕头就是妈妈。我最喜欢妈妈了,所以我也就最喜欢枕头了。"我更加不解:"为什么说枕头是妈妈?"晶晶笑道:"我给妈妈起了个名字叫'枕头',可以吗?"我也笑了:"可以。"两人对笑了一会儿,我想继续刚才的甜蜜话题,便对她说:"我爱晶晶。"晶晶笑:"我爱妈妈。"我语气加重:"我最爱晶晶。"晶晶"呵呵"一笑:"我最爱窗帘。"我又吃一惊:"为什么你最爱窗帘呀?"晶晶逗我说:"因为我又给妈妈起了个名字叫'窗帘',可以吗?"

早教点滴:让宝宝富有爱心。父母是宝宝的第一任老师,宝宝的言行举止往往是家庭环境熏陶的结果。家长要想让宝宝有爱心,首先自己心中要充满爱,爱宝宝、爱家人,尊师爱友,热心社会公益活动,乐于为家庭和社会奉献。在家长的影响下,宝宝也会成为一个富有爱心的人。

福气与服气

9月6日

中午,我带晶晶去餐厅吃饭。在路上,我搂着她稚嫩的肩膀,迈着大步开心地走着。一边走一边想:我的宝贝儿又长大了,我都可以搂着她的肩膀走路了!想到这里,我低头对她笑道:"和晶晶在一起真幸福!"晶晶抬头看看我,也笑了:"和妈妈在一起真幸福!"我又笑。晶晶问:"妈妈,什么是'幸福'啊?"我随口解释道:"'幸'就是'幸运','福'就是'福气'。"听到这里,晶晶突然挣脱我的手,双手叉腰,把脸扭向半空,高傲地说道:"哼!我才不'服气'呢!"

育儿心得:宝宝一天天地长大,一天天地给我们带来惊喜。即便每天和他在一起,不经意间一回首,也会诧异于其成长速度之快、变化之大。宝宝的童年时光很短暂,妈妈一定要好好珍惜啊。

那我该怎么说呀

奶奶扶乐乐练习滑滑板。滑板一歪，乐乐的身体猛地向前扑去。奶奶急忙去抱他，结果被撞倒在地，脸上的皮被蹭破了，还流了血。大概因为从未见过老人摔跤，晶晶看着坐在地上的乐乐奶奶，拍手笑道："真好玩！"我非常生气，严厉地批评她："不能这样说！你这样说是不礼貌的！"晶晶马上闭口不再言语。

晚饭后，我对晶晶谈起这件事，又批评她不该那样说话。晶晶委屈地问："那我该怎么说呀？"我想了想说："你应该表示关心、同情，比如问'奶奶疼不疼呀'、'我把你扶起来吧'之类的话。也可以什么都不说，但绝对不能嘲笑。"晶晶心里知错了，但不想承认，狡辩道："我笑是因为看到乐乐没摔倒。"我问："那你怎么对着奶奶笑啊？"小姑娘无言以对，小脑袋耷拉下来。

早教点滴： 把握教育时机。在关键时刻对宝宝进行教育，会收到事半功倍的效果。当宝宝表现出某种文明行为时，妈妈及时给予肯定和表扬，当他做出不文明的举动时，妈妈及时进行批评指正，这比平时的泛泛而谈，效果要好得多。

大人不能和小孩儿开玩笑

一天，晶晶生气了，要跟我绝交："我再也不和你做好朋友了。"我赶忙向她讨好。可无论我说什么，她都不肯原谅我。我假装生气了，对她说："我也不和你做好朋友了。"没想到，晶晶一听这话，居然"呜呜"地哭了："我刚才那样说是和你开玩笑的。"我慌得赶忙拥抱她："我也是在和你开玩笑呢！"晶晶仍不开心："只能小孩儿和大人开玩笑，大人不能和小孩儿开玩笑！"我立刻向她保证："好！那我以后不和你开玩笑了。"晶晶情绪好转，和我玩了起来。玩了一会儿，冷不防地问了我一句："妈妈，刚才我说的那句话你记住了吗？"我玩得正起劲儿，不知她指的是前面话海里的哪一句，便问："什么话？"晶晶说："就是'只能小孩儿和大人开玩笑，大人不能和小孩儿开玩笑'，你记住了吗？"我看着她的眼睛，使劲儿地点头："我记住了。"

今天晚上，晶晶玩着玩着，忽然没头没脑地向我问道："妈妈，你还记得我说的话吗？"我不知所指，问："什么话？"晶晶答道："就是'只能小孩儿和大人开玩笑，大人不能和小孩儿开玩笑'，你记住了吗？"我心里暗自吃惊：都过了几天了，她还想着这句话呢！看来这件事对她的刺激挺大的。

育儿心得： "正话反说"要把握好尺度。正话反说容易对宝宝形成一种

压力，迫使他改正自己的不良行为，但这种压力不能太大。宝宝的心理承受能力有限，太大的压力可能会让他产生心理阴影。

狼为什么也有老婆呢

9月18日

晶晶看动画片《喜羊羊与灰太狼》。当看到灰太狼喊红太狼"老婆"时，晶晶"呵呵"地笑了："妈妈，狼为什么也有老婆呢？"

早教点滴：适合6岁以下宝宝看的动画片，应包括以下几个方面：画面稳定清晰、色彩鲜艳；人物造型可爱，充满童趣；思想健康向上；没有与暴力相关的道具、动作和画面。

人还能变成猴子吗

9月28日

早晨睁开眼，晶晶和往常一样，伸手搂住我的脖子，和我"谈情说爱"："我最喜欢妈妈了！"我也搂着她笑道："我最喜欢晶晶了。"腻了一会儿，晶晶问："妈妈，你最喜欢什么动物来着？"我不假思索地答道："我最喜欢晶晶。你呢？"晶晶指出我的错误："我说的是动物！我最喜欢小猴子了！"我问："为什么呀？"晶晶笑答："因为人是小猴子变的。"我一听，也笑了。晶晶问："小猴子是怎么变成人的？"我说："小猴子以前是爬着走的，后来慢慢地会站着走了；后来，它前面的爪子就变成手了；后来，它的尾巴就没有了，身上的毛也变短了；再后来，会制造工具了，把石头削成刀呀，磨成针呀什么的；再后来就变成人了。"晶晶听到这里，忽然担心起来："人还能变成猴子吗？"……

早教点滴：鼓励宝宝进行劳动和制作。从猿到人的标志就是：开始用手使用和制作工具。宝宝的成长也需要劳动和制作这个过程。因此，家长要培养宝宝自我服务的能力，将宝宝力所能及的动手权利还给他，让他在做手工、玩玩具中体会创造的快乐。

男"你"、女"你"

10月1日

昨天晚上，我拿出识字卡片，教晶晶认字"你、我、他、她，男、女、老、幼"。晶晶认识"男女幼"，也朦朦胧胧地认识"我"字。教认"他"字时，我举起卡片说："这是男'他'，"然后又举起"她"字卡，说："这是女'她'。"

今天早晨，我拿出"你"字卡片，问晶晶念什么？晶晶反问我："这是男里还是女里？"我没听懂，问："你说的什么？"晶晶重复道："这是男'你'，还是女'你'？"这回我明白了：昨晚我告诉晶晶，"tā"分"男'他'"和"女

'她'"。如今，小姑娘"举一反三"，想到"nǐ"也应该分称呼男士用的"你"，和称呼女士用的"你"了。

早教点滴：有研究表明：4~5岁的宝宝普遍可以学认字，而且识字速度不比6~7岁的宝宝慢。5岁多的宝宝能学会汉字的大部分笔画，并且能运用笔画分析字形和进行书写。

妈妈 OR 阿姨

10月4日

我拉开抽屉找东西。晶晶看到了，"蹬蹬"跑过来，仔细寻找猎物。看到装古钱币的小袋子，一把抓出来，拿着跑去床上玩了。这些古钱币都是晶晶爸小时候收集起来的，大都是近代的，值不了多少钱，因此，我就没有阻止晶晶拿它当玩具。

晶晶一边摆弄古钱币，一边问我："妈妈，我能用这些古钱币买以前吃的东西吗？"我听着荒唐，便问她："你怎么去买呀？"晶晶答道："我回到很早很早以前去买。"我问："那你能回去吗？"晶晶一口咬定："能。"我又问："你怎么回去呀？""……"晶晶胡言乱语起来。

一枚古钱币掉到地上，晶晶喊："妈妈，给我拣起来。"我正在收拾桌子，有些不耐烦，磨蹭了一会儿才为她捡起古钱币。小姑娘不满意了，举着古钱币吓唬我："砸你！"我假装害怕，虚张声势地喊道："哎哟，宝贝儿，我是谁呀，你砸我？"小人儿咧嘴一笑："是阿姨！"

育儿心得：不要过度保护宝宝。在妈妈的眼里，宝宝总是那么小、那么弱，什么都不能干，总是有意无意地帮助他做事。这样很容易养成宝宝的依赖心理。长此以往，不仅妈妈受累，也不利于培养宝宝的自理能力。

第一、第二、第三

10月5日

上午10点，我带晶晶去"翠微大厦"买衣服。乘公交331路在"塔院"下车后，步行去"翠微"。走着走着，忽见一女士牵着一条小哈巴狗，从后面超越了我们。晶晶看到小狗，吓得缩到我身后："妈妈，要让小狗不咬你，该怎么做？"我说："离它远一点。"晶晶很"深沉"地点点头："这样也对。"见她话里有话，我赶忙请教："还有什么方法？"晶晶很理性地说："妈妈，我告诉你吧，要是遇到小狗，第一，不说话；第二，躲进小超市里（我们正走到一家小超市门口）；第三，离小狗远一点。"我心里笑道：还第一、第二、第三呢！

心理发育：宝宝又有了新的进步：现在，他能更好地完成一件事的几个

步骤，能够执行两个以上完全无关的指令，如："请帮妈妈把书拿过来，然后给花儿浇点水。"

小老鼠去拜年

10月7日

晶晶拿出以前小四班发的图画书，让我给她讲故事。讲到"小老鼠去拜年"时，晶晶问："妈妈，你说小老鼠会拜年吗？"我反问她："你说呢？""不会！小老鼠不会拜年！"晶晶气呼呼地说着，又指了指书："这书上讲的是一个故事。"

后来，我又问晶晶："你说小老鼠会拜年吗？"晶晶用肯定的语气回答说："不会！哦，真的小老鼠不会，假的小老鼠会。故事里的小老鼠会拜年！"

早教点滴：多用反问句启发宝宝。当宝宝向你提出问题之后，你不要急于回答，可以反过来问宝宝："你说呢？"或者问他："你认为呢？"这样做可以让他先思考，然后再回答问题。如果宝宝答不上来，家长可以对他启发或暗示；如果他还不能回答，再告诉他正确答案。

"严格"是谁呀

10月7日

晚饭时，我们看中央台少儿频道的"智慧树"栏目。见本期的"宝贝二加一"板块中，只有两组家庭（以往都是三组），我问："怎么只有两家呀？是不是报名的人不多啊？"晶晶爸说："不会吧，报名的人非常踊跃。"我再问："那怎么今天的人这么少？是不是得经过严格挑选呀？"晶晶爸还未回答，就听小姑娘插嘴问道："'严格'是谁呀？"

早教点滴：每个孩子都有被肯定的意愿，让孩子平等地参与家庭生活，是家长尊重孩子的一种表现。这样做既有利于了解孩子、培养其独立能力，也有助于增进亲子间的感情。

一尺长的觉

10月10日

接晶晶离开幼儿园，我问她："中午你睡觉了吗？"晶晶张口答道："我睡了。"我再问："睡了多长时间？"晶晶两手拉开一尺左右的距离比划着说："这么长时间……十分钟吧。"后来，我又问同样的问题。晶晶答道："我躺下就睡着了。老师喊小朋友起床了，我才起的。"我有些怀疑：晶晶知道我最喜欢她这样子，可能又拿这话蒙我呢！

育儿心得：孩子撒谎，有时只是因为想取悦于自己喜欢的人。对于这种情况，如果他的谎话不会给他人和自己带来不良后果，家长可以一笑置之。

我退休了吗

晚睡前，我和晶晶又一次谈到了上学问题。晶晶问："我上完中班呢？"我说："上大班。""上完大班呢？""上小学。""上完小学呢？""上中学。""上完中学呢？""上大学。""上完大学呢？""读研究生。""读完研究生呢？""读博士。""读完博士呢？""读完博士就该工作了。""工作完了呢？""工作完了该退休了。""退休完了呢？""退休完了，就开始玩了，像你现在玩一样。"听到这里，小姑娘很认真地问："我退休了吗？"

早教点滴：家长对孩子的期望值要适中。孩子大都愿意满足家长的期望，但前提是他经过努力可以做到，否则就会产生一种挫败感。如果这种受挫的经历积累多了，就会影响孩子的自信心。

大象为什么有四只脚

我和晶晶一起看幼儿园发的光盘——《酷弟和他的朋友们》。晶晶看着看着，突然问道："妈妈，你知道大象为什么有四只脚吗？"我知道无法猜出她理想中的答案，就不想白费力气了，随口说道："不知道。"晶晶并不介意我的"不知道"，自己给出了"答案"："因为这两只脚挠痒痒的时候（她双手作挠脸状），这两只脚就站着（她指着自己的脚说）；要是这两只脚（她指指自己的脚）挠痒痒的话，这两只脚就站着（双手俯身作站立状）。"我听着大笑：你这种答案，天才能猜出来！

育儿心得：孩子有时提出一些稀奇古怪的问题，并非向家长要答案，只是想表达自己的想法。此时，家长与其搜肠刮肚地寻找答案，不如虚心向孩子请教。这样，既能及时了解孩子的意图，也免得费心费力了。

故事育人

早晨做好蛋羹，我对晶晶说："你先去洗手，回来吃饭。"晶晶说："我已经洗完了。"我不相信，眼睛盯着她的手说："我看看。"晶晶伸出双手亮给我看。我见手心和手指都干干的，不像刚洗过的样子，知道她在撒谎，但没有马上揭穿，就默许她去吃饭了。

在餐桌前坐好，我把碗里圆圆的蛋羹切成"米"字状，舀出一块儿，放进晶晶的小铁碗里冷着。想到她刚才撒谎，我想趁这个时间教育她一下，便道："晶晶，我给你讲个故事吧？"晶晶不知我的用意，愉快地答应了。于是，我就开始一边编故事一边讲："从前有个小朋友，她以前很爱洗手，每到吃饭的时候，不用妈妈说，她就主动去洗手。后来，天凉了，她不想洗手了，就对妈妈撒谎说'我已经洗过了'。"听到这里，晶晶笑了："我也是这样。"我只想让她主动改正错误，并不想批评她，就继续编讲："其实她这样也没错，因为水太凉，洗手确实不舒服，妈妈不怪她，没有批评她，就用温水给她洗手。这样呢，小朋友又爱洗手了。"听到这里，晶晶终于明白了我讲故事的动机，对我说道："妈妈，我没有撒谎，我刚才也忘记了有没有洗手了。我再洗一次吧？"说着，从椅子上下来，向卫生间走去。

育儿心得：允许宝宝犯错误，并给他留面子。当宝宝犯错时，家长不必让他立即承认错误。如果妈妈能够宽容地对待宝宝，试图从宝宝的角度考虑问题，并引导他认识自己的错误，让宝宝感觉自己被理解和尊重了，他可能就会主动承认错误，并且改正错误。

讲妈妈自己编的故事

10月17日

晚上睡觉前，晶晶要我给她讲故事。我问："讲什么故事呢？"晶晶说："讲红袋鼠、火帽子、跳跳蛙的故事。"我又问："讲《幼儿画报》上的故事呀，还是讲妈妈自己编的故事？"晶晶简答："讲妈妈自己编的。"

想到晶晶最近常犯的错误，我便循着《幼儿画报》中"红袋鼠、火帽子和跳跳蛙"的故事模式，开始编起来："幼儿园放学了，红袋鼠、火帽子和跳跳蛙高兴地回家了。跳跳蛙回到家后，对妈妈说：'妈妈臭屁狗屎！'"晶晶一听笑了，因为这句不文明的话，是她前几天对我说过的。我笑着问晶晶："跳跳蛙这样做对吗？"晶晶"嘿嘿"地笑道："不对。"我又问："晶晶能不能这样对妈妈说话？"晶晶笑道："不能。"

我继续编故事："火帽子回到家，见到妈妈后，就打妈妈。"晶晶又笑了，因为前几天她刚打过我。我故意问："火帽子这样做对吗？"晶晶不好意思地笑道："不对。"我问："晶晶以后还打妈妈吗？"晶晶回答说"不打了"，又催我往下讲："该红袋鼠了。"我说："红袋鼠蹦蹦跳跳地回家了。看到妈妈……"晶晶打断我："红袋鼠肯定做得不错。"我没有表态，微笑着接着讲："红袋鼠看到妈妈在做饭，说：'妈妈辛苦了，我可以帮你干活吗？'红袋鼠妈妈一听很高兴，一把抱住红袋鼠说：'你真是个懂事的宝宝！妈妈这些活你干不了，等有了你能干的活儿，再帮妈妈干好吗？'红袋鼠说'好'。"讲到这里，我故意问晶晶："红袋鼠做得对吗？"晶晶说："红袋鼠做得对！以后我也帮妈妈干活儿！"我立刻

表扬："真是好宝宝！"

育儿心得：寓教于故事。宝宝喜欢听故事，却不喜欢听妈妈絮絮叨叨的说教。在教育宝宝时，妈妈如果能引用一个故事，或者自己编一个故事来帮助宝宝改正缺点，或许会收到不错的效果。

会跳舞的水草

昨天上午，晶晶用签字笔在本子上画画：一层套一层，套了无数个圆弧，又用各色彩笔在圆弧之间涂色，涂完之后看上去像彩虹一样。晶晶自我感觉很好，不停地自夸："这是小画家。"随后，又在彩虹旁边用紫色笔画了一只孔雀，并在其上下左右点了无数小点儿，像漫天的雪花。晶晶指着这幅画向我说明："这是孔雀！孔雀在做梦呢！"

今天早晨，晶晶翻出以前画的画，一幅幅地看。看到一幅画有"螃蟹"的画时，她用小手分别指着螃蟹旁边两处黄色的水草说："这是会跳舞的水草，这是和螃蟹手拉着手的水草！"

艺术启蒙：宝宝能更好地握住铅笔和水彩笔，他的绘画作品变得更形象、更生动、更细致了。他现在画的画，有些不需要提示，你也能够看明白了。另外，他多半能明确地想到要画什么。比如，他说："我要画一只孔雀。"随后就会画出来。

特别特别美味

早饭前，晶晶拿出一块广式"蛋黄莲蓉"月饼，用小勺切成四块儿，分给我一块儿，她自己三块儿。蛋羹做好后，我陪晶晶吃饭。她一会儿吃蛋羹，一会儿吃月饼，吃得不亦乐乎。蛋羹快见底时，晶晶手拿月饼蘸了一下碗底的调料，放进嘴里咬了一口，露出满意的笑容。接着，又用月饼蘸了一下调料，塞进我嘴里，笑眯眯地问我："美味吧？真美味！特别特别美味！"

语言能力：4至5岁是儿童语言发育的高峰期。这个年龄段的宝宝很喜欢说话，词汇量增加很快。他们在语言表达能力方面常常会有惊人的表现，并且还喜欢对事物进行"评价"。

妈妈和爸爸的小名

前天晚上睡觉前，晶晶问我："妈妈的小名叫什么？"我稍微犹豫了一下，

答道："叫丽丽。""丽丽!"晶晶笑着重复了一遍,又问道:"妈妈的小名为什么叫'丽丽'呀?"我笑而不答。晶晶又笑:"丽丽,嘻嘻,巧克力!妈妈是巧克力,我把你给吃了吧?"

今晚睡觉前,晶晶问爸爸:"你的小名叫什么?"爸爸笑着逗她:"爸爸的小名叫'爸爸'。"晶晶立刻嘟起嘴巴反驳:"不对!要是爸爸的小名叫'爸爸'的话,那茜茜要是喊'爸爸',爸爸也'哎'呀?"

育儿心得:不要刻意把自己当家长。孩子喜欢有童心的家长。如果你老是端着家长的架子,一味地命令孩子该干什么不该干什么,会引起孩子的不满,加重他的逆反心理。

全勤奖

10月29日

前天晚饭时,晶晶突然笑道:"过几天我就能得全勤奖了!"我不知所云:"什么全勤奖?"晶晶并不回答,自说自话:"上个月吴江、涛涛……得了全勤奖,这个月我也要得全勤奖。"我一想:10月份晶晶每天去幼儿园,没有休息过一天,看来她说的"全勤奖"是指这个。我以前只听说大人一个月不休班,可以得"全勤奖",还从未听说过幼儿园小朋友也会得全勤奖呢!真逗!于是,我笑问她:"'全勤奖'都奖励什么呀?"晶晶答道:"上次给了吴江一支铅笔。"

接下来的几天,晶晶每想到马上要得"全勤奖"了,就变得异常兴奋。昨天晚饭时,她喜滋滋地对我说:"周五我就得全勤奖了。"我一想:后天就是周五,人家开始倒计时了。看来她对这个奖很在意呢!接着,晶晶郑重宣布:"我再也不退园了!"我一听,很高兴。今天早晨,晶晶一睁眼就笑道:"明天我就得全勤奖了!"我伸头一瞧,只见姑娘的圆脸上鼓起了两只小小的乒乓球。

育儿心得:每个人都希望得到褒奖,宝宝更是如此。对于宝宝表现好的行为,家长一定要给予表扬或奖励,这会让孩子产生强大的动力,朝着更高的目标努力。

因为她没地方站了

10月29日

今天下午,幼儿园召开亲子运动会。站在晶晶他们中二班队伍最前面举牌子的,是晶晶的好朋友美美。晚上回到家,爸爸问晶晶:"为什么让美美举牌子呀?"晶晶面无表情地答道:"因为她没地方站了!"我听着忍不住笑了:作为班级代表站在队伍前面举牌子,是多么光荣的事情啊,怎么到了晶晶眼里,却变

成无可奈何了？

语言训练：通过讲述当天的经历，锻炼宝宝的语言能力。每天晚上，当全家人围坐在一起时，家长可以鼓励宝宝说一说当天经历过的事情，同时也把自己这一天中遇到的趣事和宝宝分享。这种沟通与交流，不仅能锻炼宝宝的语言能力，还能有效促进亲子关系。

爱操心的小姑娘

10月29日

几个月前的一天下午，我去小二班接晶晶时，发现每个小朋友手里都抓着一张纸条，上面写着："回家准备一个玩具（红、黄、蓝、绿、紫各种颜色均可），明天带到幼儿园来。"离开小二班，我牵着晶晶软软的小手，向园门外走去。走着走着，忽见晶晶指着前面喊道："宇宇，给你奶奶看通知！"我定睛一瞧，只见前面不远处有个小男生，右手抓着一张纸条，左手被一个老太太的大手牵着，正往门口走。听到晶晶喊，老太太从孙子手里拿过纸条，回头对晶晶微笑着说了声"谢谢"。

今天幼儿园"陶艺班"下课后，天色已黑。我牵着晶晶的手离开教室，随着人流往外走。走着走着，忽然发现安安一家三口出现在我们前面不远处。晶晶立即甩开我的手，一路小跑着追上安安，连声责问："安安，上课的时候老师问你问题，你为什么不回答呀？为什么老师让你回答问题的时候，你不回答啊？"听着晶晶的话，我心中暗笑：这个小人儿，一天得操多少心啊？谁让你管这么多了？

语言能力：处于语言高峰期的宝宝，常常爱多管闲事，喜欢批评别人，也喜欢告状。

晶晶编故事

10月30日

晚上，晶晶不睡觉，缠着爸爸给她讲个从来没听过的故事。爸爸"谨遵"女儿之命，开始编道："很久很久以前，有两个小朋友，一个叫'从来'，一个叫'没听过'。好了，我的故事讲完了。睡觉吧。"说着便把女儿往被子里塞。晶晶挣扎着从被子里钻出来，主动要求也讲一个故事："很久很久以前有两个小朋友，一个叫'汉斯'，一个叫'昂妖拟斯'……"我心中犯疑，便问："'汉斯'是什么意思，小朋友为什么叫'汉斯'呀？"心想：是不是因为前几天我给她讲过"笨汉汉斯"的故事啊？不料，晶晶却解释说："'汉斯昂妖拟斯'就是'把手放到膝盖上'。"我一听大笑："原来是 hands on your knees"啊！晶晶是在模仿爸爸的拆句法，给自编故事中的两个小朋友起名字呢！

早教点滴：鼓励宝宝编故事、讲故事。宝宝在小时候，喜欢编故事、讲故事。这既是锻炼宝宝表达能力的好机会，也是发展宝宝想象力的好机会。因此，家长要积极鼓励他这样做，不要给他泼冷水，更不能随便阻止。

小猪与 baba 爸爸

10月某日

晶晶画了一个卡通人物让我看，说："有一个小猪做梦，梦见他变成 baba 爸爸了。"我笑道："是吗？"晶晶拿走本子，又画了一个类似的卡通人物，拿给我说："这是一个女猪，她也梦见变成 baba 爸爸了。"我笑，问："她怎么没变成 baba 妈妈呀？"晶晶说："她也变成了：她先变成巴巴妈妈，最后又变成 baba 爸爸了。"

早教点滴：4岁的宝宝，已经会画很多东西了，如：人、树、车、房子。这一年宝宝的绘画能力发展很快。家长可以把宝宝的绘画作品分成几个阶段，挑选每个阶段最具代表性的作品，认真记下画画的日期，留作纪念。

第十章 **我是你的圣女果**

4岁7~8个月

亲

子

歌

文明用语歌

词：张秀丽
曲：《咚巴拉》曲

你说声"谢谢你"

我说"不客气"

你说句"对不起"

我说"没关系"

谢谢你不客气

对不起没关系

文明用语一定要牢记

谢谢你呀

不呀不客气

对不起对不起

没呀没关系

大姐，你来一遍

11月5日

我坐在床上，给晶晶讲《幼儿画报》（2009年第32期）中的故事——《哎哟，好疼！》，大意是：跳跳蛙丢了一根针，到处找都找不到，最后发现竟然扎在自己的屁股上。晶晶听完故事，骨碌爬起来，高高地站在床上，右手像帽檐一样遮着眼睛，一边孙悟空似的"眺望"着，一边笑道："一根针！"我看着大笑。晶晶很得意，放下右手，抬起左手，重复刚才的动作和话语："一根针！"我更笑。晶晶深受鼓舞，身体开始不停地变换各种造型，口中一遍遍地说着"一根针"、"一根针"……望着她层出不穷的花样，我笑得几乎喘不过气来。小姑娘越发得意，表演结束，仍不放过我，笑呵呵地凑到我脸前说："大姐，你来一遍！"

早教点滴：对学龄前的宝宝来说，自由玩耍比有计划性的活动对健康更有益。所有的宝宝都需要有一些无所事事、随性玩耍的时间。唯有这样，他们的想象力才能得到无拘无束的发挥。家长要避免将宝宝的时间塞满各种课程和活动。

象形文字

11月6日

想起昨天发生的事有趣，我准备写下来，便问晶晶："昨天你说'一根针'、'大姐你来一遍'是怎么回事来着？"晶晶自告奋勇地说："我给你写上吧？"说完，夺过我手中的笔，就要往本子上写。我心想：你又不会写字，该怎么写呀？为了不影响她，我就默不作声，静观其举动。只见晶晶拿着笔，在本子上一边画画一边念叨……我心中惊叹：这不就是人类早期的象形文字嘛！

艺术启蒙：4岁的宝宝感知能力比较好，他们常常把画画当成一种游戏，学画特别有热情。家长要利用宝宝喜欢画画的特点，注重培养他的观察力、记忆力及想象力。

我是你的圣女果

11月8日

晶晶2岁多的一天，我对她说："我是你的粉丝。"晶晶立刻回应道："我是你的西红柿。"这句话大大出乎了我的意料，惹得我笑了好久。在以后的日子里，我还不时地将它拎出来，和晶晶一起回味。

今晚睡前，我又想起了这件事，对晶晶笑道："我是你的西红柿。"说完，"幸灾乐祸"地望着她，心想：我把你的话说了，看你怎么办！不料，晶晶根本不认为遇到了什么"灾"和"祸"，张口接道："我是你的圣女果。"我心里"咯

噔"一下：怎么又冒出"圣女果"来了？好，"圣女果"就"圣女果"吧，你"圣女果"，我也"圣女果"，看你还有何新花样。想到这里，我对她笑道："我是你的圣女果。"谁知，晶晶却指责我说得"不对"。我心下纳罕：这还有什么对不对吗？于是向她请教。晶晶分析说："因为西红柿大，圣女果小，只能你是我的西红柿！"我一听，有道理！如此看来，人家刚才那样说，是有根有据的，并非信口开河啊！

亲子游戏：词语接龙。家长说出一个词，让宝宝以这个词的最后一个字开头，组一个词；然后，家长再用同样的方法也组一个新词（如：家长说"水果"，宝宝可以说"果园"，家长可以说"园丁"……），依次类推，直到接不下去为止。但要注意：所接的词语不能重复出现，但可音同字不同。做这种游戏，有助于帮宝宝巩固所学的词语，促进宝宝的想象力，以及对语言的反应能力。

拼故事

11月9日

　　一天晚饭后，晶晶手拿剪刀剪一张不知从哪儿得来的彩色画报。剪完后，她把剪下来的图片递给我看。图片共有4张，分别是：一个日本武士、一个小茶杯、一个手拿话筒的卡通人物和一只拿着话筒的卡通狗。另外，还有两张碎纸片。晶晶把其中一张碎纸片递给我，嘱咐道："这个故事是：这个人有钱吗？你写上：'这个人有钱吗？'"我心里笑：这个小姑娘怎么想到钱了？为哄她开心，我照做了。晶晶看了看我写的字，比较满意，对我说："你再写'没有没有，就没有。'"我乖乖地写上了。晶晶收回这张纸片，又递给我另一张，并交代说："你写上：'你有钱吗？真的有。'"我很快写完了。晶晶说了句"好了"，便收回纸片，拿去客厅玩了。我有些疲惫，不想再参与她的活动，只在旁边守着，任凭她一个人忙活。晶晶手拿剪刀一会儿剪纸，一会儿剪透明胶带，又用透明胶带把先前剪下来的纸往墙上贴。贴完后，我们就回卧室睡觉了。

　　第二天上午，我无意中看了一眼晶晶昨晚贴到墙上的画，不禁大吃一惊：她居然将剪出的4张图片组成了一幅连环画：从右往左第1幅图是手拿话筒的卡通狗，下面贴着我昨晚写的字："这个人有钱吗？"第二幅图是小茶杯，图下的文字是："没有没有，就没有。"第三幅图是拿话筒的卡通人物，配图文字是："你有钱吗？"第四幅图是日本武士，文字是："真的有。"4幅画连在一起看，就像一个小故事：小狗采访小茶杯，问："这个人有钱吗？"小茶杯回答说："没有没有，就没有。"卡通人物采访日本武士，问："你有钱吗？"日本武士说："真的有。"

智力发育：宝宝已经能够依靠事物在头脑中储存的具体形象和经验进行逻辑推理，发现事物之间的内在联系了。

"街舞"与"牛舌饼"

11 月 14 日

一日晚饭时，电视中正上演舞蹈大赛颁奖晚会。当颁奖嘉宾宣布"街舞"的获奖名单时，晶晶问："'接（街）舞就是一个接着一个跳舞吗？"

今日早餐时，晶晶吃了一半儿蛋羹就不想吃了，搬着小椅子来到冰箱旁，踩着椅子上去，把我藏在冰箱顶上的巧克力和茯苓夹饼拿了下来。我担心这两种零食含糖量太高，不想让她吃，便拿出牛舌饼来和她交换。晶晶接过牛舌饼，自问自答："牛舌饼是什么？就是牛和蛇在打架的时候做成的饼。"哈哈！小姑娘把"牛舌饼"当成"牛蛇饼"了！

成长解读：形象思维为主。4～6 岁的宝宝，形象思维仍占主导地位。他们在接触到一个新词时，喜欢把它和具体的形象联系起来，理解其意义。

变成大姨

11 月某日

晶晶对我笑道："要是我的姐姐生了宝宝，我就成了大姨了，对吧，妈妈？"我大笑：这点儿小人儿，还想当"大姨"呢！为鼓励她思考，我肯定了她的说法，并未指出她话语中"大姨、小姨"的小错误。晶晶很开心，又说道："妈妈生了宝宝，你的姐姐就变成我大姨了，对吧？"

成长解读：4～6 岁的宝宝，形象思维占主导地位，但已经出现了抽象逻辑思维的萌芽。宝宝对于事物的理解也发生了各种变化，如：从理解单个的事物发展到理解事物间的关系。

我不是狗

11 月 15 日

中午 11 点，晶晶爸回到家，饿了，见桌上有半个小面包，抓起来说："这面包没人吃我吃了！"说完，就要往嘴里送。送到嘴边时，忽然感觉不对劲儿，又放了下来："哦，是剩的？谁剩的？"晶晶赶紧洗刷自己："不是我。"爸爸当然不信，逗她说："那是狗剩的。"晶晶一听火了："我不是狗！"

智力开发：训练宝宝的推理能力。推理是判断的方法之一。在日常生活中，只有善于推理才能预测结果。妈妈在给宝宝讲完一个故事以后，可以让宝宝练习回答"因为……"、"所以……"的问题，使他通过推理，弄清事情的因果关系。

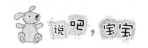

很算！特别算

一天，晶晶喝水。爸爸问："水热吗？"晶晶答道："不热，正合适！'真'正合适！我觉得怎么'这么'正合适啊？"

今天上午，我们收拾好东西，准备去游泳。我原本就没学会游泳，最近一年又没下过水，心想情况肯定会更糟糕。下水一试，能在里面扑腾七八下。我有些心虚地问晶晶爸："我这算会游泳吗？"他微笑着摇头"打击"我："不算。"不料，晶晶却在旁边冲我直点头："很算！特别算！"

早教点滴：宝宝学游泳应注意以下问题：选择合适的泳衣、泳裤、泳帽和泳镜等用品；游泳前，不要空腹或吃得太饱；游泳前后应有充足的睡眠。此外，宝宝在学游泳的过程中，如果能得到父母的鼓励和支持，他学游泳的兴趣就会很浓。

画故事

吃完早饭，我刷碗，晶晶画画。我的碗刷完，她的一幅画也画好了。见我过来，晶晶忙向我介绍她画的内容。起初我不知所云，听到最后，终于明白了，原来她画的是《邯郸学步》里的燕国人在模仿邯郸人走路。我见她画得比较有趣，便用夸张的语气称赞了她。晶晶信心大增，又画了一个小女孩和一只大灰狼，并介绍说，这幅画画的是小红帽遇见大灰狼装成了狼外婆的样子。我一看，也不错，又表扬了她。晶晶再接再厉，又画了一幅画，说是《三只小猪》。我拿起本子一看，画面上只有一只小猪，便问原因。晶晶郑重其事地说："那两只小猪走了，去找大灰狼了。"我哈哈大笑：你可真会解释！要是一只小猪都不画，说三只小猪都去找大灰狼了，岂不更省事吗？你这个小人儿呀，究竟是怎么想的啊！

艺术启蒙：宝宝画画，未必只有画得像才算是画得好。正如毕加索的画，画中的那些形象与现实生活中的事物也并非完全一致。倘若用"像不像"来作为评价宝宝画的惟一标准，可能会束缚他的想象力和创造力。

但我现在不想告诉你

晶晶和我一起看《幼儿画报》。看到"找不同"版块，晶晶很欣喜，嚷着要找。书上要求找7处不同。她很快就找到了5处，但最后两处，找了很久也没找出来。她开始有些担心了，问我："妈妈，你找到了吗？"我说："嗯，我找到了。"晶晶一听，很不服气："我也找到了，但我现在不想告诉你。"

亲子游戏：玩"找不同"的游戏，可以发展宝宝的观察能力。家长可以在训练幼儿智力方面的书刊中选出两幅有细微区别的图画，让宝宝仔细观察，寻找有哪些不同之处。当宝宝没有全部找出时，家长可以给予提示，但必须是在征得宝宝的同意后；如果没得到宝宝的同意，家长最好不要"帮忙"，否则可能会引起宝宝的反感。

爸爸一点儿也不"亲爱"

11月24日

今天我做的晚饭，刷碗的事该归晶晶爸了。饭后，晶晶拿着爸爸的手机玩游戏。我知道不用急着去收拾了，便抓起一把瓜子，故作悠闲地嗑着，观察晶晶爸的反应。小姑娘见我行为反常，便问："你怎么不去刷碗、嗑起瓜子来了？"我轻轻一笑，反问她："你怎么不让爸爸去刷碗呢？"晶晶爸不讨厌做饭，却对刷碗深恶痛绝，见我这样说，吓得赶紧讨好女儿："你亲爱的爸爸还得陪你玩游戏呢，对吧？"小姑娘并不领情，冷冷地看着爸爸说："爸爸有什么'亲爱'的，'亲爱'的是妈妈！爸爸一点儿也不'亲爱'，妈妈才'亲爱'呢！"

语言能力：5岁左右的宝宝，能比较自由地表达自己的思想感情了。他们有强烈的语言要求，乐于谈论每一件事。语言的发达与智力和情感的发展互相关联，通过宝宝的语言，我们也可以了解到宝宝复杂的个性。

爸爸才不程序呢

11月25日

今天的晚饭仍是我做的，刷碗的事仍属晶晶爸。他显然很不情愿，但又没有办法，只好一边收拾，一边不时地寻找借口，宣泄心中的不快："看见了吧？我把这个（指餐桌上的虾皮和咸菜）放进去（指冰箱里），拿出这个（盛馒头的袋子）来，这样就会少开一次冰箱……"擦桌子时，指残余物："这是昨天剩的，你昨天没擦干净。"又拿出笤帚扫地："先收拾完这边再去刷碗，这叫'程序'！"晶晶被爸爸唠叨得不耐烦了，抢白道："'程序'什么'程序'，爸爸才不程序呢，妈妈程序！"爸爸笑了："晶晶，你知道'程序'是什么意思吗？'程序'就是坏蛋！"晶晶虽然不知道程序是什么意思，但很明白爸爸说得不对，高声指责他说："不对！爸爸骗人！"

早教点滴：避免在宝宝面前喋喋不休。家长在跟宝宝说话或提要求时，应尽量使自己的话语简单明了：每次告诉宝宝事情的2~3个步骤即可，同时督促他照着去做。这样宝宝一般会做得比较好。如果家长把自己真正要表达的意思和许多"废话"夹杂在一起喋喋不休，宝宝并不清楚家长究竟要说什么，反而会忽视他们的话。

鼠标、商标

晶晶下午睡醒后，我帮她试穿新买的裤子。晶晶抓起裤子上的商标说："这个鼠标还没去呢！"我一笑，给她纠正道："不是'鼠标'，是'商标'！"晶晶"事后诸葛亮"："我早就知道了，这是'商标'。"我故意问："那你刚才为什么说是'鼠标'呀？"小姑娘狡辩："因为它是像老鼠一样的标！"

早教点滴：适当重复可以帮助宝宝加深印象，对事物产生长久的记忆。例如，妈妈要想让宝宝认识"鼠标"，根本不需要刻意去教，只需在用到鼠标时，对他说"我移动一下鼠标"，或让宝宝"不要动鼠标"。经过几次重复，宝宝就能牢记"鼠标"这个词了。

三举两得

我拿着新到的《幼儿画报》，给晶晶念"一举两得"的故事。念完故事，晶晶问："什么是'一举两得'呀？"我说："'一举两得'就是说做一件事，可以同时得到两方面的好处。你有没有做过一举两得的事呀？"晶晶的答案自然是"当然做过"。我又问："你做过的什么事是'一举两得'的？"小姑娘不说话了。我想让她真正弄清楚这个成语的意思，便举例说："下午，我去幼儿园接了你，又带着你去买馒头，然后一起回家。走这一圈，把你也接回来了，把馒头也买回来了。我这样做就是'一举两得'！"晶晶听完笑了："我做过'三举两得'的事！"我大笑："什么'三举两得'的事？"从我的笑声中，晶晶意识到自己的说法有问题，又改说道："两举三得！"

育儿心得：家长在给宝宝解释词语时，可以用举例子的方法。这样，宝宝理解起来会更容易。

我是C型的

爸爸面对着晶晶，猛地抬起右手，像是要打她，最后却轻轻落在了自己的脑门上，唬了晶晶一大跳。爸爸笑道："晶晶，你知道怎么吓唬人吗？就是这样。"说着又重复了一下刚才的动作。我和晶晶大笑。爸爸怂恿女儿："你去吓唬妈妈！"晶晶笑嘻嘻地跑到我面前，模仿爸爸刚才的动作，一次次地吓唬我。我大笑："小时候，我还不知道这个游戏时，小玲子（我儿时的好友）就这样吓唬我。O型血的人性格太好了，又幽默又坚强，小玲子的血就是O型的。"爸爸问晶晶："你是什么血型啊——爸爸是A型的，妈妈是B型的。"小姑娘把头一扬，自命不凡地答道："我是C型的！"

早教点滴：做孩子的玩伴。孩子不仅渴望得到妈妈的呵护，更希望妈妈是自己的玩伴。能和孩子一起唱歌、跳舞、做游戏的妈妈，孩子最喜欢。

我给妈妈暖暖被窝

12月6日

该睡觉了。我把晶晶塞进被子后，准备去关灯。小姑娘坐在被子里，笑眯眯地说道："我给妈妈暖暖被窝。我怕妈妈冷！"我大为感动："谢谢晶晶！晶晶成了'黄香'了！"小姑娘也大笑："我成'黄香'了！"夸完晶晶，我又一想："香九龄，能温席"，晶晶才4岁半，比黄香还强呢！

关灯后，晶晶要尿尿。我先下床，给她准备好拖鞋。晶晶坐起，来到床边，我给她穿上鞋，扶她下床。晶晶坐盆小便，我担心她冷，像往常一样，蹲在她背后紧抱着她，给她暖身子。晶晶问："妈妈冷吗？"我说："不冷。"晶晶不放心，把手绕到背后，揽住我的腿说："我给妈妈暖暖。"我心里又是一阵感动：晶晶更知道体贴妈妈了！

早教点滴：让宝宝学会感恩。妈妈要让宝宝用心体会周围美好的一切：美丽的大自然，动人的亲情，宝贵的友情……还要告诉宝宝，对他人所给予自己的哪怕是微不足道的帮助和关怀，都要心怀感激。只有这样，宝宝才会真正感受到生活的美好和幸福。

咱们为什么不是一条腿啊

12月11日

晶晶微笑着问我："妈妈，咱们为什么不是一条腿啊？"我一听也笑了："因为一条腿走得慢，两条腿走得快。"晶晶又笑："那什么只有一条腿啊？"我想了想又笑："小树只有一条腿。你小时候可逗了：有一次咱们去院里玩，你指着一棵小树对我说：'它一条腿站着！'好玩吧？"晶晶笑道："真好玩……也有没有腿的树，在天上。"我"信以为真"："是吗？你见过吗？"晶晶毫不犹豫地说："我见过！我在幼儿园见过。"

早教点滴：这个年龄的宝宝，不仅想象力异常活跃，而且语言技能也突飞猛进。此时，他会一本正经地向你描述一些很离奇的故事。碰到这种情况，你最好把这些故事记下来，或让他对着摄像机讲这些故事。这样做的话，等到将来有一天，你就可以和他一起开开心心地回顾现在的场景了。

我会"找的同"

12月12日

上午，我带晶晶去院里玩，遇到了3岁的跃跃。晶晶用新学会的智力游戏考

跃跃："你会'找不同'吗？"跃跃张口答道："我会'找的同'。"晶晶大笑，为他纠正错误："不是'找的同'，是'找不同'！""不"字说得很重，像在它下面加了一个着重号。我也大笑：跃跃太小了，还不明白"找不同"是怎么回事呢！

早教点滴：宝宝一开始玩"找不同"游戏，也许只能找出其中一两处比较明显的不同。这很正常。家长可以启发宝宝观察两幅图中某种物体的颜色、数量等有无变化，也可以让宝宝将图分成几大块，逐一进行比较，找出不同之处，逐渐掌握"找不同"的方法。

识数

12月13日

早饭时间，电视里演到：记者采访电视节目主持人时，主持人指着表演《我会走了》的五岁的小演员们说，他们太小了，我问他们："你们识数吗？"他们都说"不识"。看到这里，晶晶一脸茫然地问我："什么是'识数'呀？"我回答说："就是认识 1、2、3、4、5……"晶晶听了，脸上的茫然立刻变成了不屑："我都识数了，他们都 5 岁了，还不识数呢！"我心里一笑：小姑娘又自高自大起来了。本以为这个话题就这样过去了。谁料，过了一会儿，晶晶突然又说："他们说'不识'，是因为他们不知道'识数'是什么意思！"我一听，非常震惊：可能真是这样！晶晶和小演员们年龄差不多，最了解他们的心理。她最初听到主持人说"识数"，不也是不明白它的意思吗？

育儿心得：宝宝和成人之间能否进行顺利地沟通和交流，关键在于成年人：如果成年人不了解宝宝的心理、语言特点和接受能力，用宝宝听不懂的话和他交流，自然不能取得圆满的成果。

什么是"刺激"呀

12月13日

下午 4 点左右，我带晶晶去健身器处玩儿。走到那里一看，和晶晶同龄的小朋友一个都没有，只有一个 8 岁的小哥哥，因没有玩伴儿无精打采地站着。晶晶想和小哥哥一起做游戏，小哥哥勉强答应了，问晶晶："咱们玩什么呀？"晶晶提议说："咱们玩'木头人'吧？"小哥哥失望地喊道："哎呀，没意思。"晶晶又提议："那咱们玩'三个字'吧？"小哥哥听了，又是一声"哎呀，没意思"。我在一旁窃喜：晶晶说的这俩游戏，都是幼儿园 4、5 岁的小朋友玩的，小哥哥都 8 岁了，上小学 2 年级了，当然觉得"没意思"了。

尽管自己的提议一次次地被否决，晶晶却并不泄气，仍满怀期待地问小哥哥："那咱们玩'红灯绿灯小白灯'吧？"这回，小哥哥的说法有了改变：在说

完"哎呀，没意思"之后，又加了三个字——"不刺激！"见自己的提议居然是高深莫测的不"刺激"，小姑娘满心欢喜，诚恳地向小哥哥请教："什么是'刺激'呀？"

社会交往：鼓励宝宝参与小伙伴的游戏。在与小伙伴一起游戏的过程中，宝宝不仅能学会与他人沟通、协商，还能学会等待、合作、分享等优良品质。

你整天就知道拿着遥控器

12月16日

晶晶手拿豆沙饼，并不是咬着吃，而是用手指抠吃里面的豆沙馅儿，结果弄得满地都是碎渣。我批评她，她没有反驳，主动要求扫地，像是要立功赎罪。我当即答应了。晶晶拿来扫帚和簸箕，认真地扫碎渣。把碎渣扫成一小堆后，又往簸箕里扫。由于簸箕头抬得太高，扫了几次都未成功。一直躺着床上冷眼旁观的晶晶爸看到了，要我给女儿作示范。晶晶不同意，紧抓着笤帚把不肯放权。爸爸急了，举起手里的遥控器，瞄准电视威胁晶晶："你不给妈妈我就换台（电视里正在上演晶晶爱看的《数字乐园》）！"晶晶一听也急了，大声斥责爸爸："你整天就知道拿着遥控器！"爸爸"哈"地一声笑了，身体像鼓鼓的气球突然松开了口，顿时瘫软下来。

成长解读：宝宝执拗、不听话，这是他希望独立做事、展示自己能力的信号。只要宝宝想干的事是安全的、合理的，家长就不必强迫他一定要服从自己，而应给他独立自主的机会。

我心情很满意

12月19日

今天上午，我给晶晶买了一件新衣服。晚饭时，我问她："你觉得妈妈新买的衣服漂亮吗？"小姑娘微笑着点点头："漂亮，我心情很满意。"我一笑："应该说'我很满意'，不能说'心情很满意'。'心情'应该说'好'还是'不好'。"

早教点滴：激发孩子的快乐情绪。人的天性中就有快乐的成分。家长尊重孩子的想法，给他一个自由自在的活动空间，鼓励他去发展自己的兴趣爱好，这样做有助于激发孩子的快乐情绪。

两个女人的关系

12月22日

昨天，晶晶爸外出开会前，从兜里掏出五块独立包装的小点心（一块年糕，一块桃酥，一块椰糕，两块小饼干），对我说："给晶晶的，你也可以吃。"说完

走了。见小点心做工精美，仿佛工艺品，而且每种仅有一两块儿，我不舍得吃，就把它们放进了食品箱里，给晶晶留着。下午，晶晶放学回到家，我拿出小点心给晶晶，她吃了两块。

今天晚饭后，爸爸问晶晶："我给你的小点心，你吃了吗？"问完，看着我的脸坏笑道："妈妈给你吃了吧？"我白了他一眼说："我和晶晶什么关系呀，我怎么可能吃她的东西呢？除非对她有害。"爸爸笑眯眯地问晶晶："你和妈妈是什么关系呀？"晶晶看着我笑，等待答案。我对她耳语："是母女关系。"晶晶听完，马上向爸爸宣布答案："是母女关系！"爸爸又问："母女关系是什么关系？"晶晶高声答道："就是两个女人的关系！"我一听大笑，忙给她纠正错误："就是妈妈和女儿的关系。"晶晶不好意思地"哦"了一声。爸爸再问晶晶："咱俩是什么关系？"晶晶张口即说："爸……""爸"字一出口，后面不知该说什么了。爸爸鼓励她："哈哈，你有点儿说出来了。"晶晶一听，马上有了自信，大声说道："就是男人和女人的关系！"

社会交往：现在的宝宝可能非常健谈，和他人交往时，也会表现得非常友好，喜欢取悦他人，也会表示同情与关心。

旧词新解

12月某日

一日，晶晶笑："父亲就是爸爸。"我也笑："对了。"晶晶又笑："母亲是妈妈，像母鸡一样。"我大笑："你太可爱了！"

又一日，我想起前几天晶晶关于"热胀冷缩"的回答很有趣，却又忘记了她是怎么说的，便问："晶晶，什么是'热胀冷缩'呀？"晶晶说："就是'人热了就脱衣服，冷了就打哆嗦。'"我大笑：她那天就是这么说的。晶晶继续解释："要是气球的话，热了就大，冷了就缩回去。"

早教点滴：用简单的语言教宝宝掌握新词。这个年龄段的宝宝，理解语言的能力增强了，妈妈可结合宝宝已有的经验，用简单的语言来解释新词所代表的含义。如：遇到"美丽"、"漂亮"等新词，可以用宝宝已经掌握的"好看"来进行解释。

我为什么不是小青蛙呀

12月27日

晶晶很遗憾地问我："妈妈，我为什么不是小青蛙呀？当小青蛙多好啊！"我很诧异："为什么呀？"晶晶说："因为小青蛙是两栖动物，既可以在陆地上

生活，也可以在水里生活。"我心里赞成她的说法，但又不想放弃作为人的骄傲，便说："咱们也可以到水里去呀！"晶晶并不认同："但是只能呆很短时间。"我还想说服她："当小青蛙多不好呀，天冷了，也没有羽绒服穿，还得光着屁股；也不能吃冰激凌。"晶晶固执已见："我不想吃冰激凌……"

智力开发：改变固有思路，培养宝宝的想象力。想象力最大的敌人是墨守成规。要培养宝宝的想象力，家长可以让宝宝从不同的角度考虑问题。比如：假如我们是小青蛙，会怎样？

胖度

12月27日

我从卧室来到客厅，见晶晶正在大喝饮料，不由得惊叫："哇，你喝这么多了！"晶晶说："都喝了两米了！"我一笑："不能说喝了多少米。'米'是指高度……"晶晶笑着打断我："应该说'胖度'。"我又笑："应该说多少毫升。"晶晶马上改口："我喝了5毫升。"我心里笑道：你喝得那么多，可远远不止5毫升啊！还不知道"毫升"是啥意思，你就忙着"学以致用"了！

语言训练：培养宝宝的口语表达能力，需要增加语言的信息量。妈妈应尽量使用规范化的语言，将足够多的语言信息输入宝宝的大脑中。比如：每天花20分钟给宝宝读故事，或者朗诵美文。

小孩 tā，大人 tā

12月28日

晚饭后，晶晶开始"臭美"：在橘黄色毛衣外面套上夏天穿的天蓝色公主裙，背上在植物园买的纱制红蝴蝶，戴上粉色发卡，打扮得花里胡哨的，在床上跳舞，还强烈要求我给她录像。"臭美"完之后，又开始问我每天都要问无数次的问题："妈妈，你最喜欢谁呀？"我悄悄指晶晶："我最喜欢她。"晶晶的眼睛故意避开我的手，明知故问："男'tā'呀还是女'tā'呀？"我笑道："是女'tā'。"晶晶又问："是小孩'tā'呀还是大人'tā'呀？"我顺着她的话，将错就错地笑道："是小孩'tā'。"晶晶装出一幅恍然大悟的样子："哦，我知道了，你说的不就是我嘛！"

育儿心得：和孩子说话，要深入浅出，用他能听得懂的语言和他交谈，必要时甚至可以借用孩子的表达方式。即便他的表达方式不正确，也不要老为他纠错，否则可能会打击孩子学习语言的积极性。孩子接触的语言多了，慢慢就会自己纠正错误，学会正确的表达方式。

上班与休息

早晨，晶晶醒来，笑道："今天是星期二。"我一笑："对了。你还记得呢！""嗯。"晶晶点点头，然后开始数："星期一、星期二、星期三……星期六。"数到这里，问我："为什么是星期一到星期五呀，不是星期一到星期六呀？"我说："从星期一到星期五上班，这样星期六和星期天都可以休息，能休息两天。要是从星期一到星期六，那样就只有星期天一天可以休息了。"晶晶突发奇想："那为什么不是星期六和星期天上班，星期一到星期五休息呀？"

早教点滴：4～5 岁是宝宝思维活动发展的关键期，家长可以对宝宝进行逆向思维训练。这种训练主要是不断丰富宝宝的知识、发展他的语言，帮助宝宝学会从正反两个方面思考问题，并做出判断。

亲

子

歌

我 是 一 个 好 娃 娃

词：张秀丽

曲：《粉刷匠》曲

我是一个好娃娃

我的本领大

折纸剪纸和画画

样样顶呱呱

爸爸伸出大拇哥

妈妈把我夸

乐呀乐得我心里

开了一朵花

做饭水平

今日晚餐，我做了一道家常菜——清炒土豆丝，晶晶爸做的是色泽诱人、香酥可口的新菜——油炸小银鱼。晶晶品尝完这两道菜，双手拉开半尺长的距离，比划着对我说："爸爸做饭的水平这么高！"然后又将距离缩短至一寸，说："妈妈做饭的水平这么高。"爸爸听到夸奖，乐颠颠地从厨房里跑了过来。晶晶见爸爸亲自来领表扬了，右手高高地举向天空说道："爸爸做饭的水平都像天这么高了！"

育儿心得：亲自为宝宝做饭很重要。很多父母由于工作忙，都是请老人或保姆给宝宝做饭。其实，父母亲自给宝宝做饭更好。这样不仅能够了解宝宝的口味，随时为宝宝准备可口的饭菜，还能根据宝宝的身体发育情况，及时变换菜单，保证宝宝营养均衡。并且，在老人或保姆离开时，也不至于因无人做饭手忙脚乱了。

怎么钱

晶晶和爸爸在卧室里玩"开心小超市"的游戏：晶晶扮售货员，爸爸扮顾客。爸爸指着满床的玩具，一个个地问"这个多少钱"、"那个多少钱"，晶晶很愉快地一一做了回答。后来，爸爸指着玩具"美羊羊"问："这个怎么卖？"晶晶从未听到过这种提问方式，一下懵了，迟疑了好大一会儿，才不自信地小声答道："我也不知道'怎么钱'。"

益智游戏：开心小超市。玩这个游戏，可以使宝宝获得多种收益：通过在游戏中扮演角色，弄清楚各种角色的职责，以及在活动中要遵守游戏规则；通过模仿成人活动，可以体会到劳动带来的辛苦和快乐；还能培养宝宝做事的积极性和主动性。

丑小鸭

前不久，我们答应晶晶，元旦期间带她去看舞台剧《丑小鸭》。谁料，前几天天气还好好的，昨天夜里风云突变，下起了大雪，直到今天早晨还没停。还去不去看《丑小鸭》呢？我们有些犹豫。晶晶自然是强烈要求去看。为兑现承诺，今天上午，我们冒着大雪，带着晶晶打车来到了剧场。

演出开始了，晶晶很兴奋，眼睛一眨不眨地盯着舞台看。可是看着看着，她突然抽抽嗒嗒地哭了起来，还说不想看了，要走。我大吃一惊。静下心来一想：

晶晶哭，可能是因为看到大家都不喜欢丑小鸭，替它难过呢！没想到平时如此乐观的晶晶，还多愁善感呢！

看完节目回到家，我问晶晶为什么哭。她委屈地答道："因为妈妈不喜欢跟我玩。"我又吃一惊："妈妈不是一直跟你玩吗？"晶晶找借口："妈妈上班的时候不喜欢跟我玩！"

早教点滴：教育宝宝要有诚信。要想培养宝宝良好的诚信品质，家长应以身作则，为宝宝树立榜样：不要随便对宝宝许诺，在做出承诺之前一定要三思。但是，一旦对宝宝做出了承诺，就要尽量兑现，做到言而有信。

99加上小脚丫等于几

1月6日

晚饭后，晶晶在床上玩，我累了，就躺在旁边陪她。晶晶玩着玩着，突然问我："妈妈，12减1等于几？"我漫不经心地答道："等于11。""那11减12等于几？""等于－1。""那－1加100等于几呀？""等于99。"我正等着继续做常规练习呢，不料晶晶话锋一转，问："那99加上小脚丫等于几？"我大笑："这怎么算呀？"晶晶看看我，笑嘻嘻地伸出右脚，向我亮出贴在上面的"秘密武器"——带有数字"1"的小贴画："'99加上小脚丫'就是加上脚丫子上的1！"我哈哈大笑：谁知道你这小脚丫上还有猫腻呢！

早教点滴：教宝宝学习5以内数字的组成及5以内数字的加减法。家长可以用小棒或积木等小物品，先后摆出1个、2个、3个、4个、5个，让宝宝分别看看它们能不能分。如果能分，看看可以分成几种不同的组合。等宝宝摆得熟练之后，再教他学5以内的简单加法和减法。通过这种学习，宝宝可以从实物运算，逐渐上升到学会心算。

中名

1月6日

晚上，上床关灯后，晶晶又开始了百问不厌的问题："妈妈，你最喜欢谁呀？"我抓了一把她肉乎乎的小胳膊，笑道："当然最喜欢这个小朋友喽！"晶晶佯装不知，又问："她叫什么名字呀？"我笑："她有好多名字：晶晶、水晶、小点儿……"听到"小点儿"三个字，晶晶打断我说："不对，我现在不叫小点儿了！"我想起她曾说老师还喊过她"凯蒂"，便说："那还有凯蒂……"晶晶笑着补充："还有生日蛋糕。"我大笑：怎么又冒出来个"生日蛋糕"呀？晶晶也笑，问我："她小名叫什么呀？"我答："叫晶晶。""她大名呢？""大名叫水晶。""那她中名呢？"我反问："什么是中名呀？"晶晶提示："就是大名小名中

名。"我笑："是这样啊，我不知道她中名叫什么。""她中名叫'生日蛋糕'！"晶晶调皮地笑道。

早教名言：孩子只有在感到有人爱他的情况下，他的语言才会得到充分发展。——施莱柏

什么是"创意"呀

1月14日

听中国传媒大学的一位老师说：中国的教育要求孩子要"乖"，这使很多孩子长大后缺乏创新精神。想到这一点，我有些苦恼，问晶晶："你们班的小朋友谁最有创意呀？"晶晶立即"抢答"："我！""抢答"完毕，又悄声问我："什么是'创意'呀？"我心里笑道：还不明白是啥意思呢，就说是"你"了！为了不扫她的兴，我说："创意就是会想出新点子。"晶晶仍不明白："什么是'新点子'呀？"我向她举例说明："比如说，小朋友们都用一种方法折飞机，有一个小朋友却想出了用另一种方法折，这就叫'创意'。"晶晶一听是好事儿，"深沉"地点点头说："哦，那就是我。"

早教点滴：用宝宝能够理解的话来解释现象。宝宝年龄小，知识水平和认识能力、理解能力有限。家长在对宝宝做解释的时候，一定要考虑他们的理解能力。对于一些宝宝难于理解的问题，家长可以利用一些小故事或者比喻来对宝宝进行解释。

儿童心理发展测试

1月16日

今天阅读陈帼眉、冯晓霞、庞丽娟的《学前儿童发展心理学》，见其中有几道测试题比较有趣，我便"拿来"，仿造了几道题，测试晶晶。

第一题：我问晶晶："你有哥哥吗？"晶晶答："有。"我问："谁呀？"晶晶想不起来。我提示："比如飞飞哥哥。"晶晶猛醒："对了，飞飞哥哥。"我又问："飞飞哥哥有妹妹吗？"晶晶答："没有。哦，有。"问："是谁呀？"答："是我。"

第二题：我问晶晶："为什么有白天和黑夜呀？"晶晶答："因为太阳出生的时候，月亮就落下去了；月亮出生的时候，太阳就落下去了。"

第三题：我问："一切果实都有种子。萝卜里面没有种子，所以萝卜怎么样呢？"晶晶笑道："所以萝卜红。"

第四题：我问："一切木制的东西在水中都能浮起来。这个东西在水中不能浮起来，所以这个东西怎么样呢？"晶晶答："所以这个东西没有力气。"

早教名言：家庭的智力气氛对于儿童的发展具有重大的意义。儿童的

一般发展、记忆，在很大程度上取决于：家庭的智力兴趣如何，成年人读些什么，想些什么，以及他们给儿童的思想留下了哪些影响。——苏霍姆林斯基

你有"表妈"吗

1月22日

晶晶问："妈妈，我有表姐吗？"我说："有啊。"晶晶问："谁是我的表姐啊？"我说："丹丹姐姐、凌波姐姐都是你的表姐。"晶晶又问："那妈妈有表姐吗？"我仍回答说"有"。晶晶问："你有表妹吗？"我答："没有。"问："爸爸有表妹吗？"答："爸爸有。""爸爸有表哥吗？""有。""爸爸有表弟吗？""有。"晶晶问完一圈，满意地走了。过了一会儿，又返回来问："妈妈，你有'表妈'吗？"我一听，大笑："什么是'表妈'？"晶晶也笑："就是你的另外一个妈妈。"

语言能力： 为宝宝创造适宜的语言环境，培养宝宝的语言表达能力。日常生活中，家长应努力营造肯定、鼓励、支持宝宝用语言交往的氛围，使他能够自由地发表自己的见解，并且乐于表述自己感兴趣的话题。

小张张

1月22日

我和晶晶一起收拾金粉笔盒子时，不小心夹了她的手。晶晶皱起眉头、可怜巴巴地看着我，好像要哭了。我慌忙对她说："噢，对不起。"晶晶一听这话，突然和我开起了玩笑："你这个小丽丽，怎么这么不讲理呀？"见她说的好像是我的小名，有些怀疑，笑问："你说什么？"晶晶也笑："你这个小张张怎么这么不讲理呀？"

智力开发： 淡化父母的权威，倡导思想自由。家长要尊重宝宝，对宝宝的言行不表示强烈的否定，也不必事事都告诉宝宝什么是对、什么是错、什么是好、什么是坏，哪些事能做、哪些事不能做，而应该多让宝宝自己去做判断，以免宝宝形成思维惰性，阻碍创造力的发展。

爱的传递

1月28日

晶晶的小手被塑料盒的棱碰了一下，赶紧向我诉苦："妈妈，我这里疼。"我知道她是借故撒娇，不想让她失望，便说："好，妈妈给你吹吹。"说着，便嘴对着她的痛处，很夸张地"忽突、忽突"地吹着，像火车刚刚启动时的声音。晶晶笑了，我也笑了："妈妈小时候，哪儿疼了，姥爷就这样给我吹。姥爷一吹，妈妈就不疼了。"晶晶听了，笑道："那以后等我有了小宝宝，我也这样给他（她）

吹。等我的小宝宝有了小宝宝，哈……"

教育名言：孩子们的性格和才能，归根结蒂是受到家庭、父母，特别是母亲的影响最深。孩子长大成人以后，社会成了锻炼他们的环境。学校对年轻人的发展也起着重要的作用。但是，在一个人的身上留下不可磨灭的印记的却是家庭。——宋庆龄

什么是"杂粮"

昨天晚上，我给"有机农庄"打电话，预订了两个有机礼盒：一盒是"有机苹果"，另一盒是"营养杂粮"。今晨9点，两个礼盒送来后，晶晶指着它们，一一说道："这是苹果，这是杂粮。"我一笑："你还知道'杂粮'呢！"晶晶满脸的骄傲："当然了！"我问："哪个'杂'呀？"一听这话，小姑娘脑袋耷拉下来，小声说道："我不知道。"话一出口，马上又扬起脸来否认："哦，'砸死人'的'砸'。"

育儿心得：宝宝的想法和成人不同。他们的心事，大人往往猜不透，需要经过宝宝亲自点拨，才能真正明白。因此，多问问宝宝，多倾听宝宝的话语，才能更多地了解宝宝。

东西角

1 月 30 日

吃早饭时，晶晶坐在客厅的椅子上，指着一个墙角问我："这是北吗？"我说："不是，这是东南角。"晶晶又指另一个墙角："这是南吗？"我说："不是，这是西南角。"晶晶再问："这边呢？"我答："这是西北角。""这边呢？""这是东北角。"

下午，爸爸下班回到家，晶晶手指东墙，胸有成竹地对他说："这是东西角！"

早教点滴：培养宝宝的自信心，应重点把握"表扬"二字，不能过多地指责和批评宝宝，更不能说"你真笨"等有损宝宝自信心的话。

今日的"乱弹"

2 月 4 日

早晨6点半左右，晶晶醒了，要起床。我下床开灯后，回头一瞧，枕头上的小脑袋不见了，枕头下方的被子鼓起了一个大包——小姑娘钻进被窝里去了。我走到床前，假装自言自语："咦？我们家的小朋友怎么不见了？"这时，晶晶在被窝里答道："迷眼！"我猜想是床上方的灯光照的，便问："是刺眼、照眼睛

照照看，我的尾巴漂亮不漂亮！

香港
迪士尼乐园

吧？"被子里传出一个嗫嗫的声音："是。"

中午，晶晶吃苹果、看电视，问我："妈妈，我是不是'姓名女'？性格是什么？"我心里一笑：小姑娘把"姓名"、"性别"与"性格"混为一谈了。为帮她弄清楚，我笑道："你是'性别女'。'性格'，是说你是'活泼'的还是'文静'的。"晶晶答道："我是活泼的。"

育儿心得：宝宝学用新词时，常常张冠李戴。家长应根据当时的情景，用心体会宝宝话里真正的意思，并对其错误进行纠正，继而和他进行正常的交流和沟通。

《黔之驴》的寓意

2月6日

早晨，我被晶晶爸的一句玩笑话"激怒"，说着"我踢你"，便抬起膝盖，对着他的"后臀尖儿"猛地顶去。晶晶爸粗腰一闪躲到一旁，对正窝在床上看热闹的女儿笑道："'驴不胜怒'啊！"晶晶"呵呵"地笑着，问爸爸："是什么意思啊？"爸爸"正色"道："这是一个'黔之驴'的故事……"晶晶又问："什么是'黔之驴'呀？"我赶忙抢答："'黔之驴'就是说我的'前'面是一头'驴'。"说着，我指了指站在我前面的晶晶爸。晶晶爸并不介意我的抢答，不紧不慢地对女儿说道："这个故事是说，贵州这个地方原来没有毛驴，后来有个人把一头驴带到了贵州。哦，这个故事你听过吧？"晶晶点点头："我听过！就是后来有一个老虎把那个驴给吃了。""对了！"爸爸大笑，接着又问晶晶："这个故事说明了什么呀？"小姑娘高声答道："说明'不能带驴'！"

育儿心得：宝宝听寓言故事，往往听的是热闹，并不理解其中的寓意。家长在给宝宝讲完故事后，可以从多种角度启发他去思考，也可以简单说明一下寓意，宝宝能不能听懂都没有关系。毕竟他们年龄还太小，想理解其中的寓意并非易事。

自己编的故事

2月6日

晶晶爸逗女儿："爸爸给你买冰激凌吧？"我正担心晶晶要呢，不料她却说："我不吃冰激凌。"我大喜过望："晶晶真棒！吃冰激凌会肚子疼的，晶晶才不吃呢，对吧？""对！"晶晶很认真地冲我点点头说："有一个小朋友，一天吃22个冰激凌……"我眼睛看着她，心里直乐：她又在编故事，借以表扬自己了。晶晶仿佛听到了我的心里话，突然笑了起来："其实没有这样的小朋友，这是我自己编的。"我大吃一惊：她居然主动承认了。这还是第一次呢！

语言能力： 宝宝编讲故事，能培养他的语言表达能力。宝宝在随编随讲故事的过程中，需要根据故事的内容选择使用恰当的语气和句式来叙述。也许他的表达不够规范，也不太符合逻辑，但由于他敢于大胆表达，其语言能力就会有极大的提升。

爸爸在"自以为"呢

2月6日

今日晚餐，晶晶爸做的炖猪蹄。猪蹄快炖好时，他尝了一口，比较满意，便笑呵呵地向家里的两位女士吹嘘："这次的猪蹄做得相当棒！"我当然不会放过这个打击他的机会，对他笑道："自以为呗！"晶晶听了我的话，赶忙附和："爸爸在'自以为'呢，对吧？"我哈哈大笑：活了这大把年纪，我还第一次听人这样用"自以为"这个词呢！

晚饭开始了，爸爸指着"相当棒"的猪蹄跟女儿开玩笑："晶晶，吃吧，别不好意思！"小姑娘"呵呵"一笑，也跟爸爸开起了玩笑："我相当不好意思吃！"

育儿心得： 让宝宝笑出声来。不管是妈妈还是宝宝，不要把感情放在心里，高兴时就大声笑出来，这对妈妈和宝宝的健康都有好处。快乐是智力的加速器。让宝宝保持心情愉快，对其智力开发也有帮助。

只能骗一次

2月7日

晶晶问："妈妈，什么是'牧羊人'啊？"我回答说："牧羊人就是放羊的人。"晶晶说："牧羊人假装说：'狼来了！狼来了！'其实狼没有来。"我明白她指的是《狼来了》的故事，便回应道："对了。他前两次这样说的时候，人们还相信他；第三次再这样说，人们就不相信他了。这叫'再一再二不再三'。不能老骗人！"晶晶听了使劲儿点头："嗯，只能骗一次！"

早教点滴： 要想让孩子诚实守信，不欺骗别人，在日常生活中，家长可以随机进行教育和引导。比如：当孩子看电视或给孩子讲故事的时候，家长可以借助其中的故事情节，有意识地引导孩子思考有关诚实的问题，让他明白为什么做人要诚实，撒谎有什么危害等。

一点儿都舒服

2月7日

我洗完脸后，又在水池中兑好温水，准备给晶晶洗脸。晶晶不让我帮忙，要自己洗。我同意了，便退至一旁守着。只见小姑娘缓缓地把双手放进水池，缓缓

地在水里泡了泡，缓缓地抬起双手，再缓缓地往脸上抹水。动作之慢，仿佛电影里的慢镜头。

在脸上抹了两次水后，小姑娘的动作恢复了正常：离开水池，抓过毛巾在脸上胡乱蹭了两下，然后"拖拖"地跟我来到卧室。见我往脸上擦油，她也要。爸爸反对："你和妈妈不一样。大人需要抹油，小孩不需要。"晶晶找借口："我脸干。"我趁机批评她："给你准备了那么好的水，你还不好好洗脸！你不好好洗，脸才干的。这样能舒服吗！"小姑娘不高兴了，冲我撅嘴道："一点儿都舒服！"

情商培养：培养孩子自律。要培养孩子自律，妈妈应教导孩子遵守家庭和幼儿园的规矩，还应教给他待人接物的基本礼仪。这对他将来踏入社会后妥善处理人际关系大有帮助。

椅子是碱做的吗

我带晶晶去食堂吃晚餐。见馒头有些发黄，便问师傅："今天的馒头碱大吗？"师傅说："有点大。"我买好饭菜，端着餐盘来到餐桌前找晶晶。晶晶指着她的座椅问我："这是碱做的吗？"我一看，这把椅子和其他椅子的颜色不一样，有些发黄，仿佛今天馒头的颜色，禁不住笑了：小姑娘大概以为凡是这种颜色的东西，都是碱做的了？

早教点滴：教宝宝认识世界。在生活中看到的一切事物，日月星辰、花草树木、鸟兽虫鱼等，都可以用来培养宝宝的观察能力。随着宝宝年龄的增长，观察的事物越来越多，妈妈还要引导他进行思考提问，刺激他进一步认识世界的强烈欲望。

再生个小哥哥

早晨醒来，晶晶指着我的肚子说："你还能生个小宝宝。"我问："为什么呢？"晶晶说："因为你是山东人。"我一笑："是不是因为妈妈家里的兄弟姐妹多，你就认为山东人都能生很多宝宝？"晶晶点头称"是"。我问："你喜欢小弟弟呀，还是小妹妹呀？"晶晶说："小弟弟、小妹妹我都喜欢。"我心里赞道：她还挺能包容的，听说有的宝宝不想要兄弟姐妹，怕他们会跟自己争夺父母的爱。我正想着，忽然又听晶晶说道："你要是再生个小哥哥就好了。"

社会交往：让孩子学会包容。妈妈要鼓励孩子多与同伴交往，学会理解别人，能够包容老朋友的缺点，也善于接纳新朋友。在对待事物方面，乐于接受新生事物，并且学习承受事物所发生的变化。

纸里有鸡肉吗

 2月11日

晨醒，晶晶要吐痰。我取来纸巾，递给她一张，让她吐到里面，又把剩余的纸巾放在了床头柜上。过了一会儿，晶晶自己从床头柜上拿过纸巾，打开，用舌头舔。我赶忙制止："不能舔，纸太脏了。"晶晶看着雪白的纸巾说："挺干净的呀！"我着急了："不干净！因为纸是由烂七八糟的东西制成的，一舔，那些东西就会粘到你的舌头上了！""什么烂七八糟的东西呀？"晶晶一边问，一边开始联想："有鸡肉吗？"我一笑："没有。"晶晶再联想："有人肉吗？"我听着心里很不舒服，没好气地说："没有！别这样说！"小姑娘继续联想："有空调吗？""没有。""有空调的气吗？"我反问："什么是空调的气呀？"晶晶解释说："'空调的气'就是空调里冒出来的冷气。"我一笑，说："没有。""那热气呢？""也没有。""那纸是由什么做成的呀？"

育儿心得：孩子好奇心强，而好奇心往往是兴趣、爱好和才能的表现形式。妈妈可以通过观察容易引起宝宝好奇的事物，发现宝宝的兴趣和爱好，并有针对性地对其进行保护和培养。

理与理解

 2月11日

晨醒，晶晶还未穿衣服，就让我帮她找胶棒玩。我想让她自己穿衣服，便把毛衣放到她脚下："我帮你找胶棒，你自己穿毛衣好吗？"说着，我假装要下床，偷偷观察她的反应。见小姑娘并没有自己穿衣服的意思，又坐回床上要挟她："你不穿衣服，我就不去找胶棒！"晶晶马上进行反要挟："要是你再不下去的话，我就根本不理解你。"我"扑哧"笑了：还不"理解"呢，是不"理"吧？

早教名言：建立在规则上的自由，才是真正的自由！——蒙台梭利

"对不起"的妹妹是谁呀

2月11日

晶晶怒，左手叉腰，右手指着我的鼻子训斥我。我很生气，批评她说："你不能这样指妈妈！你这样做是非常不礼貌的！"晶晶立刻放下手，一头扎进我怀里："妈妈，对不起！"我说："没关系，妈妈原谅你了——你看，'对不起'这句话很有用吧？（她有时说'对不起没用'。）你一跟妈妈说'对不起'，妈妈马上就原谅你了。"晶晶点头称"是"。

我把一袋牛奶递给晶晶，让她喝。晶晶喝着喝着，不小心碰洒了一点儿，溅到了衣服上，赶忙跟我说："对不起。"我说："没关系。妈妈知道你不是故意

的。"晶晶笑了，问："妈妈，'对不起'的妹妹是谁呀？"我也笑："对不起还有妹妹呀！""对呀，"小姑娘又笑，"她的妹妹就是'没关系'！"

育儿心得：对宝宝不要"逼人太甚"。宝宝毕竟年龄还小，难免会犯一些错误。只要他勇于承认错误，并且积极改正错误了，妈妈就应该马上原谅他，不要揪住小辫子不放。

技巧、诀窍

晚饭时，晶晶要吃芝麻酱，我用小勺舀了一点，送到她嘴里。晶晶吃完，见小勺上还粘了一点儿，不舍得浪费，就往里面倒了点水，想把芝麻酱冲下去。当她从嘴里掏出小勺再看时，见上面的芝麻酱没有了，非常高兴，拿起我的粘有芝麻酱的大勺子说："我有一个技巧。"说着，她像刚才一样，往勺里倒水，放入口中喝下去，再掏出大勺查看。见上面还有一点儿芝麻酱，于是又倒水，再涮，又喝了下去。我心里笑道：有必要这么节省吗？过了一会儿，晶晶告诉我："我有一个诀窍。"我心里一惊：刚才用"技巧"，现在又用"诀窍"，她最近常喜欢用新词呢！

早教点滴：当宝宝尝试使用新词时，妈妈别忘了马上鼓励他，这样做会让宝宝乐意学说更多的词语。

那本书的名字就叫"那本"

晶晶早晨7点就醒了，磨蹭到7点半才起床。我想让她安静一会儿，就说："我给你拿几本书吧？我去刷牙洗脸。"晶晶一口答应了："好吧。"我走到书架前，问她："你看什么书呀？"晶晶站在床上，面对书架说："那本。"我回头又问："哪本？"晶晶手指书架，一本正经地说："那本！那本书的名字就叫《那本》！"

育儿心得：适合4~5岁孩子看的书，最好具备以下特点：图文并茂、篇幅较短、制作精美；内容贴近孩子的生活，符合孩子的年龄特点；故事情节有趣，跌宕起伏；思想健康，积极向上。

驴变兔

晶晶匆匆吃完晚饭，抓起新买的变色笔，对着模板上画的毛驴，开始临摹。我和晶晶爸继续吃饭。吃着吃着，忽听晶晶失望地说道："我画得怎么不像呀？"爸爸正在埋头苦吃，不想被女儿打扰，便敷衍道："没关系，继续画就行。你看

像什么就画什么吧。"晶晶顿时信心倍增，于是接着再画。画了一会儿，突然失声大叫："坏了，画成小兔子了！"

艺术启蒙：对于已掌握握笔方法的宝宝，妈妈可以用多种类型的绘画方式来激发他的想象力。比如主题画：让宝宝围绕一个主题，通过回忆和对已有经验进行加工而画成。画这种画可以给宝宝提供充分的想象空间和表现的自由。

绿色食品

2月14日

今天是大年初一。早饭后，我打开大包装袋，倒出一红（山楂味）一绿（豆沙味）两个独立包装的艾窝窝，给晶晶吃。小姑娘毫不犹豫地抓起豆沙味的那个艾窝窝，大吃起来。吃完后，又从大袋里掏出一个豆沙味的对我说："我吃绿色的，绿色的有营养。"我一看包装袋，全是绿色的，这才明白：原来她把用绿色袋子包装的食品当成"绿色食品"了。

早教点滴：宝宝在接触到一个新词时，只有和具体的形象联系起来，才能理解其意义。因此，妈妈在教宝宝学习新词时，应尽量使用形象的语言。

提高与提低

2月15日

早晨，爸爸做的面条，晶晶一口也不想吃。为勾起她的食欲，我尝了一口面条，故意夸张地说："这面条做得真香啊！"晶晶赞道："爸爸做饭的水平提高了。"我一笑："对。你快吃点儿吧？"晶晶不高兴了，批评我说："你做饭的水平提低了。"

语言训练：训练宝宝找同义词。训练方法如下：妈妈说出一个词，让宝宝说出和它意义相同或相近的词。比如：家长说"很好"，宝宝对"优秀"。这种训练不仅可以扩大宝宝的词汇量，还能让宝宝的表达方式更加丰富多彩。

横月亮

2月19日

从餐厅吃完饭出来，天已经黑了。回家路上，晶晶抬头望了望天，问："月亮怎么是横的，不是竖的？"我朝天上看了一眼，说："月亮的上半部分被遮住了。"晶晶说："月亮其实很大很大，看上去很小。要不然，嫦娥姐姐和玉兔怎么住在里面呀？还不把房子撑破了？呵呵！"我哈哈大笑。晶晶爸说："月亮本身不发光，是反射太阳的光，所以才亮的。现在月亮的上半部分被地球挡住了，不能反射太阳光了，所以看上去就这样了。"晶晶并不理会爸爸的科学解释，顺着

自己的思路继续说道："太阳其实也很大很大。要不然的话，太阳鸟怎么住在里面呀？"

早教名言：儿童的一切教育都必须遵循一个原则，即帮助孩子身心自然地发展。——蒙台梭利

我很得意

2月20日

晶晶爸端着刚出锅的8串羊肉串来到客厅，让我和晶晶先吃着，然后又返回厨房忙活。望着他们爷俩的心爱之物，我对晶晶开玩笑说："咱们俩一人3串，爸爸2串，好不好？"小姑娘沉默不语。我又问："要不你和爸爸每人3串，我2串吧？"晶晶还是不说话。这时，爸爸在厨房插话道："我两串，你们俩一人3串吧！"等爸爸说完，小姑娘也开了金口："要不我4串，你们俩一人2串吧？"我大笑：难怪人家刚才不表态，原来是另有所图啊！

因为不像晶晶和她爸爸那样痴迷羊肉串，我只吃了2串。晶晶吃完2串后，又把盘中的4串平分成2份，一份给爸爸，一份给自己，说："我很得意。"我问："你为什么很'得意'呀？"晶晶答："因为我有好几串了。"我笑了笑，又问："'得意'是什么意思呀？"晶晶答："'得意'就是'得意洋洋'的意思。"我心里笑道：连"得意洋洋"也知道了，小姑娘又有进步了。

早教点滴：适当满足孩子的心愿。当孩子向你提出自己的要求或愿望时，你可以在条件允许又不违背原则的情况下，适当满足他的心愿。这样，孩子就容易对你产生亲近感和信任感，从而增进你们之间的感情。

北黄

2月某日

我带着晶晶在院里溜达。走到一辆轿车后面时，晶晶停下来，指着车牌上的字问："妈妈，怎么不是'北京'，是'北黄'啊？"我仔细一看，原来是个"冀"字，不禁笑了：晶晶以为"冀"不是一个字，而是把"北"和"黄"两个字摞在一起了！

早教点滴：我们周围到处都能看到汉字的身影。妈妈完全可以看到什么字，就让宝宝学认什么字。宝宝通过身临其境的感受学习汉字，能加深对汉字的理解，还容易养成爱观察、爱提问的好习惯。

我是属蝴蝶的

2月28日

晶晶宣布："我是属蝴蝶的。"我说："没有属蝴蝶的。"晶晶一愣，问："为

什么？"我说："因为十二属相里面没有蝴蝶。"晶晶反驳说："小武是属蝴蝶的。"我说："不可能。十二属相里哪有蝴蝶呀？"晶晶一口咬定："有！"说完便开始"数"："子鼠、丑牛、寅虎、卯兔、辰龙、巳蛇、午马、未羊、申猴、酉鸡、戌狗、亥猪、蝴蝶。"见她在最后一个属相后面加上了蝴蝶，我笑道："这是十二个属相吗？成十三个了。"晶晶道："哦，不对。"然后重新开始数："子鼠、丑牛……亥蝴蝶。"我笑：小人儿又把"亥猪"改成"亥蝴蝶"了。于是问她："那属猪的呢？"晶晶反问："谁是属猪的？"我说："凌波姐姐就是属小金猪的。"晶晶笑了："我是属什么的？"我说："你是属鸡的。"晶晶笑了："那我早晨起来就出去打鸣去。"我笑问："你怎么打鸣？"晶晶笑道："喔喔喔！"

智力开发：创造力对每个人来说都非常重要。培养宝宝的创造力，家长应注意：减少对宝宝的控制，增加宝宝的自由；减少宝宝的外部压力，增强宝宝的内在兴趣。

亲 子 歌

春 天 来

词：张秀丽
曲：《小红花》曲

春天来

百花开

植物园里花成海

郁金香捧起小酒盅

桃花杏花处处开

宝宝快快来

宝宝快快来

拍张照片把春天留下来

我可不是"您"

爸爸在厨房做晚饭，晶晶用我的手机给爸爸的手机打电话。很快，电话拨通了。我担心浪费电话费，就让她把电话挂断。小姑娘当然不同意。我和她争论起来。晶晶爸在厨房听见了，安慰我说："我的手机不是双向收费的，只要我不接就行。"我仍不放心。为避免晶晶碰到通话键，就把她爸爸的手机拿到了一边。

晶晶拿着我的手机在耳朵上听了一会儿，对我笑道："您拨打的用户忙，请稍候再拨。"我一笑：她在重复手机里自动播放的电话录音呢！见我笑，晶晶笑得更厉害了："我可不是'您'，我是小朋友！"

早教名言：游戏可以给小孩子快乐、经验、学识、思想、健康。——陈鹤琴

放中镜

晶晶拿来《幼儿画报》（2009年第2期），让我给她讲故事。讲到11页的一个题目："放大镜能把字放得好大好大啊！后面的哪个字是通过放大镜看到的'大'字？圈出来吧？'大　大'。"晶晶指着大的那个字说："是这个。"我一笑："对了。放大镜能把字给放大了。"晶晶问："放中镜呢？"

智力开发：培养宝宝的发散思维能力。发散思维，也叫求异思维，是指大脑在思维时呈现的一种扩散状态的思维模式。"一题多解"、"一物多用"等方式可以很好地培养宝宝的发散思维能力。

爬山虎玩滑梯

晨醒，晶晶笑："咱们2月1号去香港。"我纠正说："5月1号。"晶晶害羞地低下头："哦，对，5月1号。"接着，又把害羞扔到一边，甜蜜蜜地说："我做梦了。"我问："你梦见什么了？"晶晶说："我梦见我去香港迪士尼乐园了：有爬山虎，还有草莓滑梯。"我一笑："还有草莓滑梯呀？"晶晶毫不犹豫地说："有！还有梨滑梯、香蕉滑梯。小朋友玩草莓滑梯，大人玩梨滑梯，爬山虎玩香蕉滑梯。"

情商培养：让宝宝学会自知。自知就是了解自己喜怒哀乐的不同情绪。妈妈每天抽点时间来跟宝宝交谈，引导他坦白说出自己的感受，是一个培养宝宝自知的好方法。

有没有踮着脚尖儿吃饭的

晶晶跪在椅子上吃饭。爸爸不满地说："日本人才跪着吃饭呢！"晶晶问：

"有没有踮着脚尖儿吃饭的？"爸爸坏坏地笑道："小狗踮着脚尖儿吃饭。你踮着脚尖儿吃饭吗？"晶晶斩钉截铁地说："我踮着脚尖儿吃饭。"我不知她是否能理解爸爸的话中话，就问她："爸爸说小狗踮着脚尖儿吃饭。你说你也踮着脚尖儿吃饭。那怎么样？"晶晶答："那我就是小狗！"

语言能力：4～6岁的宝宝对事物的理解，从依靠具体形象过渡到主要依靠语言来理解。也就是说，当你用语言向宝宝描述事物时，一般情况下他都能明白。

小时属猴，现在属鸡

3月7日

晶晶问："妈妈，鸡喜欢吃什么呀？"我回答说："鸡喜欢吃小米。"晶晶笑了："我也喜欢吃小米，所以我是属鸡的。"我说："人生下来属什么就一直属什么，和喜欢吃什么东西没关系。"晶晶没理会我的话，继续边笑边说："我小时候是属猴的，现在是属鸡的，因为我小时候喜欢吃桃子，我现在喜欢吃小米。"

教育名言：教学的艺术不在于传授本领，而在善于激励、唤醒和鼓舞。——第斯多惠

蚊子的毫毛

3月8日

晚饭后，我去厨房洗刷，爸爸陪晶晶进卧室玩。洗刷完毕，我来到卧室，见晶晶爸正手持《睡前好故事》一书，给女儿讲《骄傲的蚊子》："……狮子感觉自己的威严受到了极大的挑战，便疯狂地向小蚊子抓咬起来。可是任凭狮子如何抓咬，也碰不到蚊子一根毫毛。"讲到这里，爸爸笑问晶晶："为什么呀？"晶晶怯生生地小声答道："因为蚊子一根毫毛也没有！"

智力开发：给宝宝讲睡前故事，是培养宝宝语言能力的一个好方法。家长在给宝宝讲睡前故事时，一定要让讲故事的过程变得有趣。若能同时调动宝宝的各种感官，如眼睛、耳朵、双手，对吸引宝宝的注意力、刺激宝宝的智力发育会更有帮助。

谁丢了

3月8日

讲完《骄傲的蚊子》，晶晶爸见我没活了，赶紧"下班"，逃也似的跑去客厅看电视了。我"接"过"班"，继续给晶晶讲《睡前好故事》。讲哪一个呢？晶晶提议讲《把"我"丢了》。于是，我开始了第101次的重复：从前有个和尚犯了法，被判充军。临走前，押送他的差役把所有的东西都清查了一遍，有包、枷

锁、文书、雨衣，还有我和和尚。这个差役老担心会丢东西，在路上，他一边走一边念叨："包、枷锁、文书、雨衣，还有我和和尚……"和尚看出差役有些呆傻，便在晚上住店时，趁机把他的头发剃光，又把枷锁戴到了他的身上，自己逃跑了。差役醒来后，开始清点自己的东西：包，有；枷锁，他摸了下自己脖子上戴的东西，有；文书，有；雨衣，有；和尚，他摸了摸自己光秃秃的脑袋，哦，有；我，他四处找了找，没找到。感到很奇怪，咦？我呢？怎么把"我"丢了？

晶晶听到这里，像往常一样，乐得"哈哈"大笑。我不知她为什么笑，便问："这是怎么回事呀？怎么把'我'丢了？"晶晶不好意思地笑道："我不知道。"我跟她解释："因为他把自己当成那个和尚了！和尚光头，他也是光头；和尚戴枷锁，他也戴枷锁。"晶晶又笑。笑完，关灯睡觉。过了一会儿，晶晶起床小便。完后，站起来，忽然很惊喜地望着我，恍然大悟似的说："不能说'我'丢了，应该说'差役'丢了！对吧，妈妈？"

早教点滴：给宝宝讲的睡前故事，最好是一些轻松、简短的小故事，不要选择那些悬疑或情节过于跌宕的故事。否则，不仅不能帮助宝宝安静地入睡，反而会让他过于兴奋，甚至做恶梦，从而影响了睡眠。

把你变成一个小麻辣烫

3月9日

我在厨房做晚饭，晶晶手持一根冰激凌走过来，对我笑道："变！把你变没！"我看着她笑。晶晶很开心，又把冰激凌当成魔法棒，在空中画圈，口中还念念有词："一二三四，变！把你变成一个小麻辣烫！"

智力开发：和宝宝一起变魔术。魔术是最符合宝宝天性的游戏。家长带着宝宝变魔术，不仅能满足宝宝的好奇心、锻炼他的触觉，还能很好地提高他的注意力、记忆力和灵敏度。

英语和外语

3月9日

晶晶拿出幼儿园发的一张英语卡片，让爸爸念给她听。爸爸念道："diamond"。晶晶问："是什么意思啊？"爸爸答："diamond是'钻石'的意思。"晶晶说："不对！你说的不是英语！"爸爸一头雾水："那我说的是什么语啊？"晶晶答道："你说的是外语。"爸爸笑了："英语就是外语。"晶晶高声反驳："英语不是外语，外语也不是英语！"

语言能力：处于语言高峰期的宝宝，除了会用请求和问答外，还会使用商量、指令和命令等语气。他们喜欢大声说话，喜欢说外语，有的宝宝还

会突然喜欢说脏话。

牛奶把土豆都推下去了

3月11日

晚饭，晶晶先吃土豆片，后喝牛奶。喝完后，拍着自己圆鼓鼓的小肚子说："牛奶把土豆都推下去了！推推推，推下去了，就像坐滑梯一样。"我想象着她描述的场景，禁不住笑了：这些土豆片还挺舒服的！

智力开发：生活就是最好的教材。在日常生活中，家长要有意识地就地取材，训练宝宝的观察力和想象力。比如：在家时，让宝宝看图画、图书和家庭用品；在户外活动时，让他多看看日月星辰、花草树木。

我是你的台灯、你是我的雨伞好吗

3月12日

晨醒，晶晶坐起来，伸开双臂让我抱。我把手臂环成一个"摇篮"的形状，像抱小婴儿似的抱着她，一边轻轻拍打她的后背，一边回忆她以前说过的话：从她发出第一声"哎"开始，一直到她说出"我是你的粉丝，你是我的西红柿"。晶晶很幸福地听着。听到最后一句时，晶晶问："妈妈，我是你的台灯、你是我的雨伞，好吗？"我问："为什么？"晶晶道："因为下雨了，我是你的台灯给你照亮，你是我的雨伞给我挡雨，因为现在是晚上。"

育儿心得："回放"宝宝的趣话。当宝宝说了妙趣横生的话语、编了富有创意的故事的时候，家长如能及时地记录下来，并在适当的时候为宝宝"回放"，不仅能增加亲子感情，还会让宝宝惊讶于自己的创造力，从而为以后的"创作"提升自信。

面子与面条

3月14日

晶晶的头发长了。上午，我带她去一家新开业的美发店剪头发。剪完后，看着站在我面前的、面目全非的晶晶，我心中惊叫：太难看了！这哪里是什么娃娃头啊，简直就是70年代中年妇女的发型！

回到家，每次看到晶晶的发型，我都感到不舒服，几次忍不住说："剪得太难看了！"晚上，我又说了一次。没想到，晶晶跟着重复了一遍。我这才意识到问题的严重性，赶忙叮嘱她："不能在背后说人坏话。如果实在忍不住了，偶尔说一下也可以，但不能当着别人的面说，得给人家留面子。"晶晶问："什么是面子呀？是不是面条啊？"我笑："不是。面子就是脸面，给人留面子，就是让人

脸面上好看。"

早教点滴：培养宝宝的同理心。同理心就是感同身受。具有同理心的宝宝能够通过细微的信息发现他人的需要，设身处地为他人着想。培养宝宝的同理心，家长可以让他亲身经历类似的事件。因为只有通过亲身体验，才会有更深的感受。

闪着银色的金光

3月17日

我带着晶晶去排球场玩。在路上，她捡到一个拉锁锁头上的金属片，交给我保管。我看了一眼，正想装进兜里，却不小心掉到了地上。晶晶惊呼："我的宝石！"说着便俯身去捡。此时，阳光正强，照得金属片银光闪闪的。晶晶看着它笑道："闪着银色的金光！"

早教名言：请把确切的词汇教给我，我将转动世界。——康拉德

人为什么不是一次性的啊

3月20日

晶晶小便完，一边拿卫生纸擦屁股，一边笑着问我："妈妈，为什么纸是一次性的啊？"我说："因为纸用了之后就不能再用了，也不能用水洗，一洗就坏了。"晶晶又问："那人为什么不是一次性的啊？"我心不在焉地答道："因为人过了今天，就再也没有今天了。比如你过了4岁，就再也没有4岁了。"晶晶说："我过了4岁还有我啊？"我一想，也对。晶晶反问我："那你怎么说人是一次性的啊？"听到这里，我忽然想起哲学家赫拉克利特说的"人不能两次踏进同一条河流"，不由得笑了："因为那时候的你就不是4岁的你了。"晶晶笑："那人还是一次性的啊！"我这才意识到自己的错误：从第一次回答晶晶的这个问题开始，我就自相矛盾了。

早教名言：要教育好孩子，就要不断提高教育技巧。要提高教育技巧，那么就需要家长付出个人的努力，不断进修自己。——苏霍姆林斯基

免费酥饼

3月24日

上午，我带晶晶去对面小区吃早点。走进小区门口，发现马路右边停放着一排生锈的自行车，自行车旁边挂着一个白底黑字的牌子，上写4个大字"免费租赁"。我不由自主地把这4个字念了一遍。我刚念完，就见晶晶也盯着牌子念起来："免费……"后面两个字我没听清，就问她："晶晶，你刚才说的什么？"晶

晶小声答道："免费酥饼。"

育儿心得：利用周围环境教宝宝识字。在我们的生活中，每天都会接触到大量的书面文字，如：餐馆的招牌、路边的站牌、商场发的宣传册、食品包装袋上的文字。家长利用周围环境中出现的文字教宝宝识字，往往能收到事半功倍的效果。

既然……就……

3月28日

晨，晶晶醒，要我拿《女孩子必读的100个公主故事》，给她讲一个公主故事。我要她先穿衣服。晶晶不同意："既然你答应比较热的时候给我买冰激凌，你就得给我讲一个公主故事，好吗？"我心里笑道：这两句话之间有因果关系吗？

语言能力：4～5岁的宝宝，所掌握的词类的范围不断扩大，除了名词、动词、形容词外，还会使用副词、连接词、前置词等。不过，由于这些词的用法比较复杂，宝宝使用起来，常会犯一些可爱的语法错误。

祈年殿像皇帝的帽子

3月28日

今天天气出奇地好。晶晶爸加班，我独自带女儿去"天坛公园"游玩。晶晶这是第一次来天坛，兴奋得到处跑、到处转。来到"祈年殿"前，她指着大殿的顶部说："像皇帝的帽子！"我一看，还真挺像的。后来，看到"皇穹宇"时，我说："这也挺像皇帝的帽子。"晶晶当即予以否定："这个不像！皇帝的帽子是好几层的。"我一琢磨电视里出现的清朝的皇冠，好像还真不是一层，心中不由得赞叹：小姑娘观察得还挺仔细的！

语言训练：利用春游的机会丰富宝宝的语言能力。家长带宝宝春游时，可以引领宝宝通过欣赏、观察、聆听、触摸等多种手段亲近大自然，这对协调他们的各种感官功能、培养他们的认知能力、丰富他们的语言能力都有促进作用。

妈妈生小宝宝的时候"咯咯咯咯哒"吗

3月30日

晶晶清晨醒来，睡眼惺忪地问我："妈妈，什么东西'咯咯咯咯哒'呀？"

我一笑："老母鸡'咯咯咯咯哒'！哦，老母鸡下蛋的时候'咯咯咯咯哒'！"

晶晶问："那鸭子呢？"

我说："鸭子'嘎嘎'地叫。"

晶晶问："那妈妈生小宝宝的时候'咯咯咯咯哒'吗？"

我一笑："不'咯咯咯咯哒'。"

晶晶问："那妈妈生小宝宝的时候怎么叫呀？"

我笑道："疼得'哎哟哎哟'地叫。"

小姑娘听到这里，把产妇的呻吟声和母鸡下蛋时的叫声合二为一，笑道："哎咯哎咯！"

智力开发：培养宝宝的首创性。要想培养宝宝的首创性，父母需要在生活中多关心和了解宝宝，让他们能自由地表达自己的思想感情和意愿。同时，还要对其具有创造性的表现给予鼓励，以增强他们的自信心。

现在是什么时候啊

4月10日

午饭后，晶晶在家里玩了一会儿，向我提要求："妈妈，我想去植物园。"我说："现在太晚了，去不了了。"晶晶问："现在是什么时候啊？"我说："现在是下午，都已经快3点了。"晶晶又问："小朋友起床了吗？"我心里怦然一动：晶晶的时间概念，是和小朋友在幼儿园做的事情联系在一起的。幼儿园的小朋友2点起床、起床后吃水果，5点10分放学。因此，她对下午2点的理解，就是小朋友起床的时间；对下午5点10分的理解，就是小朋友放学的时间。为了让她搞清楚现在的时间，我答道："早就起床了，水果都吃完了。"

早教点滴：制定有规律的作息制度，帮宝宝建立时间观念。家长在执行作息制度初期，可以一边安排宝宝的活动，一边告诉他时间。比如："现在7点了，宝宝该起床了。""现在12点了，宝宝该吃午饭了。"建立正确的时空概念可以在无形中增强宝宝的记忆力。

有了妈妈我真幸福

4月11日

午饭后，晶晶搂住我脖子，使劲儿吻我的脸。我说："我真幸福！有了你我真幸福！"晶晶笑道："我也是。有了妈妈我真幸福！"我心中暗笑：没有妈妈哪儿会有你呀？有你自然有我！晶晶仿佛听到了我的心里话，解释说："在妈妈肚子里的时候，我一个妈妈也没有，只有我一个人。"我大笑：原来人家是这样想的呀！如此说来，人家刚才的话也没错啊！

育儿心得：接受和鼓励宝宝的不同寻常。创造力在很大程度上体现为能突破人们惯常思维方式的能力。当宝宝提出比较奇怪的问题、不同于你的想法，或者有跟其他宝宝不同的行为习惯时，妈妈要鼓励和发展他的这种

不同，为其创造力的培养提供发展空间。

天要是掉下来……

4月14日

上午，我带晶晶去医院看病。医院是新盖的五层楼，坐西向东，北墙外是一条马路，路北是一排高高的白杨树。走在这条马路上，晶晶抬头望了一下天空，对我笑道："有人还担心天会掉下来呢！天怎么会掉下来呢？对吧，妈妈？"我大笑：她是在嘲笑《杞人忧天》里的杞人呢！见我开心，晶晶大受鼓舞，抬头望着高高的医院大楼，开始设想："天那么高，就算掉下来，也是掉到楼顶上，也不会砸到我们身上呀，对吧，妈妈？"我哈哈大笑：你比杞人还可爱！晶晶大笑着接着设想："天那么高，要是掉下来的话，就算不掉到楼顶上，也是掉到树上，对吧，妈妈？"……

育儿心得：宝宝是一个天使，做妈妈是一种幸运，因为它让我们有机会亲眼见证生命的奇迹。珍惜这种上天的恩赐，我们就会把育儿看作是一种幸福，而不再是一种负担。

美国人头朝下走路吗

4月16日

晶晶问："妈妈，美国在哪里呀？"我指指脚下："在地球的另一面。"说到这里，见小姑娘支着耳朵还想听，就跟她开起玩笑："如果从咱们脚底下打个洞，打打打，穿过地球，一直打到地球的另一头，就到美国了。"晶晶信以为真，若有所思地"哦"了一声。沉默了一会儿，她突然抬起头来问我："地球下面的人是头朝下走路吗？"一听这话，我哈哈大笑，同时脑中浮现出这样一幅场景：一个人从我们脚下深不见底的黑洞里漏下去，漏漏漏，穿过地球，一直漏到美国才冒出来，先出脚、后出头，然后就两脚朝天、头顶地面开始跳着走路了……

育儿心得：让宝宝在错误中学到创造。家长应该给宝宝充分的自由，让他有机会犯错误，然后重新思考自己的想法，以此帮助他学会用有创意的方式来思考和解决问题。

那我也是猴子变的？

4月24日

21日，我做晚饭时，晶晶"拖拖"地走过来问："妈妈，人为什么不能下鸡蛋啊？"我笑道："因为人要生小宝宝。"晶晶问："鸭子会下鸡蛋吗？"我说："鸭子会下鸭蛋，不会下鸡蛋。"

今天早晨，我带晶晶去上舞蹈课。坐在出租车里，晶晶问我："妈妈，人是

173

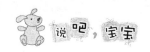

猴子变的吗？"我说"是"。晶晶摸了一下自己的屁股，笑道："我这里有一块小骨头，就是长尾巴的地方。"我一笑："对。"晶晶追问："那我也是猴子变的？"

智力开发：引导宝宝参加各种活动，发展他的想象力。在活动中，家长要引导宝宝对事物进行广泛而仔细地观察、比较和体验，使其在宝宝的头脑中形成丰富、准确和鲜明的印象，从而更好地发展宝宝的想象力。

问天地

4月27日

上床关灯后，晶晶开始了和我每晚的一问一答。晶晶问："妈妈，天是什么呀？"我回答说："天其实就是一些气。"

晶晶问："天为什么是气呀？"

我答："因为气比较轻，容易浮到上面，所以就成了天。"

晶晶："妈妈，地球是什么呀？"

我："地球其实就是石头、岩浆、泥土等东西组成的。"

晶晶："什么时候有的地球呀？"

我："很久很久以前。"

晶晶："有100年了吗？"

我："有了。都有了很多亿年了。"

晶晶："有恐龙的时候就有地球了吗？"

我："对。"

晶晶："地球也会爆炸吗？"

我："会。"

晶晶："地球为什么会爆炸啊？"

我："因为任何东西都有寿命，地球也是。等到一定时候，地球就会爆炸。"

晶晶："地球什么时候爆炸啊？"

我："我也不知道。应该很多年以后吧。"

早教名言：求知欲，好奇心——这是人的永恒的、不可改变的特性。哪里没有求知欲，哪里便没有学校。——苏霍姆林斯基

自编儿歌

4月30日

晚睡前，晶晶对我说："妈妈，我编了一首儿歌，我给你说说吧。"我怕她一说，兴奋得睡不着了，便阻止道："赶快睡觉吧。"晶晶不听，坚持要说。我想：

也好，既然她这么想说，就让她说吧。晶晶见我同意了，很高兴，便开始说起来：

    "有一只小飞机

    飞在空中啊

    像一只小燕子飞啊飞啊飞

    像一只小鱼飞啊飞啊飞

    在车里看见那小飞机

    多漂亮啊

    而且小飞机里面传出的气

    全都是红、黄、蓝、绿

    那全都是灯光照的啊"

  我一边听，心里一边暗暗吃惊：她编得太好了！

  育儿心得：让宝宝说话。如果宝宝强烈要求告诉你一件事，你即便很忙，最好也要听宝宝说，因为他所说的这件事可能非常重要，而且宝宝容易忘事，如果你不让他马上说，等你想听时，他可能已经忘记想要说什么了。

过 家 家

词：张秀丽

曲：《泥娃娃》曲

过家家，过家家

我们过家家

你来做爸爸你来做妈妈

我做小娃娃

过家家，过家家

我们过家家

爸爸在洗脸妈妈在刷牙

宝宝我自己玩耍

姐姐送我巧克力

哥哥送我小贴画

我送给每个人一朵小呀嘛小红花

过家家，过家家

我们来过家家

大家都爱我我也爱大家

一起笑哈哈

香港之旅

5 月 11 日

5 月 1 日，我们一家三口从北京出发，开始了为期一周的香港之旅。因为是自助旅游，为避免晶晶过于疲惫，我们基本上玩一天休半天，重点游览了维多利亚湾、迪士尼乐园和海洋公园三个景点。晶晶最感兴趣的自然是孩子的天堂——迪士尼乐园。在这里，晶晶被米奇和米妮簇拥着照相，与真人版的贝儿公主合影，乘着小船遨游童话般的"小小世界"，还乘坐灰姑娘旋转木马转，坐在疯帽子旋转杯里转，由小飞象带着在幻想世界里转……最后，在睡公主城堡如梦如幻的烟花表演中结束了美妙的一天。

育儿心得：带年龄小的宝宝去外地旅游，最好不要跟旅游团，自助游比较好。旅游团时间安排太紧张，宝宝跟团走会很累，家长也会很疲惫，不会玩得很尽兴。况且，旅游团的伙食也未必适合宝宝的口味。

公主情结

5 月 23 日

近一段时间，晶晶的公主情结非常严重。在香港时，她很渴望买到一条公主穿的拖地长裙和一副公主戴的长袖手套。由于时间紧张，我们未能逛太多的商店，也没有发现她理想中的裙子和手套。晶晶没有办法，只好穿上我的连衣裙，作为她的拖地长裙，在镜子前照来照去。

21 日，我看晶晶在迪士尼乐园拍的照片时，问她："你和贝儿公主（工作人员扮演的）照相的时候，为什么不笑啊？是不是因为紧张啊？"不料，晶晶却回答说："不是！因为公主照相的时候都不笑。"

今天上午，晶晶和乔乔在花园里玩。小姑娘的公主瘾上来了，跟乔乔商量："我叫你'小王子'，你叫我'小公主'，好吗？"乔乔咕哝了一句什么，我没有听清楚，不知他是否答应了。接下来，晶晶遵守自己的承诺，每次招呼乔乔时，都喊"小王子"，可乔乔却一次也没喊她"小公主"。晶晶沉不住气了，开始提醒乔乔："你别喊我'晶晶'了，你喊我'小公主'！"可是接下来，乔乔依旧我行我素。晶晶心里很不平衡，大声质问乔乔："我都喊你'小王子'了，你还不喊我'小公主'？"

成长解读：公主情结。3～5 岁的女孩子大都非常着迷于扮演公主，这并非坏事。认同女性形象、模仿女性行为是女孩子在成长过程中出现的正常现象，家长即使不喜欢孩子这样做，也不要对她进行过多干涉。

不守规矩

下午放学后，晶晶和妮妮玩跳绳，我和妮妮妈妈在旁边聊天。两个小朋友约好：一人跳5个之后，就换另一个人跳。晶晶先跳。刚玩了不久，妮妮就气呼呼地走过来向我们告状："晶晶都跳了7个了，还不给我！"晶晶边跳边说："这是第5个！"妮妮生气地说："我不和晶晶玩了！走！"晶晶赶紧停下来，把绳递给妮妮，让她跳。妮妮仍生气："我不跳了！"说着甩下晶晶，一个人走开了。晶晶见妮妮走了，立刻跟了过去……

早教点滴：让宝宝学会遵守游戏规则。妈妈在和宝宝做游戏之前，要先给他讲清游戏规则，以及大家为什么要遵守。在执行游戏规则时，妈妈要尽量严格，不能随意迁就宝宝。如果宝宝为了取胜多次破坏规则，你完全可以停止游戏。当宝宝养成了遵守游戏规则的好习惯后，他在与外人相处时，也就喜欢运用共同制定的行为准则来约束自己了。

老师的话中话

前不久，晶晶连续吃了两天雪糕，后来在幼儿园老说肚子疼。王老师跟我谈到这件事时，我说："她肚子疼，可能是吃雪糕吃的。"王老师赶紧提醒我别让晶晶吃雪糕了。我一口答应了。

昨天中午，接了晶晶从幼儿园出来，她又要吃雪糕。起初，我不答应。后来见她执意要吃、天又比较热，就妥协了，给她买了一块小布丁雪糕。回家路上，迎面遇到了王老师。王老师见晶晶手拿雪糕，正吃得津津有味，故意问道："肚子不疼了？"晶晶羞愧地低下头，没有言语。今天中午，接晶晶回到家，我想起昨天的事，就问她："王老师说你'肚子不疼了'，是什么意思呀？"晶晶笑道："就是不让我吃雪糕。"我一笑：她明白了，能听懂话中话了。

育儿心得：5岁的宝宝对于自己提出的要求是否合理，多数时候是心中有数的。他们无理取闹，有时只是为了试探妈妈的底线。如果妈妈妥协，他也许就会得寸进尺；如果妈妈坚持原则，他或许就会乖乖地放弃。不过，妈妈在拒绝的同时，也要让宝宝明白：拒绝与约束，也是爱的内涵之一。

巧克力娃娃

今天，晶晶给我讲了一个她自己编的故事：有一个巧克力娃娃正在山顶上玩儿。突然，她从山坡上滚了下来。她看见书弟弟正在绿绿的草地上看书，便说："啊，你怎么在这里呀？"书娃娃说："我掉到河里了。"巧克力娃娃说："啊？不

会吧？"她就掉到河里融化了。这个故事就讲完了。

智力开发：宝宝编故事，有助于锻炼自身的逻辑思维能力。一个比较完整的故事需要有开头、中间和结尾，还要做到前后呼应。宝宝在编故事的过程中，逻辑思维能力同时得到了锻炼。

妈妈编的公主故事

晚睡前，晶晶给我出了一篇"给材料口头作文"：讲一个我自己编的公主故事。故事里面要有白雪公主、灰姑娘、贝儿公主、红袋鼠、火帽子、跳跳蛙、海绵宝宝、派大星，还有她自己——晶晶；因为昨天我讲的是白雪公主举办生日party，今天要改讲灰姑娘举办生日party。

我答应了，于是一边想，一边讲："灰姑娘想举办一个生日party，邀请她的好朋友白雪公主、贝儿公主、红袋鼠、跳跳蛙、火帽子、海绵宝宝、派大星，还有一个非常可爱的小朋友一起参加。"听到这里，晶晶喜滋滋地问："这个小朋友叫什么名字呀？"我笑道："这个小朋友呀，她的名字叫晶晶。"小姑娘一听很开心，使劲儿搂了一下我的脖子。我微微一笑，接着又讲："这一天，白雪公主、贝儿公主、红袋鼠、火帽子、跳跳蛙、海绵宝宝、派大星，还有晶晶，都打扮得非常漂亮，准备前往灰姑娘家。晶晶穿着漂亮的公主裙，戴着漂亮的小王冠，第一个来到了灰姑娘的王宫前。她按了一下门铃：'叮铃……'，门铃响了。女仆来开门，把晶晶请了进来。灰姑娘一看到晶晶，非常高兴，赶紧迎上来说：'哦，漂亮可爱的晶晶来了！我太喜欢你了！'说着，就和晶晶紧紧拥抱。过了一会儿，白雪公主、贝儿公主、红袋鼠、火帽子、跳跳蛙、海绵宝宝和派大星，陆陆续续地都来了。灰姑娘推出一个大大的生日蛋糕，大家一起唱生日歌，灰姑娘许心愿、吹蜡烛。正在这时，门铃又响了。女仆打开门一看，原来是灰姑娘邀请的王子们来了：有白雪公主的王子，有灰姑娘的王子，有贝儿公主的王子……"讲到这里，晶晶突然插话说："王子们带着涛涛来了……"我心里大笑：她把涛涛当成自己的白马王子了！

心理发育：女孩的公主情结除了表现为喜欢扮演公主之外，还表现为：喜欢看有关公主的图书和动画片，喜欢听和公主、王子有关的故事，喜欢打扮自己的娃娃等。

我可以明天早晨刷今天晚上的牙吗

晚睡前，晶晶要吃果丹皮。我不同意："今天太晚了，该睡觉了，明天再吃

吧。"晶晶一听急了，哭闹起来。我的心软了，跟她谈条件："如果吃完果丹皮后，你能好好刷牙，我就让你吃。"晶晶一口答应了。可是，果丹皮一进肚儿，小姑娘就借口困了，想不刷牙了。一听此话，我脸色大变。小姑娘害怕我生气，又不想刷牙，伸着小脑袋小心翼翼地问我："我可以明天早晨刷今天晚上的牙吗？"

心理发育：5岁的宝宝已不再一味地蛮不讲理了，他们已经具备了安定性和顺从性，对成人已经产生了信任感。

送"贴画"

6月13日

下午放学后，乔乔和妈妈来我们家玩。晶晶向乔乔展示她在香港迪士尼乐园得到的米老鼠小贴画。乔乔看一张、赞一句、问一遍："可以送给我一张吗？"这些小贴画每张都是独一无二的，晶晶不舍得送，每次都摇头说"不行"。问到最后，乔乔生气了，说了声"晶晶真小气"，便背过身去，不再理她了。晶晶想让乔乔开心，又不想失去心爱的小贴画，寻思了一会儿，拿过一张在香港得的模样较普通的米老鼠小画片，递给乔乔说："你在这后面涂上胶水就可以当小贴画了。"

早教点滴：妈妈在教宝宝学习与他人分享时，也应理解宝宝对玩具等心爱之物难以割舍的"痛苦"之情，不要强迫宝宝忍痛割爱，要尊重宝宝的心理感受，给他成长的时间。

找张中国地图

6月14日

晶晶爸说，7月底有可能去一趟韩国。晶晶问："爸爸，你要是去韩国，能不能看到明明啊？"爸爸笑道："不能。"晶晶强调："我是说是不是'有可能'。"爸爸又笑："没可能——明明去哪个国家了？"晶晶答："不知道。"爸爸告诉她："他去的是英国，爸爸去的是韩国——咱们家要是有张地图就好了，就能给你说清楚了。哦，我去找张地图。"说完，起身往卧室走去。晶晶望着爸爸的背影，高声叮嘱道："找张中国地图！"我一听大笑：在中国地图上，能找到英国吗？

早教点滴：让宝宝学习认识地图。买一张中国地图和世界地图贴在家里，妈妈通过向宝宝展示和讲解，让他对地图有一个感性的认识。这样做，可以提高宝宝对空间的了解，增强宝宝的理解能力，发展他的想象力。

长点儿和短点儿的故事

6月11日，我腹泻，浑身无力，白天睡了一整天。晚上睡觉前，我给晶晶讲完一个故事后，想让她睡觉。晶晶不同意，要我再讲。我感觉很累，就把正忙着看电视的晶晶爸喊来，让他讲。爸爸问晶晶："讲什么故事呀？"晶晶说："讲白雪公主的故事。"爸爸反对："不行，太长了。"晶晶让步："那就讲个短点儿的。"爸爸"嘿嘿"一笑："好。那我就讲个'短点儿的'。"说罢就开始敷衍："从前，有个小朋友，名字叫'短点儿'。好，完了。"晶晶大为不满："不行，太短了。得讲个长点儿的。"晶晶爸狡猾地一笑，又同意了："好。那我就讲个长点儿的。从前，有个小朋友，名字叫'长点儿'。好，完了。"晶晶更加不满，赶走爸爸，再次催我讲。我只好带病上阵。

今晚，晶晶让我讲"长点儿、短点儿"的故事。我上哪儿去找这样的故事呀？没办法，只好放慢语速，现编现讲："从前，有两个小朋友，一个叫长点儿，一个叫短点儿。长点儿呢，无论做什么事情都要用很长时间，比如吃饭呀，睡觉呀等等；短点儿呢，做什么事情都用很少的时间，吃饭、睡觉都很快。不过呢，长点儿吃饭吃得多，睡觉睡得时间长，长得又高又壮。短点儿呢？吃饭少，睡觉少，长得又瘦又小。他们各有优点，也各有缺点。我们应该向长点儿学习多吃多睡，但不能学习他的磨蹭；我们应该向短点儿学习加快速度，但不能吃得少，睡得少。"

早教点滴：给故事添尾巴，可以激发宝宝的想象力。妈妈给宝宝讲故事的时候，应讲究技巧，如果讲到高潮部分戛然而止，就会激起宝宝强烈的求知欲。此时，不妨鼓励宝宝来给故事添上小尾巴。如果他不会添，妈妈可以先做个示范，随意编一个结局，然后再启发宝宝设想其他的可能性。

什么是"模儿"

晶晶嘱咐爸爸："我说'模儿'，你说'No，thank you！'我再说'模儿'，你说'Yes，please！'"嘱咐完毕，小姑娘笑眯眯地望着爸爸说："模儿？"等待爸爸的反应。学了20多年英语的晶晶爸，面对这个幼儿园小朋友说的英语单词"模儿"，百思不得其解。最后，他试探着问："是不是'more'啊？"小姑娘微笑着使劲儿点头："对，是'more'！"

早教点滴：5～6岁是宝宝学英语的最佳年龄，家长应为宝宝挑选一个好的英语老师、一套合适的英语教材，为他提供一个良好的语言环境：英

语好的家长可以经常和宝宝用英语对话；英语不好的家长可以和宝宝一起学英语，以提高宝宝的学习兴趣。

学拼音

6月18日

晚饭后，晶晶要看电视。我调到早教频道，里面正在播放学汉语拼音的节目。晶晶对此很感兴趣，就模仿着电视里小学生的样子，跟着老师拼读。10分钟的节目很快结束了。我去卧室收拾床铺，晶晶像小尾巴一样，"拖拖"地跟着我过来了。在床边立定后，便开始自言自语："y、e，méi，没有的'méi'！"我一听大笑：这"y、e"相拼怎么成"méi"了？你是怎么拼的呀？看到我笑，晶晶也笑起来，又说道："n、e，méi，没有的'méi'！"我听了，又大笑。晶晶跟着我笑了笑，又继续着自己的"拼读"："n、ie，yé，爷爷的yé！"……见她一直这样"拼读"，我有些纳闷，便问她："你是故意这样说呀，还是真以为是这样拼呀？"晶晶直视着我的眼睛，很严肃地回答说："我真的以为是这样！"

成长解读：自言自语。宝宝喜欢自言自语，这是一种正常现象，对他们的身心发展有益。自言自语作为宝宝活动的一部分，能帮助他调节自身行为、驱除孤独、促进语言的发展。

妈妈的胳膊

6月20日

经过一段时间的努力，我的体重减轻了，但胳膊似乎并没有成正比地瘦下来，让我比较苦恼。一天，我无意中对晶晶说："我的胳膊怎么这么粗啊？"晶晶紧盯着我的眼睛安慰说："妈妈的胳膊一点儿也不粗。你的胳膊和我的腿一样粗。你看我的腿粗吗？"说着，她双手作抱球状，环抱住了自己的大腿。望着她那粗壮的小象腿，我哈哈大笑，心想：要是我的胳膊和你的腿一样粗，不更麻烦了？为了不给她的好心泼冷水，我笑道："你的腿不粗。"

今天中午，我对晶晶爸说："我体重恢复到生晶晶之前了，怎么胳膊瘦不下来呢？你看我的胳膊粗吗？"晶晶爸笑着安慰我："不粗。"小姑娘听罢，也跟着安慰："妈妈的胳膊一点儿也不粗。妈妈的胳膊和我的腿一样粗。你看我的腿粗吗？"说完，又很自信地看着我，又开十指，去环比自己的大粗腿。我又忍不住大笑，心想：要是我的胳膊像你的大腿那样粗，那我就别活了！

心理发育：5岁宝宝身心方面的发展越来越成熟，情绪方面处于平衡状态，情感更加丰富；在智能方面，好奇心和探索精神增强了，还喜欢接受新事物。

我是彩色的

6月27日

早晨，晶晶醒来，笑呵呵地问我："妈妈，你猜我是什么颜色的？"我不知她又想出了什么花花点子，便老老实实地回答说："不知道。"晶晶笑道："我是彩色的。"我很好奇："为什么呀？""因为我是小花苞！"晶晶甜蜜地笑道，"因为小花苞是彩色的，所以我也是彩色的。"听了这话，我忽然想起，晶晶昨天对我说，她是班里"爱心宝贝队"的，她的名字就叫"小花苞"。

社会交往：5岁的宝宝更喜欢同一个或更多的小朋友一起玩耍，而不愿单独玩了。小朋友们在一起玩时，还常常"拉帮结派"、组织各种"队"，团结"队员"、排除异己。同伴群体开始对宝宝产生明显的影响。

"肌肉"与"鸡肉"

7月2日

晶晶早晨醒来，在我身上爬来爬去。见她的腿儿比较健壮，我笑道："还有肌肉呢！"小姑娘一下恼了，回头冲我大吼："不是鸡肉，是人肉！"我哈哈大笑。晶晶不笑，板着脸继续教训我："小宝宝哪有长鸡肉的呀？鸡才长鸡肉呢！人要是长了鸡肉，就变成鸡了！"

运动能力：宝宝身体的各种器官逐渐发育完善，肌肉发达而且均匀有力。他能很好地控制身体，手脚更加灵活，不太容易摔跤了；他还能在一条直线上走，会单足跳、跳绳和跳舞了。

八荣八耻

7月5日

晶晶玩"手指操"，双手呈两个"八"字，问我是什么。我说："八十八。"晶晶恼："这是'八'。"为哄她开心，我说："你小时候第一次做这个动作时，我说'八颗牙'，你不笑；我又说'八路军'，你还是不笑；我一说'八荣八耻'，你就'格格格、格格格'地笑了。"听到这里，晶晶又大笑起来。我不明白："你笑什么？你觉得'八荣八耻'好玩吗？"晶晶说"好玩"。我问"为什么"，晶晶笑道："我觉得八个笑容八颗牙齿好玩。"我大笑：原来人家理解的"八荣八耻"是这个意思啊！

语言训练：讲宝宝自己的故事，提高他的语言能力。宝宝小的时候，他会做过很多趣事、说过许多趣话，这一切，宝宝可能已经没有印象了，但他会很喜欢听你说，并且会听得很专心。妈妈向宝宝讲述这些趣事和趣话，有助于提高宝宝的语言表达能力。

镜子流眼泪了

7 月 7 日

晚上，晶晶洗完澡，穿好浴衣，对着镜子里的自己这样那样地看。看了一会儿，忽然指着镜子难过地说："镜子流眼泪了！"我一瞧，果然如此：由于洗澡水关了，浴室的气温迅速下降，原本附着在镜子上面的水蒸气受冷化成了一串串的水珠，正顺着镜子往下流，还真像一个人泪流满面的样子呢！

心理发育：此时的宝宝总能津津有味地接受周围世界的知识，对接触到的具体物体进行感受、思维。

猎人唱歌的用处

7 月 9 日

晶晶今晨6点半就醒了，让我给她讲《千字文》后面附带的故事——《爱国诗人屈原》。当我讲到"屈原经常请教樵夫、猎人、渔翁，从民间采集歌谣"时，晶晶问："屈原为什么向他们请教啊？"我笑道："因为'好诗在民间'。樵夫砍柴时唱的歌儿，猎人打猎时唱的歌儿，渔翁打渔时唱的歌，都是发自内心喊出来的，很好听。"晶晶听了笑道："猎人打猎的时候唱歌，等狼听到歌声出来了，猎人就一枪把它打死。"说着做了一个瞄准射击的动作。我大笑："原来"，猎人唱歌是为了引蛇出洞呢！

成长解读：如今的宝宝通常非常快乐。他乐于助人、善于动脑筋并喜欢谈论自己的想法，开始用一些幽默的语言表达自己的观点。

小鱼的床

7 月 10 日

"大风车"舞蹈课结束，天阴沉沉的，没有太阳，很凉爽。晶晶想去圆明园看荷花。我一想：天气不错，又正好顺路，就同意了。走进圆明园，放眼望去，到处都是碧绿的荷叶，荷叶上面是星星点点的荷花，下面有许多金鱼自由自在地游来游去。随着人流来到鉴碧亭，站在桥上往下看，只见圆圆的王莲的叶子浮于水面，边缘全部向上折起，有些像盘子。我问晶晶像什么，想看看她是否和我的感觉一样。小姑娘脱口而出："像小鱼的床！"我汗！

早教点滴：利用自然环境培养宝宝的观察力。居住在城市里的妈妈，可以经常带孩子去公园、动物园、植物园等地游玩，也可以带孩子去乡村观光，让孩子在饱览大自然美丽风光的同时，培养自己的观察力。

我想飞

7 月 14 日

我带晶晶去颐和园游玩。爬上万寿山，来到佛香阁，见千手观音像前有一个捐款箱，好多游客前去捐款，晶晶也问我要钱。我问捐给谁，她说捐给玉树灾区的小朋友。我说这不是给灾区捐款的，是给千手观音的。见游客纷纷许愿，我又说："你也可以在千手观音面前许个愿。"说罢，给晶晶一块钱。晶晶将钱投进捐款箱，然后模仿其他香客的样子，在千手观音像前立定、闭眼，双手合十许愿。完后跑向我说："我许完了。"我问："你许的什么愿啊？"晶晶趴在我耳朵上悄声说道："我想飞！"

智力开发：允许宝宝做白日梦。白日梦是解决问题的前奏，能给宝宝更多有创意的想法。在日常生活中，家长应该鼓励宝宝自由思考和行动，不要总给他指定一个明确的方向。

我们就像在画里

7月15日

今天阴天，比较凉爽。上午，我带着晶晶游览了景山公园。中午从景山公园西门出来，进入北海公园东门。来到游船码头时，天上飘起了小雨。我们坐在长廊处，一边避雨，一边欣赏四周的美景：古色古香的长廊，风中摇摆的大红灯笼，烟雨蒙蒙的水面，一望无际的荷花，探入水中的亭子，亭中舞者影影绰绰的身影……在灰色的雨幕下，就像一幅淡淡的水墨画。望着眼前的这一切，我对晶晶说："你看这风景多美啊，像画儿一样。"晶晶当即接道："我们就像在画里。"我心里一震：这不正是"人在画中游"的另一种说法吗？她小小年纪，居然能说出如此富有诗情画意的话语，真让我吃惊。

早教点滴：让宝宝见多识广。经常带宝宝参观博物馆、名胜古迹、花木虫鸟展览会等，让他从小接受人文教育，扩充见闻，可使他变得更聪明。

这就是我给你留的

7月某日

7月25日，晶晶爸出差，我带晶晶回到山东老家，住了两周。一天，晶晶要吃点心。我打开一包两块儿装的巧克力点心给她吃。晶晶吃完一块儿，不想再吃了，就让我把剩下的那一块放进了冰箱里。第二天，晶晶大姨来了，我打开冰箱时看到了这块点心，就请大姨吃。大姨刚吃了两口，晶晶就到了。我以为她会生气。不料，晶晶看了看大姨和她手中的点心，却很友好地说道："大姨你吃吧！这就是我给你留的。"我和大姨不约而同地大笑起来：这个小人儿，可真会说话！

心理发育：宝宝已经能够准确判断自己能做什么，不能做什么；对表扬能做出得体的回应。

这对你也有好处

大姨和我包饺子，晶晶看着好玩，也吵着要包。大姨怕她添麻烦，想把她支走。我倒是想借此锻炼一下晶晶的动手能力，就对大姨说："让她包着玩也行，这样对她有好处。"话音刚落，就见姑娘的小手已经愤怒地指到了我的鼻尖上："这对你也有好处！"我大笑：你什么意思啊？是指责我在为自己偷懒找借口吗！

早教点滴：对宝宝来说，厨房是个很有趣的游乐场。妈妈可以给宝宝提供一些机会，让他和你一起做小点心、饺子、比萨饼之类。这样可以培养宝宝的动手能力及爱劳动的好习惯；也可以让他更好地理解做事的先后顺序，增强他的逻辑思维能力。

小便的"小"

近两三个月，晶晶先是把粗俗的"尿尿"一词，换成了文明用语——"小便"。后来，又把"小便"简称为"小"了。谁知，这一简不要紧，居然简出了无数个新用法，令我捧腹大笑。下面摘录几句：

6月17日下午，晶晶放学回到家，要吃零食。我说："先去洗手。洗完手再吃东西。"晶晶听罢，便朝卫生间走去。走到门口，回头对我说："我先去小个便一下。"我说"好"。过了一会儿，小姑娘从卫生间走出来，对我说道："我已经小完了。"我一听大笑：什么叫"小完了"呀？你说话可真会省事！

6月19日，晶晶早晨醒来，我问她："你要小便吗？"晶晶答道："我不小。"我忍住笑，问："为什么不小便？"晶晶答："因为你刚才出去的时候，我已经小了一次了。"我撑不住了，哈哈大笑起来。下午4点10分，我准备带晶晶去游泳。出门前，我先去小便。完后，晶晶走进卫生间，坐在坐便器上，问我："你刚小完是吧？"

7月10日晨，我带晶晶去"大风车"上课前，问她："你小便吗？"晶晶说："我不小。妈妈，你小吗？"

某日，我去卫生间小便，很快结束。晶晶问："你今天怎么小得这么少呢？只小了一点点！"

某日，我问晶晶："你小便吗？"晶晶答："我刚刚小完。"

又一日，我问："你小便吗？"晶晶说："我小了。"

早教名言：我们对儿童所做的一切，都会开花结果，不仅影响他一生，也决定他一生。——蒙台梭利

买一辆环线的火车

8月16日

晶晶有点儿晕车，不喜欢坐公交车和出租车，喜欢坐地铁。一天，她突发奇想，对我说道："妈妈，我想买一辆火车。"我问："你为什么要买火车呀？"晶晶笑道："让爸爸开着火车，咱们俩在后面坐着。"我笑问："想买什么样的火车呀？"晶晶答："买一辆环线的火车。"我又问："为什么呢？"晶晶答："买一辆环线的火车一圈圈地转……"我大笑：人家想坐着爸爸开的自家火车，在环线地铁里跟妈妈兜风呢！

早教点滴：5~6岁的宝宝，在认识了几种常见的交通工具（如公共汽车、火车、飞机、轮船）的基础上，家长要让他进一步正确说出交通工具的名称、外形特征、用途以及与人们的关系，还要让他理解"交通工具"的正确含义。

你明知道我不认表还让我看

8月16日

晨起后，我给晶晶扎辫子。姑娘的小脑袋像拨浪鼓一样不停地摇来摇去。我几次企图制止，她都不听。眼看幼儿园的早餐时间快结束了，我急了，指墙上的钟表冲她大吼："你不看看都几点了，还在这儿磨蹭！"小姑娘一听也急了，回头冲我吼道："你明知道我不认表还让我看！"我哑然失笑：是呀，人家还不认表呢！小姑娘反驳得有理有据啊！

早教点滴：教宝宝学认钟表。妈妈可以先教他认识钟表上面代表时针的12个数字，然后再给宝宝讲指针。在生活中，妈妈可以有意识地用语言来表述时间与生活的关系，同时让宝宝看钟表是几点几分。如："现在7点半了，该上幼儿园了。"

新出炉的比喻

8月某日

7月的一天早晨，爸爸给晶晶剪前额的头发。见碎发纷纷下落，晶晶叹道："像'头发雪'一样！哦，头发雪！"

今天上午，我们三口乘城铁13号线，去望京看房。经过回龙观时，晶晶望着路边一座座又细又长的塔楼，笑道："这高楼很像一根一根的油条耶！"

早教点滴：妈妈可以引导宝宝运用比较的方法，仔细分析物体的轮廓及主要外形特征，培养宝宝观察的目的性和准确性。

亲

子

歌

乡村去度假

词：张秀丽
曲：《踏浪》曲

啦……啦……

啦……啦……

宝宝和妈妈呀

乡村去度假

住进农家院呀

做个农家娃

农家的饭菜香哟

农家的庭院大

我愿陪小鸡小鸭

每天叽叽嘎嘎

啦……啦……

啦……啦……

像刺猬的榴莲

我在水果摊前埋头挑选葡萄，晶晶在旁边等着。挑着挑着，忽听晶晶笑问我："妈妈，你说什么长得像小刺猬呀？"我一下给问懵了，扭头去看她，只见她正笑眯眯地双手抚摸着一只大大的榴莲。这时，水果店的老板娘微笑着问她："你是不是觉得榴莲像刺猬呀？"晶晶"呵呵"地笑了："榴莲很像小刺猬团成一团的样子！"

智力开发：利用单一物体培养宝宝的观察力。具体做法是：当宝宝仔细观察一个物体时，你可让他按照从整体到局部或从局部到整体的顺序观察，也可让他从正面、侧面、远处、近处等不同角度观察。

尿到外面床上

晚饭后，我去厨房刷碗，爸爸带着晶晶去卧室，哄她吃药。小姑娘坐在床上，身子扭来扭去的，不肯吃。爸爸急了，高声命令她赶紧吃。晶晶知道胳膊拧不过大腿，于是三十六计走为上，翻身准备下床，声称："我要小便！"爸爸火了，冲她大吼："你尿到床上吧！"小姑娘马上给予了有力的反击："我尿到外面床（指爸爸床）上！"

智力开发：培养宝宝的逆向思维能力，妈妈可以经常这样启发宝宝思考："事情如果反过来，会怎样呢？"

编讲故事

晶晶告诉了我一件今天在幼儿园发生的事：老师让晶晶、妮妮、月月和小武4个小朋友上台讲故事。月月和小武讲的一样，都是"狼来了"的故事；妮妮讲的故事是《小蝌蚪找妈妈》；晶晶讲的是"驴子驮鸡精过河"的故事。我听着新鲜：我以前只给她讲过驴子驮着盐和棉花过河的故事，并没有讲过驮鸡精过河。于是，就问她："你听谁讲过《驴子驮鸡精过河》了？"晶晶答道："没听人讲过，是我自己编的。"我问："你为什么要自己编故事，不讲以前听过的呢？"晶晶说："我害怕讲其他故事，小朋友也听过，会和我讲的一样。"

早教点滴：宝宝自己编讲故事，能激发早期的阅读兴趣。由于宝宝讲述的故事情节是自己创编的，因此他能够很自信地和倾听者分享故事内容，自由地表达自己对故事的理解。这将会激发他的阅读兴趣。

运动性腹痛

下午放学后，晶晶在教室外面疯跑。离园时，她说有点儿肚子疼。回到家放下书包后，又说不疼了，于是下楼去和小朋友们跑着玩。后来，晶晶不跑了，蹲在地上自己玩起来。我走过去问原因，晶晶又说肚子疼。我便带她回家。走在路上，她的病情突然加剧，疼得直不起腰来。如今的她，我已经抱不动了，只好搀着她一步步地挪回家。走进屋里，晶晶让我坐在床上抱着她。抱了她一会儿，她又说不行，要在地上蹲着。看到她疼痛如此剧烈，我很着急：晶晶爸去泰国了，附近的医院又下班了，我该怎么办呢？要不打车带她去"北医三院"？想到这里，我和晶晶商量。小姑娘坚决不同意，要进卧室床上趴着。扶她上床后，我赶紧上网搜索有关宝宝肚疼的资料，看到一篇文章："肚疼6种不是病"：其一是运动后的肚疼不是病。我怀疑晶晶的肚疼属于这种情况，就仔细观察她的反应。后来，晶晶的疼痛渐渐缓解。7点50左右，她主动下床去看电视。又过了半小时左右，她的身体基本恢复正常了。

护理保健：宝宝肚子疼，妈妈要注意，有6种肚疼不是病。它们分别是：受凉引起的腹痛；因个头长得太快引起的胃肠生长痛；运动性腹痛；情绪紧张引起的功能性腹痛；缺钙性腹痛；烟雾引起的腹痛。

辛苦干

晶晶爸从泰国归来，带回几包果肉干。我在厨房忙着做饭，晶晶举着一枚果肉干走过来，对我笑道："妈妈，这是给你的辛苦干！"我怀疑自己听错了，呆呆地望着她，希望她再重复一遍。晶晶会心地一笑："妈妈，你辛苦了！"我终于明白了：人家刚才说的，还真是"辛苦干"呢！她是看到我在厨房做饭辛苦，给我发奖品呢！

心理发育：宝宝的社会认知能力明显提高，懂得更多的社会规则和行为规范，能关心他人的情感反应，友好、助人、合作行为明显增多。

月亮变成方形的了

晶晶早晨醒来，眼睛还未睁开就乐了："我今天做了两个好梦一个恶梦。"看着她那圆鼓鼓的笑脸，我也忍不住笑了："那就把好梦记住，把恶梦忘掉吧！"晶晶自告奋勇地说："我给你说说我做的好梦吧？"我欣然同意。晶晶笑道："我梦见月亮变成方形的了！呵呵！"

早教名言：我们发现了儿童有创造力，认识了儿童有创造力，就须进一步把儿童的创造力解放出来。——陶行知

我是聪明型的

10月1日

购物归来的路上，晶晶问我："妈妈，我是什么血型的？"我回答说："我不知道。你还没有查过血型呢。"晶晶笑道："我是聪明型的，嘻嘻！"我大笑："谁告诉你的？"晶晶没有回答我的问题，继续说道："小武说他的血型是正方形的。"我又笑："谁问你们的血型了？"晶晶答："王老师。她先问小武是什么型的。小武说他是正方形的；王老师笑了，又问我是什么型的，我说是聪明型的。小朋友都笑了，说：'哪儿有聪明型的啊？'"

早教名言：对孩子来说，重要的是教育而不是天赋。孩子成为天才还是庸才，不是天赋多少决定的，而是由出生后到五六岁时的教育决定的。——卡尔·威特

鸦蛋、乌蛋

10月4日

晚饭后，晶晶拿起幼儿园发的一本分享阅读——《乌鸦的窝》，大声朗读起来："乌鸦的窝里有4个带斑点的蛋。乌鸦每天在窝里孵蛋。"听到这里，爸爸设了个陷阱："鸡的蛋叫鸡蛋，乌鸦的蛋叫什么蛋？"晶晶脱口而出："鸦（鸭）蛋！"爸爸见女儿掉进了陷阱，得意得哈哈大笑。晶晶静观爸爸，见他笑里藏坏，意识到自己说的不对，马上改了说法："哦，不，'乌蛋'！"

育儿心得：宝宝读书读得每句话都正确，很多时候并非因为认识每一个字，而是因为听老师或家长读过几遍，把句子全记住了。你若不了解这一点，可是很容易被他蒙住哦！

电话为什么叫电话呢

10月6日

早晨，晶晶醒来，睁眼即问："'电话'为什么叫'电话'呢？'花儿'为什么叫'花儿'、不叫'电话'呢？"我回答说："因为只有通了电才能通话，所以叫'电话'。""那'电'为什么叫'电'呢？"我犹豫了一会儿，有些不自信地解释说："有一个词叫'约定俗成'，就是一开始有人把它叫做'电'，其他人也跟着这样叫，最后就都叫它'电'了。'花儿'也是这样：一开始有人叫它'花儿'，其他人也跟着这样叫，最后就都叫它'花儿'了。"

育儿心得：把养育宝宝的过程变成和宝宝一起成长的过程。宝宝每天都

在学习和成长，做妈妈的也不能固步自封，应跟上宝宝成长的脚步。只有这样，才能一直和宝宝保持良好的沟通，最终和他形成亦亲亦友的关系。

"此地无银三百两"的错误所在

10月12日

晚饭时，我给晶晶讲了"此地无银三百两"的故事。小姑娘听完"呵呵"地笑起来。我怀疑她能听懂，便问："晶晶，你笑什么啊？你觉得那个人做得对吗？"晶晶笑道："不对。"我又问："那他该怎么做啊？"晶晶答道："他不应该把钱埋在地里，他应该把钱放到兜里。这样！"说着，晶晶离开椅子，假装兜里装着沉甸甸的钱的样子走路。看来她真是没明白啊，我哈哈大笑。"三百两银子那么多，"我比划了一个大包的样子，"那么重，他装在兜里太沉了，更容易被人发现。你想想，他到底哪里做得不对？"小姑娘低下头，小声说道："我不知道。"我给她解释："他埋在地里也可以，但不能在上面写字！他一写字，别人本来没注意这里会有银子的，现在也开始注意了。"

教育名言：教学的目的是培养学生自己学习，自己研究，用自己的头脑来想，用自己的眼睛看，用自己的手来做这种精神。——郭沫若

脸上的钟点

10月17日

晶晶早晨醒来，躺在床上笑眯眯地问我："妈妈，你喜欢我啊，还是喜欢墙啊？"我逗她说："我喜欢墙。"晶晶知道我在跟她开玩笑，"格格"地笑起来。笑了一会儿，又问："妈妈，你是喜欢你啊，还是喜欢我啊？"我笑道："我喜欢我自己。"晶晶又"格格"地笑了，再问："妈妈，你是喜欢钟表啊，还是喜欢我啊？"我一笑："我喜欢钟表。"晶晶笑问："为什么呢？"我答："因为我看了钟表的脸，就知道是几点了；看了你的脸，我不知道是什么时间。"晶晶"格格"地笑道："我笑的时候就是6点。"说完，又撮起小嘴像桃核状："我这样的时候就是8点、9点！"

认知能力：5岁多的宝宝已经知道一年中12个月的名称，以及一周中每一天的名称了。他开始能看钟表，也有了比较明确的时间概念。家长可以继续督促宝宝按时作息，让他从小养成珍惜时间的好习惯。

剪胡子

10月23日

晨醒，晶晶主动请缨："妈妈，我给你讲个故事吧？"我一听很高兴："好

啊！"晶晶说："这个故事的名字叫《剪胡子》：从前有个老爷爷，他的胡子长得这么长。"说着，她的两条胳膊从中间向两边拉开，直至最远处："他觉得胡子太长了，就想剪胡子。结果，他发现了一颗流星，他就许了个愿说：'请把我的胡子剪短吧！'流星没把老爷爷的胡子剪短，却把他的胡子变长了。他就起床，把自己的胡子剪短。每天剪三两，每天剪三两……每天都会剪，最后他的胡子再也不长了。"

早教点滴：宝宝自己编故事，能够激发想象力。故事情节的推进需要充分发挥想象力。在宝宝编故事的过程中，妈妈不要给他设置太多的限制，应允许并鼓励他打破成人固有的思维框架。这样，你就会发现：你的宝宝其实有着惊人的想象力和创造力。

眼睛会得龋齿吗

10 月 23 日

晶晶笑问："眼睛会得龋齿吗？"见她的问题如此荒唐，我哈哈大笑，问："你知道什么是龋齿吗？"晶晶笑道："就是牙得了尺寸。"我又笑。晶晶自圆其说："其实我知道'尺寸'的意思。'尺寸'就是给它量身高。牙得了'尺寸'就是牙被人量了。"

早教点滴：在育儿的过程中，妈妈要根据宝宝年龄的变化，逐步加深问题的难度，并给他留出足够的思考空间，培养他独立解决问题的能力。

但是，不过

11 月 10 日

早晨 7 点，晶晶醒来，不起床，提要求：要我补上昨晚未讲的故事之后，才肯下床。我为了遵守昨晚的承诺，只好答应。结果，故事讲完时已近 8 点，快过幼儿园的早饭时间了。我很着急，忙着去收拾其他东西，让晶晶自己洗脸。小姑娘起初不同意，后见我态度强硬，改口说："让我自己洗也可以，但是……"我一听急了："不能说'但是'！要洗就快去洗，不洗就走！"晶晶巴不得错过幼儿园的早餐时间，在家吃饭呢。反正能多磨蹭一会儿是一会儿。所以，她并不着急，仍旧慢条斯理地说："我可以自己洗脸，不过……"见"但是"改成了"不过"，我"扑哧"笑了：这个小人儿，跟我玩文字游戏呢！

成长解读：宝宝做事慢、时间观念差，这是因为他和成人做事的目的不一样。成人做事的目的是为了取得结果，所以希望尽快地完成工作；宝宝做事的目的则是为了享受过程、积累经验。因此，假如条件允许，家长就应给宝宝提供足够的时间，让他有独立做事的机会。

神气的小学生和幼稚的小屁孩

11 月 14 日

前一个周末，晶晶在院里玩，遇到了刚上一年级的小学生扬扬。两人玩了一会儿之后，就听到扬扬指责晶晶"幼稚"。我和扬扬妈相视而笑：他刚上半年学，就看不起幼儿园的小朋友了！况且，晶晶已上大班，再过半年也要上学了，也比他"幼稚"不到哪儿去啊！

上周末的风特别大，树叶被风吹得"哗哗"地往下落，像下雪一样。我一上午没敢让晶晶出门。临近中午时，见风小了，我便带晶晶去院里晒太阳。来到小树林边，看到扬扬等三个一年级的小学生在给堆积如山的树叶搬家。晶晶很想加入，又担心不被接纳，走过去怯生生地问："扬扬，你还觉得我幼稚吗？"

今天上午，我带晶晶去院里，又看到了扬扬。他正和几个男孩子在一处玩。晶晶滑着滑板车过去了。我坐在长椅上，远远地看着他们。晶晶滑到扬扬们旁边停下来，看他们玩。刚看了一会儿，就委屈地回来向我告状："扬扬说我'小屁孩'！"我心里笑道：这个扬扬，成了小学生，就这么神气了！

社会交往：教宝宝正确处理与小朋友之间的关系。当宝宝与同伴发生矛盾时，妈妈可以鼓励宝宝自己解决；当宝宝议论同伴时，妈妈要对他进行是非观念的教育，还要让他多关注小朋友的优点和长处，同时尽量避免小朋友的缺点在自己身上出现。

名片

11 月 24 日

晶晶带回家一张美美的名片——幼儿园老师让小朋友自己做的——上面写着歪歪扭扭的三个大字"苏美美"，下面是她们家的电话号码。我看着有趣，便问晶晶有没有名片。晶晶说："坏了，我的 4 张名片都发给小朋友了！"一听这话，我更笑了：小小年纪，都开始发名片了！欣赏了一会儿美美的名片，晶晶要给她打电话。我问原因，晶晶说："我看看这上面的电话号码准不准。"

早教点滴：有意识地教宝宝记住家长的电话号码和自己家的门牌号，可以帮助宝宝建立数的概念，也是让他掌握一些必备信息。

美酷时装秀

11 月 25 日

晚睡前，晶晶从衣柜中翻出我的黑色三角形披肩，要进行时装秀。这种时装秀已经连续进行三天了：第一天，她把这块披肩在身上围成了一条拖地长裙，然后以床为 T 型台，扭扭摆摆地走来走去，直到我强行关了灯才罢休；昨晚睡觉前，她又翻出这块披肩，在身上围成了另外几款"时装"，接着秀；今晚，还要继续进行她的时装秀。我问："你这个时装秀的名字叫什么呀？"晶晶信口说道："叫'美酷时装秀'。"我一听，又美又酷，符合时装秀的特点，这名字起得不错！我又问："你的时装叫什么名字？"晶晶答："叫'酷美时装'！"我大吃一惊：时装秀的名字"美酷"二字倒过来，又变成了时装的名字"酷美"，而且，又酷又美，也符合时装的特点，还跟时装秀的名称不重复。真不错！

晶晶把披肩搭在身上，这样那样地变换着造型。我有些审美疲劳了，就躺下来休息。后来再一抬头，见她又把披肩折成了一个方形小包，夹在腋下趾高气扬地走着。我大笑：把时装变成小包了！这小姑娘，怎么想的！

育儿心得：给宝宝一个快乐的童年。成年人许多奇思妙想的萌芽都来自不可复制的童年时光。让宝宝拥有一个快乐的童年，就是帮助他在未来拥有自由想象的能力，并且还有助于其正面性格的形成。

东药

12月9日

晶晶望着碗里用开水冲好的药问："妈妈，我喝的是中药吗？"我说"是"。晶晶又问："有西药吗？"我说："有。""草莓药（指带有草莓味的头孢）是西药吗？""是。""有东药吗？"我一笑："没有。"问："有夏药吗？"我又笑："没有。"接下来，晶晶的问题像连珠炮似的一个接一个地响起来："有南药吗？""没有。""有北药吗？""没有。""有下药吗？""没有。""有上药吗？"……我越听越吃惊，越听越惭愧：一个在我眼里干瘪至极的"中药"和"西药"两个词，到了晶晶这里，居然向外辐射出如此多的问题，真令我自愧弗如啊！

早教名言：现在的我距五岁的我不过一步之差，而从新生儿到五岁的我却是万里之遥。——托尔斯泰

第一首诗歌：《风来了》

12月10日

今天的风特别大。我中午接了晶晶从幼儿园出来，被风推着一路小跑来到楼前。扭头看时，只见垃圾桶头顶的三角形塑料盖被风吹得不停地前后摇摆，还发出"啪啪"的响声。走进楼门，风立刻消失得无影无踪。我停下脚步，长长地舒了一口气。晶晶突然建议："妈妈，我给你编首诗吧？"我颇感意外，说："好啊！"晶晶透过玻璃窗，望着楼门外的垃圾桶，开始说起来：

"风来了，风来了

　　　　垃圾桶变成了摇摆车
　　　　刮得小朋友到处跑
　　　　大树摇摆摇摆快吹倒了
　　　　大家一起躲避风"

　　我心里惊叹道：作得太好了！没想到小姑娘居然出口成章了！回到家，我赶紧把它写在了本子上。晶晶看着我写完，又说道："诗的名字就叫《风来了》。"

　　育儿心得：后生可畏。在不少成年人看来，宝宝头脑简单、幼稚可笑，其实宝宝是很神奇的，他们有着不知从哪里学来的各种知识和本领。只要留心，你就会发现：宝宝非常善于创造，他们的作品会让我们大吃一惊。

你去哪里"小"的

12月10日

　　晚上 7 点，我们一家三口去鸟巢附近观看"马戏表演"时，遇见了晶晶班的小朋友小玉。中场休息时，晶晶和小玉一起出去小便。见厕所外面排的队特别长，晶晶等不及了，就在夜幕的掩护下，跑到一个没人的地方偷偷把问题解决了。回来后，小玉问晶晶："你去哪里小的？"我大为惊讶：以前我还以为只有晶晶用"小"来代替"小便"呢，没想到其他小朋友也如此。看来，这是他们之间的通用语言呢！

　　育儿心得：孩子和我们拥有完全不同的世界。孩子之间有他们通用的语言，对事物的看法也是相通的。因此，只有孩子最理解孩子。

2010 年的宝宝生出来了

12月18日

　　早餐前，我先炒了一个鸡蛋，然后把它和昨晚打包带回来的胡萝卜牛腩饭混在一起，做了一份炒饭。晶晶见炒饭里到处都是红牛肉和黄鸡蛋，非常开心，指着其中最大的一块牛肉说："这是肉国王！"然后又指最大的一块鸡蛋说："这是蛋国王！"我哈哈大笑。晶晶很得意，又分别指体积排名第二的牛肉和鸡蛋，一一说道："这是肉国王的老婆！""这是蛋国王的老婆！"

　　饭后，我去卧室取东西，晶晶随后跟了过来，对我笑道："2010 年老了！2010 年的宝宝生出来了，就是 2011 年！"

　　早教名言：人的内心里有一种根深蒂固的需要——总想感到自己是发现者、研究者、探寻者。在儿童的精神世界中，这种需求特别强烈。但如果不向这种需求提供养料，即不积极接触事实和现象，缺乏认识的乐趣，这种需求就会逐渐消失，求知兴趣也与之一道熄灭。——苏霍姆林斯基

叮叮当，叮叮当，晶晶不起床

12 月 19 日

早晨醒来，我喊晶晶起床。她说困，不起。我想：要不就让她再睡一会儿吧。于是，我开始穿衣服。衣服穿好后，我再喊起床，她仍躺着不动。我笑着唱起以前为她创作的《起床歌》："叮叮当，叮叮当，晶晶快起床，太阳公公出来了，百灵鸟把歌唱……"听到这里，小姑娘闭着眼睛，笑眯眯地也唱了起来："叮叮当，叮叮当，晶晶不起床，我不想起床呀，我不想起床！"我大笑：这个小人儿，不想起床，还唱歌呢！

早教点滴：规律生活能帮助宝宝建立自信。妈妈有规律地安排宝宝每天的生活，让他在固定的时间段内做相对固定的事情，如：7点起床、起床后洗脸刷牙；8点上床，听睡前故事。这样做，宝宝就能够预见到将要发生的事情，觉得有信心掌控自己的世界。

第二首诗歌：红领巾

12 月 21 日

晚饭时，我对晶晶说："明年你就是小学生了……"晶晶打断我说："红领巾！我给你编一个儿歌，儿歌的名字叫《红领巾》，你一定要记下来。"我赶紧拿笔去记。晶晶说道：

"红领巾挂脖子上
小学生们排好队
一二三四五六七
排好队呀快快走

红领巾呀挂脖子
显得多么像丝巾
你戴我戴大家都戴
一起戴上红领巾

排好队，一起走
大家戴上红领巾
一齐走向哪里
走到这儿
走到那儿

说来笑去可以说笑话

难道说咱们都是大人了

这些话都是我们大学的话

快走快走快快走

对不对

其实他们是在讲小时候的那个小故事"。

早教点滴：重视孩子灵感的突现。孩子的灵感常常在突然之间迸发出来，妈妈若能及时进行记录，就能留住这精彩的瞬间。否则，它们大都会随着时间的流逝而流逝了。

晶晶比上学重要

12月22日

晶晶爸谈到：晶晶上学，或许能进附近的一所名校。我听了很高兴。晶晶爸又说："目前有两件事最重要，一个是房子，一个是晶晶上学。"我说："上学比房子重要。"一听这话，正跪在地上剪纸的晶晶停了下来，故意皱起小眉头、翘起小嘴巴，用一种夸张的表情教育我："晶晶比上学重要！"我大乐，一把抱住她："当然了，我的宝贝儿！什么都没有你重要！"

育儿心得：宝宝上小学是否应该择校，应该视情况而定：如果附近的学校非常差，而不远处就有很好的学校，并且赞助费不是很高，入门也不是很难，就可以考虑择校；如果附近的学校还可以，好学校离家很远，且择校费很高，入门也难，那就不必择校了。

甜蜜的"三件事"

12月29日

中午接晶晶回家玩。饭后，她要小便，招呼我说："妈妈，过来，我给你说三件事。"我知道她会说什么，便微笑着走过去，蹲在她身边。晶晶用手捂着嘴，在我耳边说悄悄话："第一件事就是'妈妈，我喜欢你'，第二件事就是'妈妈我爱你'，第三件事就是……"她没说完，在我脸上吻了一下。我一笑。晶晶以前对我说过，"吻"也算一件事。见她的三件事说完了，我也说道："晶晶，妈妈也给你说三件事。"晶晶自然也知道我要说什么，笑眯眯地凑过来听。我把她原话里的"妈妈"改成"晶晶"重复了一遍。晶晶听了也很开心。这样的对话，在我们之间进行了快一个月了，可是，我们都没有感到厌烦；每次说起来，还都会感到幸福。看来，爱的表达是不厌烦重复的。

教育名言： 教育上的水是什么？就是情，就是爱。教育没有了情爱，就成了无水的池，任你四方形也罢、圆形也罢，总逃不出一个空虚。——夏丏尊

看电影

12月某日

一天，我们三口去电影院看《兔年顶呱呱》。我和晶晶爸一边一个，把女儿夹在了中间的位子上。晶晶看得很开心，笑得"哈哈"的。我却不感兴趣，看着看着，居然睡着了。电影演完，我也醒了。走出电影院，晶晶爸打了个长长的哈欠，说："我都睡着了。"我心里一乐：没想到他这个电影迷也睡着了。晶晶却是兴高采烈的，回家路上，对我们大谈电影里的故事情节，还不断地重复两句台词："我的狼生太灰暗了！""苦死羊了！"

育儿心得： 适当地看一些优秀的电影和电视节目，有助于提高孩子的语言能力、丰富孩子的想象力。家长不必强迫孩子和电影电视绝缘，但也要避免他沉湎于电影电视中不能自拔。

第十五章

心肝妈妈

5岁9~10个月

亲 子 歌

宝宝爱画画

词：张秀丽
曲：《泥娃娃》曲

爱画画，爱画画
宝宝爱画画
画一个爸爸画一个妈妈
再画个小娃娃
爱画画，爱画画
宝宝爱画画
画一颗爱心画一朵红花
宝宝心里乐开花
爱心献给我妈妈
红花献给我爸爸
他们俩都伸出拇指一齐来把我夸
爱画画，爱画画
宝宝爱画画
每天都画画每天都进步
人人夸我小画家

诗歌：月儿圆

晚饭前，晶晶对我说："妈妈，我编了一首儿歌，快帮我记下来。"我喜出望外，赶忙拿笔准备写。晶晶脱口而出：

　　月儿圆，月儿大，

　　小宝宝，来玩耍

　　一个两个三四个

　　五个六个七八个

　　哎呀哎呀

　　小宝宝怎么不见了

　　原来想到月亮上去

　　月儿圆，月儿亮

　　小宝宝，来玩耍

　　一个两个三四个

　　五个六个七八个

　　九个十个十一个

　　小宝宝怎么不见了

　　原来想到月亮上去

教育名言：人像树木一样，要使他们尽量长上去，不能勉强都长得一样高，应当是：立脚点上求平等，于出头处谋自由。——陶行知

"没听见"和"等一会儿"的故事

我喊晶晶吃晚饭。小姑娘正在专心致志地看电视，我喊了几遍，人家都"没听见"。 等饭吃完了，我让晶晶关电视，她又老说"等一会儿"。我心里很是不快。

晚睡前，晶晶让我给她讲一个自己编的"卡梅利多和卡门"的故事（她最近特别着迷《不一样的卡梅拉》系列故事），我答应了。讲什么呢？想到晶晶晚饭前后的表现，我借题发挥，编了一个卡梅利多和卡门"没听见"和"等一会儿"的故事，一来满足她听故事的要求，二来借故事教育她。晶晶在故事中听出了我的用意，乐得哈哈大笑。我也很开心，问她："是妈妈讲的故事好，还是故事书里的故事好？"晶晶说："妈妈讲的好。"我问："卡梅利多和卡门做得对吗？"

晶晶笑道："不对。""那以后妈妈喊你的时候，你还老说'等一会儿'吗？""不说了。"我大喜：看来"寓教于故事"，真是一个很好的育儿方法啊！

育儿心得：宝宝希望妈妈有情趣，懂得变换花样跟自己沟通。妈妈可以和宝宝进行正面的谈话，但这样的沟通往往会演化为"说教"，让宝宝觉得妈妈太啰嗦，太烦人。如果妈妈能通过讲故事来表明自己的想法，在潜移默化中影响他们的思想，宝宝会更喜欢。

晶晶的理想

1月14日

晶晶说："妈妈，我最喜欢数学了。"我很高兴："是吗？我小时候也最喜欢数学了，还想长大以后当数学家呢！"晶晶说："我长大了想当科学家。"我鼓励她："好啊！"晶晶又说："我长大了也想当数学家。"我仍说"好"。"我还想上月球。""好。""我还想当芭蕾舞演员。""好。""那我就先当科学家、数学家、上月球，最后再当芭蕾舞蹈家！""好！"

早教点滴：不要为宝宝过早确定方向。如果宝宝把目标锁定在有限的几种上，他遇到的挫折将会多于鼓励，而且他也很难识别自己在其他方面的成就。家长应让宝宝知道：人生之路有千万条，行行出状元。无论选择哪条路，只要自己喜欢，并愿意朝这个方向努力，都能拥有美好的人生。

包子皮儿和包子馅

1月25日

早晨醒来，母女俩甜言蜜语了一会儿之后，我问晶晶："咱们起床吧？"晶晶笑："我不起床。"我问："为什么呀？"晶晶紧紧搂住我的脖子说："因为我喜欢跟妈妈粘着。哦，是'粘着'吧？"我一笑："对，是粘着。那我喊你'小浆糊'吧？要不，就喊你'小胶水'。"晶晶不同意："妈妈是大肉饼，我是小肉饼。"说完，身子缩成一团，像个小宝宝一样躲在我怀里。我环抱着她小小的身体，下巴抵着她软软的头发，感觉很温馨。腻了一会儿，晶晶突然又说道："不对，你是包子皮儿，我是包子馅儿。"我问原因。晶晶答："因为你得把我给包起来。"我很惊讶于她的想法。玩了一会儿，我穿好衣服，准备下床，晶晶笑："包子皮怎么走了？"后来，我吃饭。晶晶又笑："包子皮会吃东西！"

早教点滴：并非只有书本上的知识才是知识，实际生活中的知识更为丰富，孩子身在其中更容易找到自己感兴趣的东西。让孩子多接触生活，在实践中多积累经验，更容易激发他的求知欲和创造欲。

心肝妈妈

1月26日

早晨刚睁开眼，晶晶就跟我开起了玩笑："过来，包子皮儿。"我想起她昨天早晨的话，禁不住笑了，对她说道："过来，包子馅儿。"晶晶笑："你是我的包子皮儿。"我说："你是我的包子馅儿。"晶晶要求我："你再说。"我不明白："再说什么？"晶晶说："再说'你是我的什么'。"我感到为难："我想不起来了，你说吧。"

晶晶稍一停留，笑道："我是你的电话。"

我问："那我是你的什么？"

晶晶教我："你是我的电线。"

我问："为什么呢？"

晶晶解释说："因为电话和电线是连着的。"

我大笑："好！你再说。"

晶晶说："我是你的钟表。"

我再问："那我是你的什么呢？"

晶晶再教我："你是我的（指）针。"

我惊问："为什么？"

晶晶解释："因为（指）针在钟表里头。"

我指出她的错误："那应该'我是你的钟表，你是我的（指）针'才对。"

晶晶说："哦，对，'你是我的钟表，我是你的（指）针。'"

我感觉这个思路很有创意，便催促她："还有什么，你再说。"

晶晶："我是你的灯泡。"

我问："那我是你的什么呢？……哎，对了，我是你的房子。"心想灯泡在房子里，正像晶晶在我怀抱里。不料，晶晶却说："不对！你是我的灯罩。"我大笑：可不是吗？灯罩保护着灯泡，而且是一个整体。晶晶说得太好了！我不由得兴奋起来："太好玩了，你再说。"

晶晶："我是你的心，你是我的肝。"

我问："为什么？"

晶晶答："因为心和肝是连在一起的。哦，心和肝是连在一起的吗？"

我不想讲得太复杂，便说："就算是吧。"

晶晶问："为什么说我是你的心肝宝贝呀？"

我笑道："因为我要保护你，像保护我的心和肝一样。"

203

晶晶"哦"了一声，说："那你就是我的心肝妈妈。"

我问："为什么呀？"

晶晶郑重其事地回答说："因为我也要保护你！"

早教名言：幼儿是我们这个星球上最勤奋的脑力劳动者，每个儿童天生就是一个无与伦比的创造性的实验室，他们具有不受任何限制的想象力，具有无穷的不可遏止的发展趋势。——卡卢夫德斯基

口香糖与火车

1月28日

我对晶晶说："后天咱们就要回山东老家了，要坐火车回去。"晶晶问："可以吃口香糖吗？"我以为她是想吃糖了，便说："不可以。口香糖也是糖，对牙齿也不好。"说到这里，忽觉她的问题有些蹊跷，便问："为什么要吃口香糖啊？"晶晶答非所问："这样吃。"说着，她嘴巴做咀嚼状，腮帮子一鼓一鼓的。见她这样，我忽然想起一件事：去年5月，我们三口乘飞机去香港旅游，往返路上，我们都给晶晶吃口香糖了。想到这里，我问她："你是不是觉得坐飞机需要吃口香糖，所以坐火车也要吃啊？"晶晶笑道："对！"我心释然："坐飞机吃口香糖是因为飞机起飞或降落的时候，大气压会发生快速的变化，使坐飞机的人感到不舒服，还可能会引发耳鸣，吃口香糖就能减少耳鸣；火车是在平地上走，不会引起耳鸣，所以不用吃口香糖。"晶晶点点头："哦。"我说："你不是坐过地铁吗？坐火车和坐地铁一样。"晶晶一听很高兴："耶！我喜欢坐地铁！"

育儿心得：用类比的方法进行解释。妈妈向宝宝解释一件事情的时候，如果不容易说清楚，可用宝宝熟悉的事情与之进行类比。这样，宝宝理解起来就容易多了。

称呼

2月4日

2月1日，我们三口、晶晶大伯一家三口，一起回奶奶家过春节。今天大年初二，是女儿回娘家的日子。上午，晶晶的堂兄奥奥要跟爸爸妈妈回姥姥家，问晶晶想不想去。喜欢热闹的晶晶当然想去。我担心她去了给亲戚家添麻烦，不同意。晶晶恼了，非去不可。大妈说没关系，家里还有一个小孩儿，晶晶去了正好可以和他一起玩。见她这样说，我勉强同意晶晶去了。小姑娘一走，家里只剩下了爷爷、奶奶、晶晶爸和我四个大人，马上变得异常安静。我心里不由地想：孩子就像声音，只要出现，就会填满你所有的空间。

晚饭前，晶晶跟奥奥哥哥从姥姥家回来了，还带回了一百块钱压岁钱。我一

看，心里很不安：晶晶临走前，我忘记教她去了亲戚家之后，见了大人该如何称呼了，不知她有没有失礼。正在这时，晶晶走过来说，她要跟奥奥哥哥去外面玩。我赶紧补充交代："以后跟奥奥哥哥出门，见了大人，他喊什么，你就喊什么，记住了吗？"晶晶"呵呵"一笑，反问我："那奥奥哥哥喊大爷'爸爸'，我也喊大爷'爸爸'吗？"我大惊失色，被噎得说不出话来。见我这样，晶晶非常得意，继续反问我："那奥奥哥哥喊爸爸'二叔'，我也喊爸爸'二叔'吗？"

成长解读：和家长争辩。宝宝和家长争辩，表明了其语言能力的进步和参与意识的觉醒，能让宝宝变得自信和独立。因此，父母应当营造一种宽松、平等的家庭氛围，鼓励宝宝争辩，不能把宝宝的争辩简单视为对长辈的不敬。

我是你的……

我背靠床头坐在床上，晶晶跪在我面前，对我笑道："我是你的木瓜水，噗、噗、噗、噗！"说着，假装手拿化妆水，对着我的脸"噗噗噗噗"地喷射。我大笑：这个小人儿，又玩新花样了！晶晶又笑："我是你的擦脸油，擦、擦、擦、擦！"边说，边像给我抹油似的在我脸上比划着。我笑而不语，看她还有什么花样。晶晶抓起一个圆筒状发圈，假装给我卷头发，嘴里说着："我是你的卷头发的，卷、卷、卷、卷！"我又大笑。晶晶也笑。笑完，盯着我的嘴巴，"拿"起一支无色无臭无味也无形的"口红"在我嘴上边抹边说："我是你的口红，抹、抹、抹、抹！"……

早教名言：激发生命，让生命自由发展，这是教育者的首要任务。——蒙台梭利

形近字

晨醒，晶晶问："东西南北的'东'和'乐'有什么不同啊？"我惊讶于她又问这种形近字辨析的问题。记得春节期间，有一次她问："妈妈，'雨'和'丽'有什么不同啊？"我问："哪个'yǔ'啊？"晶晶答："就是下雨的'雨'和你那个'丽'。"我一边在手上写一边向她解释："'雨'字的中间是连着的，'丽'的中间是分开的，；'雨'的一边有两个点儿，'丽'的里面只有一个点儿。"还有一天，晶晶问："妈妈，'活'和'话'有什么不同啊？"我不明白，问："哪个'huà'啊？"晶晶答道："就是说话的话。"我一想："活"和"话"还真挺像的，我以前从未注意过，便又解释道："活的左边是三点水，话的左边是言

字边。"晶晶问："哪个言啊？"我答："语言的言，也就是'语'的左半边。"

早教点滴：通过辨析形近字，教宝宝认识更多的字。汉字中的形近字很多，如："雨"和"丽"、"活"和"话"、"琴"和"梦"。把两个形近字放到一起，教宝宝区分它们的不同，可以一举两得，让宝宝同时认识两个字。

有趣的同音词

2月10日

1月22日早餐时，爸爸煎了两个荷包蛋，晶晶指着它们笑道："双黄"。我定睛一瞧，只见两个蛋黄紧靠在一起，周围一圈是白白的蛋清，整个看上去还真像一个大大的双黄蛋呢！晶晶又对我笑："妈妈，咱们来'双簧'。我小声说，你大声说。"我心里笑道：小姑娘由双黄蛋的"双黄"，又联想到作为曲艺形式之一的"双簧"了。

今日晚饭前，晶晶把一个独立包装的"紫薯"递给我说："妈妈，我吃了一个'子鼠'。"我以为她说的是"紫薯"，便随口说道："好，你吃吧。"晶晶见我没领会到她的幽默，便解释说："就是'子鼠丑牛'那个'子鼠'。"我恍然大悟：人家刚才是借"子鼠"和"紫薯"同音，跟我开玩笑呢！

早教点滴：鼓励孩子接触各类事物，以平常心面对生活。孩子接触的事物多了，见多识广，心胸就会变得开阔，心情就会开朗；以平常心对待生活，就不会太计较结果如何，更容易享受过程的乐趣。

眼睛与耳朵的分工

2月10日

晶晶坐在椅子上看电视，爸爸拿着从网上下载的"幼升小"试题对她进行测试。小姑娘一边盯着电视紧看，一边漫不经心地回答着爸爸的问题。当念到"别人讲话时认真倾听"一题的时候，爸爸批评她说："这一点你做得就不好。我在这里跟你说话，可你却在看电视。"晶晶听罢，猛地转过头来，高声对爸爸反驳道："虽然我眼睛看的是电视，但是我耳朵听着呢！"

早教点滴：宝宝的自尊心比以前更强了。家长在教育宝宝的时候，应该更加注意方法，更加尊重宝宝，保护他的自尊心。

晶晶读诗

2月10日

好久没教晶晶学古诗了。晚上，看到《聪明宝宝学唐诗》（3～6岁）一书，我拿起来，想教晶晶学首新诗。翻到杜甫的《绝句》，感觉这首诗比较具象，意境美，画面也比较美，适合儿童学，于是就决定教这首。我先念了第一句"两个

黄鹂鸣翠柳"，让晶晶自己念第二句"一行白鹭上青天"。晶晶伸出小手，指着这句诗上的字，一个一个地念道："一行（xíng）白……鸽……"念到这里，回过头来，满脸疑惑地望着我。我大笑，心想："一行（háng）白鹭"，怎么成"一行（xíng）白鸽"了？总共才念出4个字，你就错了俩，可真行！

从我的笑声中，晶晶意识到自己念得不对，回头看书，见图上画的是飞翔的白鸟，试探着说："白燕。"我又笑。晶晶再试探："白鸟。"我更笑。小姑娘认定这个字和鸟有关系，便开始把自己所知道的关于鸟的名字，一一和"白"字搭配。最后，我笑得撑不住了，告诉她说："白鹭！这个字念'lù'！"又指着诗句中的"行"字说道："这个字有两个音，一个念'xíng'，一个念'háng'。这里念'háng'。这句诗念'一行白鹭上青天'！"

早教点滴：通过背诗教宝宝识字。妈妈在教宝宝背诵一首诗之前，可以先让他看着文字，自己一句句地念给他听。快满6岁的宝宝，大都已经认识一点儿汉字了，在诗中看到自己认识的字，他会很开心，进而会主动学认诗中其他的字。这时，妈妈可以按照从易到难的顺序，教他学习诗中的生字。

和时间赛跑

2月13日

春节期间在奶奶家，晶晶每天都很兴奋，每天早早起床，自己穿衣服。回到北京后，我仍鼓励她自己起床。今晨晶晶醒来，我对她说："我给你5分钟时间，看你能不能把衣服穿好。现在长针指到10了，指到11是5分钟。"晶晶逞强，主动缩短时间："3分钟。"我担心她若穿不完，会丧失积极性，就说："要不最多5分钟，最少3分钟吧！"晶晶一口答应了，并立刻行动起来。结果，仅用了4分钟，就把所有衣服穿好了。

早教点滴：培养孩子的时间观念，对于他各方面的发展都非常重要。孩子在做一件事情之前，妈妈可以为他规定时间，让他必须在多长时间内完成。如果孩子完成得又快又好，妈妈要及时给予表扬或奖励。这样，孩子做事的积极性就会大大提高。

西郊宾馆

2月14日

傍晚，我们一家三口去西郊宾馆吃西餐。点餐时，晶晶听说将要吃的是西餐，笑着"解释"说："因为这里有西餐，所以叫'西、郊、宾、馆'。"

智力开发：让孩子回答有关因果关系的问题，训练他的逻辑推理能力。

妈妈可利用身边发生的事情，启发孩子通过推理，把事情的因果关系联系上。例如：妈妈问："为什么地上湿了？"孩子答："因为天上下雨了。"

编谜语

2月18日

我去厨房洗碗，晶晶在客厅吃点心。吃了一会儿，手举着一根用来点缀点心的、半寸长、粉丝状的白条走过来对我说："晶晶我用这个给你猜个谜语吧？"我心里笑着"晶晶我"三个字，说道："好啊！"晶晶给出谜面："长长细细甜丝丝，小朋友们都爱吃。一捏很快就烂掉，小朋友们都来尝。"晶晶一句句地说，我一句句地听。听一句，心里赞一句：这个小姑娘，会用眼前的事物自编谜语了；编得还真不错呢！

语言训练：妈妈可以利用孩子感兴趣的游戏，比如猜谜、词语接龙、角色扮演，来锻炼孩子的语言能力。

晶晶真能干

2月19日

吃过午饭，"超市发烧友"晶晶爸拉着小车、率领着母女军团浩浩荡荡地去购物。来到华联地下一层超市，晶晶爸见顾客太多，停车处已经没有购物车了，便指着收银台方向对女儿说："你去看看那边有没有车。"晶晶"噔噔"地跑过去，不久便推着一辆空车，欢天喜地地回来了。我们一看大喜，异口同声地称赞道："晶晶真能干！"

采购完回到家，我去卫生间收拾准备洗的衣服。晶晶坐在坐便器上问："有我可以洗的东西吗？"我心里笑道：因为在超市受到了表扬，小姑娘干活的积极性大大提高了。

早教点滴：及时表扬孩子的良好表现。孩子的自信主要来源于外界的认同和欣赏。当孩子由于做了一件小事而受到表扬时，他就会更乐意、更自信地去做更多的事情，以获得更多的肯定。同时，其自信心也会随之增强。

认字

2月21日

晚饭后，晶晶拿起一张某乐器培训中心的招生简章，指着上面的"声乐"二字念道："声乐（lè）。"我一笑，给她纠正说："应该念声乐（yuè）。这个'乐'是多音字，既念'lè'，也念'yuè'。"说到这里，我突然想起一件事：我上小学时，有一次拿着新发的《音乐》课本上的"音乐"二字也念道："音乐（lè）"。

没想到三十多年后，我的女儿也和我犯了同样的错误！

晶晶又指着"吉他"念道："古筝。"念完，一脸狐疑地望着我问："是吗？"我心里笑道：这个小姑娘，因为把"吉"当成了"古"，所以不顾原来认识的"他"字，顺口说成"筝"了。我又为她纠正："是吉他！"然后指着旁边的"古筝"二字说道："这才是'古筝'呢！你看看，'吉'和'古'不一样。"晶晶没接我的话茬儿，指着"古"字问："这是'人体字'吗？"我大笑：昨天，晶晶指着《说文解字》上的字，有些苦恼地说："这些字我都不认识。"我说："没关系。这上面都是繁体字，现在都不用了，不认识也没关系。"她大概把"繁体字"的名称误记成"人体字"了。想到这里，我告诉她说："有简体字和繁体字，没有人体字。"晶晶不好意思地笑了。

早教点滴：通过学习词组，教宝宝辨别形近字。例如："活"和"话"是一对形近字，家长可以通过教宝宝学习"生活"、"说话"两个词语，使他能够把"活"和"话"两个字区别开来。

反问句

2月21日

晚饭时，我见晶晶小碗里的粥喝光了，就拿起大勺，准备从大碗里舀出一勺，给她添上。晶晶不同意，偏要自己添，结果把粥弄洒了。我赶忙拿纸去擦桌子。晶晶爸一反常态，没有大声批评晶晶，也帮忙擦桌子。我心里暗自吃惊：今天的太阳怎么反着转起来了？过了一会儿，爸爸问晶晶："你觉出我的变化了吗？"晶晶一脸的不屑："谁没觉得出来呀！"我问："你这样说，意思是你觉出来了还是没觉出来啊？"晶晶张口答道："'谁没觉得出来'就是'没有人觉得出来'！"我想：小姑娘还不明白这句话真正的意思呢！

晚饭后，晶晶大便，我在旁边守着。晶晶若有所思地问："中午是谁值的午睡？是林老师啊还是李老师啊，来着？"见她居然忘了，我问她："你中午是不是睡觉了？"晶晶说："没有啊。"想到她常借口老师不让小便，而不想在幼儿园睡午觉，我又问："中午你小便了吗？"晶晶不满地反问我："谁说小便了？"我不知她是否理解这个反问句的含义，笑问道："你这样说，是'小便了'还是'没小便'？"晶晶清清楚楚地回答道："就是'没小便'。其实我中午是小便了，但是我说的那句话是'没小便'的意思。"我心喜：这样看来，晶晶不仅能够理解、而且会正确地使用一些反问句了。

教育名言：教育就是激发生命，充实生命，协助孩子们用自己的力量生

存下去，并帮助他们发展这种精神。——蒙台梭利

我老忘

晶晶和嘉嘉在健身器处玩。健身器有很多，晶晶却老和嘉嘉抢玩一个。后来，去室内玩，她们俩又老是抢玩同一样东西。晚上关灯后，我想起这件事，开始对晶晶进行第 N 次教育："不要和小朋友抢东西，要学会谦让。有了玩具，你们可以轮流玩。有些东西其实并不那么好，就像那小纸片，有什么好的……"听完我的话，晶晶遗憾地说道："我老忘！"我心里一惊：她不是不想听我的话，而是一遇到事情就忘了，还是因为年龄小啊！

育儿心得：培养宝宝的自控能力，需要一个长期的过程。孩子往往会感觉别人的东西比自己的好，因此喜欢争抢。这是他的天性。要教他学会控制自己的欲望，学会谦让、分享、轮流玩玩具等，需要一个长期的过程。做妈妈的要有耐心，不能急于求成。

没关系也是这个"对"吗

晨醒，晶晶对我笑："妈妈，我认识'对'这个字。"我也笑道："好啊。"晶晶指着床头边一所培训学校发的纸袋上的广告语"教师1对1"说："妈妈你看'1对1'。"我一笑："对，是'1对1'。"晶晶问："'对不对'也是这个'对'吗？"我说："是！'对不起'也是这个'对'。"晶晶调皮地一笑，问道："'没关系'也是这个'对'吗？"我大笑："'没关系'里面有'对'吗？'对不起'是这个'对'。"晶晶笑而不语。我感觉她的行为有些异常，便问："你是真不知道啊，还是故意和我开玩笑啊？"小姑娘笑道："开玩笑！"

语言能力：此时的宝宝更加有主见了。在日常生活中，他可能会发表更多的意见，甚至还会对大人的话语进行有力的反驳，对周围的现象发表自己的看法，还会和家长开玩笑。

"小"的新花样

2月24日晚，关灯睡觉后，晶晶玩了很久，还没睡着。我想去小便，忽然想起晶晶关于"小便"的可爱的说法，便想模仿一下，故意问她："我去小便，你小吗？"晶晶说："我也小一下。"我一笑："那好，咱俩一起小吧！"于是，晶晶蹲卧室便盆，我去卫生间。刚坐下，就听晶晶问："你是刚开始小啊还是已

经小完了？"我又笑："我还没开始小呢。"晶晶问："你猜我小得怎么样了？"我大笑：一个小便的"小"字，居然让她变化出这么多句式！太可笑了！

今晚关灯后好久，晶晶仍睡不着，要下床小便，并问我："你小吗？"我套用她的说法："我不小。"晶晶责问："你为什么不小？"我说："我不想小。"晶晶大怒，蛮横地命令我："不想小也得小！"

育儿心得：孩子喜欢活泼幽默的"大孩子"妈妈。在孩子面前，我们做妈妈的，最好能进入他的世界，把自己变成一个"孩子"，和他一起玩一起闹，说同样的话，做同样的事，这样，孩子就会把我们当成无话不说的朋友了。

自我评价

2 月 27 日

晚饭后，我在卧室铺床，晶晶爸手持"幼升小"测试题，对女儿说："你评价一下你自己吧。"晶晶小声嘟囔道："活泼可爱。"爸爸问："还有呢？"晶晶又嘟囔："聪明漂亮。"爸爸有些不高兴了："不能光说优点，你还有哪些缺点？"晶晶改口："太爱哭了，还挺小气。"我一边听，一边止不住地乐：这全是我们和小朋友们平时对她说过的话。

早教点滴：教孩子客观地评价自己。妈妈可以制作一张表格，将孩子的各项活动（如：起床、穿衣、吃饭、游戏、睡觉）填在表格内，让他每天做记录。在表现好的项目上打"√"，在表现不好的项目上打"×"。通过研究表格，孩子可以学会客观地评价自己，有针对性地改正缺点、弥补不足。

第十六章

换牙也能换手吗

亲

子

歌

幼儿园，再见

词：张秀丽
曲：《九九艳阳天》曲

（宝宝唱）

又是一个春天来到了嗨哟

大班的宝宝我就要6岁了

不久将告别幼儿园哪

背上那新书包呀进学校

滑梯呀秋千呀莫要烦恼啊

等到我放了假呀再来把你们瞧

（滑梯、秋千等玩具唱）

又是一个春天来到了嗨哟

可爱的宝宝他就要6岁了

不久将离开我们怀抱呀

背上那新书包呀进学校

宝宝呀宝宝你一路走好啊

盼着你放了假呀再让我们抱一抱

大非！小非

3月5日

上午，我们三口去华联超市采购。来到卖排骨的柜台前，晶晶爸看了看价签说："现在排骨又涨价了。"近一段时间，关于猪肉涨价、排骨涨价的消息我已听得太多，都麻木了，就没理会他的话，指着一块肉嘟嘟的排骨说："这块排骨不错。"晶晶爸不以为然："当然了，这大排18块8呢！"我一看价签，果然如此。正犹豫着要不要买，忽听晶晶在背后奶声奶气地说道："大非、小非。"什么"大非小非"啊？小姑娘在说什么呢？我转过身去问她。晶晶站在购物车里，指着悬挂在排骨柜台上方、印有"大排"、"小排"字样的两块塑料标签，一一念道："大非！小非！"

育儿心得：处于识字敏感期的宝宝，是个不折不扣的"白字大王"：看到自以为认识的字，就喜欢大声地念出来，却又白字连篇，令人忍俊不禁。遇到这种情况，家长可以给他纠正，但不要指责他，否则会打击宝宝的学习热情，甚至会使他滋生厌学情绪。

太特价了

3月5日

下午4点半，晶晶爸去照相馆拍一寸证件照。我和晶晶闲来无事，便陪他一起去。照相馆紧挨着小超市，超市外面竖立着一块长方形的广告牌，说是"名人"、"牛津"电子词典正在搞特价，分别是600元和199元。晶晶问我上面写的什么。我逐一为她读广告牌上的字。当读道"600元"时，小姑娘嘴巴大张，用一种十分夸张的语气说道："啊？600元？那么特价？太特价了！"

语言训练：孩子爱说话，但由于词汇量有限，对词语的使用把握不好，常常会出现用词不当、语法出错等现象。家长要有意识地丰富孩子的词汇，发展孩子的连贯性语言，提高他的语言表达能力。

蛋点

3月5日

我们三口在食堂吃晚餐。晶晶不好好吃饭，坐在位子上不停地东张西望。望了一会儿，忽然对我说道："妈妈，这里面也有生日蛋糕！"我将信将疑："是吗？"晶晶使劲儿点头："对，就是。妈妈你看，那边就有。"说完，指着橱窗的方向念道："蛋点。"我很好奇：什么"蛋点"啊？不由自主地顺着她手指的方向去看，结果发现橱窗前立着一个大牌子，上书两个大字——"糕点"。我大乐：小姑娘把"蛋糕"的"糕"和"蛋"两个字混为一谈了！

诸葛亮长得像猪吗

3月6日

晶晶问："妈妈，诸葛亮聪明还是刘备聪明？"我回答说："诸葛亮聪明。"晶晶反对："我觉得刘备聪明。"我问："为什么呀？"晶晶说："因为诸葛亮是看了扇子才想出办法来的。"我心中暗笑：她把姥爷讲的"黄小姐把写有各种妙计的羽毛扇赠给诸葛亮的故事"当真了。想到这里，我对她说道："其实这个故事是人编的，不是真的。""哦。"小姑娘点了点头，不再说话。过了一会儿，又喊："妈妈？""哦？"我抬头看她。晶晶问："诸葛亮戴的什么颜色的帽子？"我说"不知道"。晶晶猜测："他戴的是咖啡色的帽子吗？"我仍说"不知道"。晶晶再猜："诸葛亮长得像猪吗？"我不明白，问："为什么说他长得像猪啊？"晶晶答："因为他姓'猪'啊！"我大笑："他不姓'猪'，他姓'诸葛'。"这回，该晶晶不明白了："姓不都是一个字吗？他怎么两个字啊？"我笑道："姓大多数是一个字，但也有两个字的，两个字的叫'复姓'。"

不认字的好处

3月8日

晚睡前，晶晶随口说了一个含有四句话的顺口溜。这个顺口溜是《幼儿画报》中一个故事里面的，我好像只是在讲故事的时候给她念过一遍，并没有刻意重复或要求她背诵。没想到她居然全都记住了。我很惊喜，问："晶晶，你怎么都记住了？"小姑娘答道："我觉得不认字也有个好处，就是能增强人的记忆力。"听着这句如此有见地的话，我心里暗暗赞叹：这个小姑娘，还挺有思想呢！

等式

3月9日

晚饭后，爸爸拿着新下载的"幼升小"题目，测试晶晶："你说说一年四季有什么不同。"晶晶脱口而出："春天来了，春天来了，花儿朵朵开；夏天来了，夏天来了，树叶都绿了；秋天来了，秋天来了，树叶都落了；冬天来了，嗯，雪花飘飘，我们一起打雪仗。"

爸爸又出一题："9只猫等于3只鹿，3只鹿等于1只虎，那么，1只虎等于几只猫啊？"晶晶乱猜道："12只。"爸爸问："怎么等于12只啊？"晶晶估计自己说得不对，又改了口："啊不，18只。"爸爸说："为什么是18只啊？你别乱猜，好好想想。"不料，晶晶非常为难，就是想不出正确答案。晶晶爸列等式："9只猫＝3只鹿"、"3只鹿＝1只虎"。晶晶仍不知。我问："如果你和提提一样大，提提和欢欢一样大，那你和欢欢谁大啊？"晶晶答："我和欢欢一样大。"我一笑："对了。"正想继续启发，却见晶晶爸又列了一个恒等式：9只猫＝3只鹿＝1只虎，对晶晶说："你看，9只猫等于3只鹿，3只鹿等于1只虎，那1只虎等于几只猫啊？"晶晶看着这个等式，还是不知答案。

早教名言：没有教不好的儿童，只有不好的教育方法。——陈鹤琴

达苏奇、达芬奇及芬达

3月11日

前天下午，我为晶晶借了一本书：《达芬奇和会飞的男孩》。晚上，晶晶从幼儿园回到家，看到新书后很高兴，对着封面上的字念道："达苏奇和会飞的男孩。"我大笑："'达芬奇'成了'达苏奇'了？不过'苏'和'芬'的确长得挺像的。"晶晶最近老爱读字，看来我该正式教她认字了。

今天早晨，晶晶7点就醒了，要开灯看书。我本想再睡一会儿，晶晶极力反对。我不想扼杀她学习的积极性，就下床把灯打开了。晶晶问我："妈妈，那个人叫什么'芬达'来着？"我大笑："达芬奇"怎么又变成"芬达"了？这个小人儿，前天把"达芬奇"念成了"达苏奇"，今天又把大画家的名字和饮料的名字混为一谈，她可真"行"！

育儿心得：当宝宝念了错别字时，家长除了帮他纠正之外，更重要的是告诉他本字和被误念字之间的区别：可以这把两个字同时摆在宝宝面前，先让他仔细观察，然后为他指出这两个字哪里不一样。

内化的过程

3月13日

不久前的一个晚上，我问晶晶："18加7等于几？"晶晶数手指头，算出来等于25。过了一会儿，我又问："19加8等于几？"晶晶很快算出等于27。我问她为何算得这么快。晶晶说："19比18多1个，8比7多1个，18加7等于25，所以19加8等于27。"我一听大喜：没想到她居然会这种方法了，忙问是

谁教的。晶晶说是她自己想的。我听了半信半疑。

昨天，我问晶晶：16 加 15 等于几？晶晶很快算出等于 31。我惊问她如何算的。晶晶说："15 可以分成 10 和 5，16 加 5 等于 21，21 加 10 等于 31。"我大惊，问谁教的。她又说自己想的。

今天晚上，我把这两件事告诉了晶晶爸。晶晶爸说道："这两种方法是我教的。当时教给她时，她说太难了，学不会。"为什么当时不会现在会了呢？想必是她自己后来慢慢悟出来了。看来小孩子学习知识，也有个内化的过程啊！

教育名言：教育所要求的只有一项：通过孩子的内在力量达到自我的学习。——蒙台梭利

太幼稚

3月16日

晚饭时，晶晶从椅子上滑下来，平伸双臂在我身旁转圈，结果，"不经意"地打在了我的胳膊上。晶晶马上对我说道："要是小朋友告诉老师说'老师，她打着我了'，要是有这样的小朋友，她也太幼稚了吧！"我心中暗笑：你才多大呀，就说人家幼稚了！前不久，你不是还动不动就向老师告状吗？想到这儿，我问："为什么说他幼稚啊？"晶晶说："只有小班的小朋友才这样。要是我们班还有这样的小朋友，他也太幼稚了吧？"我大笑：几个月前，刚上一年级的扬扬嘲笑大班的晶晶"幼稚"，如今，大班的晶晶又开始嘲笑小班的小朋友"幼稚"了，他们都好可爱啊！

心理发育：当小朋友之间发生矛盾时，他们已经知道选择解决矛盾的方法，自制力和忍耐力有所提高，一般不会再轻易动手打人了。

袋狐狸

3月19日

我手捧一本大书给晶晶讲澳大利亚的动物：袋鼠如何如何，袋狼如何如何，树袋熊如何如何……晶晶打断我，不解地问："为什么有袋的东西都在澳大利亚呢？"我回答不上来。晶晶接着又问："有袋狐狸吗？"……

早教名言：教育是一个逐步发现自己无知的过程。——杜兰特

牙齿项链

3月21日

早晨醒来，晶晶躺在床上看着我笑："妈妈，你怎么这么漂亮啊？"我也

笑："你更漂亮。"晶晶说："你最漂亮。你是世界上最漂亮的妈妈。"我说："你是世界上最漂亮的宝宝。"晶晶笑，我也笑。笑着笑着，她忽然停下来，盯着我的嘴巴问："妈妈，能把牙齿拔下来做牙齿项链吗？"我大笑，问："把谁的牙齿拔下来？"晶晶说："把假人的。"我假装在思考："不知道假人愿不愿意。"晶晶改了主意："拔你的也行，我的也行。"我问："拔下来怎么吃东西啊？"晶晶轻描淡写地说："那就囫囵吞枣呗！"我大笑：人家宁要项链不要牙齿了！

早教点滴：走出"自己孩子最美"的思维定势。家长往往会"因爱走眼"，只看到孩子的优点，看不到孩子的缺点，认为"自己的孩子最美"。这种做法固然有它存在的理由，但也会影响对孩子教育的有的放矢和因材施教，影响着教育的成效。

交换小名

3月21日

晶晶笑问："妈妈，你的小名为什么叫'丽丽'啊？我的小名为什么叫'晶晶'啊？"我一笑，说："因为我的爸爸妈妈给我起的小名叫'丽丽'，我和爸爸给你起的小名叫'晶晶'。"晶晶嘟起小嘴："我不想叫'晶晶'了，我也想叫'丽丽'。哦……要不，咱俩交换小名吧，我叫'丽丽'，你叫'晶晶'！"

早教点滴：培养孩子广泛的兴趣，增强孩子做事的灵活性。孩子的服装、饮食或玩具等，家长不要老给他固定一种，而要尽量使其多样化，让孩子有选择的余地。这样，当一种物品不存在时，他更容易将兴趣转移到其他物品上。这种调节能力越好，孩子做事的灵活性也就越好。

胆子小

3月22日

近几个月，晶晶变得特别胆小，倘若我在这个房间，而另一个房间关着灯，她就不敢自己过去。今天中午，爸爸在客厅睡觉，晶晶和我在卧室玩。玩了一会儿，她想去卫生间，并要我陪她过去。我不想让她变得如此胆小，就没有答应，鼓励她自己去。晶晶犹豫了一下，同意了。她下了床，指着卫生间的方向对我喊道："妈妈，咱现在说话。"我知道她是想借说话给自己壮胆，便说"好"。晶晶一边走一边向我报告行踪："妈妈，我现在到厕所了……妈妈，我准备开灯了……妈妈，灯已经开了，不用和我说话了。"很快，晶晶"哗哗"完毕，一路小跑着回来了。

育儿心得：受认识能力的限制，孩子在面对一些未知事物的时候，可能会担心、不安。这时候，家长最好不要表现得过于紧张，可以心平气和地

给孩子讲明道理，帮他建立起对事物的客观认识，使他对事物的威胁或危险有个客观的态度，从而消除恐惧心理。

还是分分好

3月26日

我正埋头吃晚饭，忽听晶晶笑道："还是分分好嘛！"我不解其意，抬头问她："什么'分分好'啊？"晶晶没有回答，抓起法式面包的包装袋，指着上面的广告语让我看。晶晶爸把头凑过来，对着包装袋念道："法式小面包，还是盼盼好。"我看着大笑：晶晶把"盼盼"念成"分分"了！

早教点滴：利用儿歌学汉字。孩子大都喜欢朗朗上口的儿歌和诗歌。家长可以先教孩子念儿歌，让他把自己喜欢的儿歌背出来，然后再把儿歌里的汉字一个个地教给他。

妈妈，你就是我温暖的家

3月27日

早晨，晶晶醒来，穿好上衣让我给她讲故事。我答应了，便把枕头竖起来立在床头，背靠上去准备开讲。不料，晶晶猛地扑到了我怀里。见她这样，我立刻把书丢到一边，很幸福地抱着这个大宝宝。晶晶开心地笑道："真舒服！"我也笑了。晶晶又笑："妈妈，你就是我温暖的家！"我一听，非常震惊：她小小年纪，居然能说出如此深刻的话！为避免使她受到惊吓，我故作平静地笑道："对了。妈妈就是家。妈妈在哪里，家就在哪里。"

心理发育：宝宝的内心世界越来越复杂，其喜怒哀乐等比较细腻的情感也发达起来。此时的宝宝变得更加敏感。

今天可以随便骗人

4月1日

幼儿园放学后，我接女儿回到家，晶晶爸看到我们，说了句什么。我对女儿笑道："爸爸又在骗人了！他就爱骗人！"爸爸问晶晶："你说爸爸骗人了吗？"晶晶说："今天可以随便骗人，因为今天是愚人节！"我一笑：小姑娘知道愚人节了！晶晶又说："琪琪问我：'你有妈妈吗？'我说'我没有'。嘻嘻！"我大笑：原来，幼儿园的小朋友们之间是这样互相"骗人"的！

社会交往：孩子的成长不仅需要家长陪伴，还非常需要同龄的小伙伴，因为他们的心理成熟度相似、兴趣爱好等更接近，更有共同语言。

武大郎香醋

4月3日

清明节放假 3 天，今天是第一天。早饭，爸爸给晶晶做的蛋羹。饭后，我去厨房刷碗，晶晶爸走过来笑道："晶晶妈，快记下来！"我问："记什么？"晶晶爸又笑："武大郎香醋！"我正感到莫名其妙，小姑娘走了过来，拉起我的手说："妈妈，你过来！"跟她来到客厅，晶晶指着醋瓶身上的"五粮香醋"四个字笑道："我刚才说的'五大郎香醋'，后来又说'五郎香醋'。"我大笑：小姑娘认"粮"作"郎"了！晶晶爸道："我还觉得奇怪呢，不是'小二黑香醋'吗？怎么成了'武大郎香醋'了？"我又不明白了：怎么刚走了"武大郎"，又冒出来"小二黑"了？仔细查看瓶子上的标签，只见上面赫然立着两排大字："小二黑 五粮香醋"。

早教点滴：当宝宝有了一定的识字量后，家长也可以用提问的办法，来教他认识新的汉字。比如：在故事书中看到"鸡"这个字，家长就可以问宝宝："鸡最爱吃的东西是什么？宝宝会说："米。"家长再教他认识"米"这个字。

小眼睛

4月4日

我带晶晶去小桥边玩，遇到 6 岁多的男孩文文，一个人玩得正欢：他手持一个空饮料瓶，从"龙虎曲水"龙头下方的小池塘里灌满水，跑到龙尾处，把水倒入龙身（干涸的水道）中，让水沿着弯曲的龙身流淌，然后再跑回小池塘灌水——他是想把龙身全灌满水，让水从龙口中吐出来。可是，饮料瓶这么小，龙身又弯又长，他何时才能把它灌满呀？我暗自为他担心。

晶晶对文文的这项浩大的工程很感兴趣。她先是跑前跑后地看着文文玩，后来也找到了一个空饮料瓶，跟着文文一起忙活起来：他们俩一会儿跑去灌水，一会儿跑回来倒水，一会儿清理龙身上的枯枝败叶，一会儿把小蚂蚁放入龙身顺水漂流，一会儿去疏通龙口……大约 2 个小时后，整条龙身全灌满了水，并从龙口中"哗哗"地流了出来！两人欢呼雀跃。我心里不由得赞叹：这就是孩子，还真有精卫填海的精神呢！

回家路上，晶晶对我笑道："文文眼睛真小，像太阳晒得睁不开眼睛一样。"我仔细一想，的确如此，不禁大笑。见我笑，晶晶又笑："乐乐的眼睛更小，像闭着眼睛一样！嘻嘻！"

早教点滴：6 岁左右的孩子已经掌握了一些观察事物的方法，并能通过观察获取感性经验。在日常生活中，家长可以让孩子做一些找错误的训练，从而了解宝宝是否会作细致观察、是否具有敏锐的观察力。

像花蕊一样温暖

晚睡前，我给晶晶洗完澡，穿好浴衣，送她回卧室。家里的暖气已经停了，尽管卧室里开着空调，晶晶还是不停地说冷。上床后，爸爸迅速把她塞进我的大厚棉被里。晶晶仍说冷。我又把她的小被子拉过来，盖到大被子上面，将她的身子裹了个严严实实，被子外面只留出她圆圆的小脑袋。过了一会儿，小姑娘不说冷了，紧接着又美美地笑道："我像花蕊一样温暖。"

早教点滴：鼓励宝宝发表独立见解。家长应有意识地营造一个自由讨论的家庭氛围，使宝宝敢于发表自己的见解，不惧怕别人的反对意见，在遇到分歧时，能做出自己的选择。

有妈妈的地方就能做好梦

晶晶早晨醒来，眼睛还未睁开，就甜甜地笑了："妈妈，我做梦了。""是吗？"我一笑：看来小姑娘晚上睡得不错，可能是做美梦了。我正想着，晶晶睁开眼睛对我笑道："有妈妈的地方就能做好梦！"

教育名言：没有爱，就没有教育。——苏霍姆林斯基

张鱼哥

睡前夜话。晶晶躺在床上笑呵呵地问我："妈妈，你叫什么名字啊？"见她明知故问，我笑答："你知道。"晶晶淘气："我不知道。你叫张什么来着？"我说："你猜吧！"晶晶开始"猜"："你叫张……钓鱼！"哈哈！我大笑："不对。"晶晶又"猜"："你叫张……鱼……哥。哈哈，妈妈叫'章鱼哥'！""哈哈，不对。""那你叫章鱼姐。""不对。""那你叫张海绵。""不对。""你叫张海绵宝宝！"……

早教点滴：5岁的宝宝精力充沛、思维活跃，家长应该抓住时机，耐心培养宝宝活泼开朗的性格，以及善解人意、心胸开阔等优良品质。

这个妈妈当得还可以

最近几晚，晶晶咳嗽得比较厉害，吃了药，也没见有多大好转。我不知道是否因为家里刚停暖气的缘故。今天半夜，晶晶醒了，对我说："别人肚子饿得'咕咕叫'，我肚子饿了'咚咚锵'。"我心中笑道：你好与众不同啊！晶晶说冷，让我给她盖被子。不久，大概被子松了，她又喊冷，我又赶紧为她裹严。小姑娘

感觉舒服了，评价说："这个妈妈当得还可以，当得还挺不错的。"听那口气，简直像大人。这个小人儿！

心理发育： 这个年龄段的宝宝会经常模仿大人的语气讲话，也乐于表演自己熟悉的故事、扮演简单的角色。

胡萝卜鸭腿粥

4月9日

中午去超市发购物，晶晶爸顺手拿了一本免费领取的宣传册——"家宴DIY厨艺秀"。回家吃过午饭，他半躺在床头被子上，手持这本小册子，一页页地翻着念："白萝卜炖蜂蜜，哦？""哦"字发得颇有喜剧色彩，我和女儿大笑。晶晶爸很得意，继续用这种语气往下念，念一句菜名，"哦"一句。当他念道"胡萝卜鸭腿粥"时，晶晶"腾"地从椅子上站起来，走到床边，抬起右腿支到床上作压腿状，笑道："胡萝卜在压腿时做的粥！"我大笑，去卫生间洗手，准备把这句话记下来。晶晶不放心地跟过来，站在卫生间门口，一遍遍地提醒我："胡萝卜在压腿时做的粥……妈妈，你别忘了，是'胡萝卜在压腿时做的粥'！"

营养饮食： 季节交替时，胡萝卜鸭腿粥是粥类的首选。家长可以选择一般性调补的食材，如鸭肉、鸡肉、红枣、胡萝卜等，用它们做成滋补粥。这道粥很适合体质虚弱的人。食用这道粥，不仅可改善慵懒的体质，还可充沛体力。

"没衣"公主

4月9日

晚饭后，晶晶翻出来一堆玩具娃娃，为她们交换着穿衣服。我收拾好床，喊晶晶来睡觉。她举着一个头顶蓝色卷发、身穿芭比娃娃拖地长裙的娃娃过来，笑眯眯地对我说："她叫'没衣'公主。"我一听，"梅依公主"！这名字还挺美的，就向她请教："为什么叫'梅依'公主啊？"晶晶答道："因为她没有衣服穿。"我大笑：原来是这个"没衣"啊！

育儿心得： 做孩子的知心朋友。家长如果想让孩子把你当成知心朋友，就应该把孩子看作是一个独立的个体，尊重并关爱他，以平等的态度对待他。这样，孩子才会渐渐地喜欢上你，敞开心扉和你交流。

捡来的百宝

4月16日

昨天下午，晶晶和小朋友在沙坑附近玩，捡了许多小石子，把它们装进一个小塑料盒里，带回了家。今晨醒来，她坐在床上，一一向我介绍昨天捡来的小石

子："这是绿宝石，这是小熊石，这是枣红石，这是橡皮石，这是肥瘦相间石，这是三角好吃圆柱石，这是美丽石，这是雨点石，这是油条石，这是银子石，这是圆鼓奇妙石，这是金银馒头石，这是汽车石，这是红豆沙石，这是小小土星石，这是无敌火箭炮石，这是圆形古怪爱心石……"

介绍完自己的"宝石"，晶晶拿来《十万个为什么》，让我给她讲故事：《为什么钻石谷中有许多毒蛇？》讲完故事，晶晶仔细看了看书上印的有关"钻石、红宝石、蓝宝石、绿宝石"的照片，和自己的"宝石"一一进行对照："钻石，哦，没有；红宝石，哦，没有，有枣红石，不过，和书上画的红宝石不像；蓝宝石，没有；绿宝石，哎，我有！"晶晶兴奋地喊起来，然后赶紧从自己的"百宝箱"中拣出"绿宝石"，和书中的绿宝石对照。咦？怎么不一样呀？小姑娘有些失望，对我说道："和我这个有点儿不像。"我心里笑道：哪里是"有一点儿不像"呀，分明是一点儿也不像！不过，失望只在晶晶脸上停留了片刻，就迅速消失了，她又开心地玩起自己的宝石来。

育儿心得： 重视孩子的物品。孩子从外面捡回来的小石子、小树叶等，在他们眼里都是无价之宝，家长应该重视。家长所认为的应该丢弃的东西，也许正是宝宝所需要的。因此，在处理孩子的某件物品时，家长不能自作主张，而应和他一起决定物品的取舍。

双胞胎

4月18日

前一个周日，晶晶在理发店剪了刘海，没扎辫子。回到家后，高兴地对我说，她和好朋友美美都是娃娃头，像双胞胎。第二天，晶晶戴着发卡去幼儿园。放学回来，开心地说，美美也戴了发卡，这样她俩更像双胞胎了。接下来的日子，晶晶每天都要带着发卡去幼儿园。

上周的一天晚上，晶晶问我："妈妈，我有过黄裤子吗？"我说："有啊！你去年不是还穿过吗？后来膝盖磨破了，我就把它扔了。"晶晶问："我是说我有没有没扔或没捐的黄裤子。"我说："没有了。你为什么要问这个问题呀？"晶晶答："因为美美今天穿了黄裤子，我要是也穿黄裤子，我们俩就更像双胞胎了，嘻嘻！"

今天早晨，晶晶临走时忘记了戴发卡，我担心她会失望。中午接她回家玩了两个小时，下午再去送她之前，我问："你还戴发卡吗？"晶晶没有正面回答，反问道："美美又没戴，我干嘛还戴发卡呀？"

心理发育： 宝宝已经有了一定的判断力和喜爱倾向，他们开始有选择地

交往小伙伴，为得到伙伴的认同，愿意贡献出自己最心爱的东西。宝宝还会通过改变自己的行为来使小伙伴满意，也会努力使老师高兴，能够在集体活动中遵守一定的规范。

左和右

4月26日

昨晚，爸爸责问晶晶："你怎么还不分左右啊？"

今晨不到 7 点，晶晶就醒了，躺在床上玩：她在被子里拱起一条腿，让我猜是左腿还是右腿。我猜右腿。掀开被子一看，原来是左腿。我俩大笑。晶晶盖上被子，又拱起一条腿，让我猜。我猜是左腿，掀开一看，原来是右腿架到左腿上。我又笑："哈，原来是右腿啊，我又猜错了。"晶晶指着右腿问："这条腿（指右腿）到这边（指左边）了，还是右腿吗？"我笑答："还是右腿。"晶晶听罢，翻身趴到床上，问："这样还是吗？"我笑："还是。右腿永远是右腿，左腿永远是左腿。"晶晶拿起床头上的芦荟胶瓶和一块小石头，把它俩交换了一下位置问："它们也还是吗（意思是它们的左右位置也没变吗）？"我笑："它们不是了。"晶晶不理解，问："为什么？"我回答说："因为人是分前面和后面的，你面朝前，左胳膊和右胳膊位置不变，石头和芦荟胶没有前后面。"我嘴里这样说着，自己也不知道解释得是否正确，晶晶能不能听懂。

认知能力：宝宝方位知觉发展的一般规律是：3～4 岁能辨别上下前后；5～6 岁开始能以自身为中心辨别前后、上下、左右方位。

换牙也能换手吗

4月27日

晶晶抓起我的手，和她的手放在一起对比："咱俩谁的手漂亮？"我刚想说"你的手漂亮"，话还未出口，就听晶晶抢先说道："你的手漂亮。"我说："不，你的手漂亮。我的手都老了。"晶晶笑道："该换手了。"我大吃一惊。晶晶问："换牙也能换手吗？"

护理保健：孩子 6 岁左右开始换牙，此时仍要注意钙与其他矿物质的补充。家长要继续培养宝宝良好的饮食习惯，如：在早餐或睡前喝牛奶、讲究饮食卫生、自己吃饭、不让家长喂饭。

回头了，怎么看不见历史啊

4月28日

我坐在床上，背靠床头给晶晶讲《十万个为什么》系列之二《美丽的地球》。在讲"为什么黄河的水是黄的"一文时，我念道："……那么，黄河流域怎么会

变成今天的荒山秃岭、浑浊一片呢？回头看看历史，战争的摧残……"晶晶听到这里，猛地回头看了一眼，对我笑道："回头了，怎么看不见历史啊？"

早教点滴：扩大图书的类别。随着宝宝生活经验的增加，在阅读范围方面，家长可以给宝宝多层面的选择：可以是文学性的书籍，如历史故事、童话、民间故事；也可以是知识性的图画书，如有关自然科学、生物科学的。只要是内容健康、符合宝宝阅读兴趣的图书，家长都可以选择。

押韵村，押韵人

4月30日

"五一"期间放假 3 天。今天是第一天。上午，我们三口乘公交 656 去小营。车行至亚运村时，广播里自动报站名："亚运村到了。"爸爸指着窗外对晶晶说："你看，到亚运村了，很快就到小营了。"晶晶问："什么是'押韵村'啊？是不是这里的人说的话全都是'押韵'的？"爸爸笑道："不是。'亚运村'是开亚运会的时候运动员住的地方。"

下午回到家，我想起晶晶关于"亚运村"的问题，不知她是真不知道还是因为淘气故意那样说，就向她求解。晶晶回答说："我现在知道了，我以前真的不知道，还以为只有说的每一句话都押韵，才能进这个村子当'押韵人'呢！"

教育名言：在每个孩子心中最隐秘的一角，都有一根独特的琴弦，拨动它就会发出特有的音响，要使孩子的心同我讲的话发生共鸣，我自身就需要同孩子的心弦对准音调。——苏霍姆林斯基

"后来"到了

4月30日

晚饭时，晶晶不好好吃饭，不时地离开餐桌，跑到其他地方转一圈再回来。即便坐在餐桌前，她的小嘴巴也不停地说话，直到我和爸爸吃完饭好久，她才把饭吃完。爸爸为此很恼火。

饭后，我准备去刷碗，晶晶让爸爸陪她玩气球。爸爸开始报复她："你不好好吃饭，我不和你玩！"晶晶把一双求助的眼睛转向我："妈妈，我好好吃饭了吗？"我不想纵容她的坏习惯，又不忍心让她失望，权衡了一下，说道："后来还可以。"晶晶听罢，赶紧把头转向爸爸："你看，妈妈说了，'后来还可以'！"爸爸笑着逗她："那我'后来'和你玩吧。"我正要替晶晶着急，不料，却听她紧接着宣布说："'后来'到了！"

生理发育：宝宝 6 周岁时，身高的正常均值为 113.95～115.05 厘米；体重的正常均值为 18.74～19.41 千克；牙数的正常均值为 24 颗，恒齿 4 颗。